한 권으로 끝내는
**부실채권투자
교과서**

한 권으로 끝내는
부실채권투자 교과서

우형달 · 김진 공저

(주)고려원북스

■ 추천사

부실채권은 부실채권이란다

경제신문을 포함하여 주요 신문이나 인터넷에서 "재테크"를 검색하면 "부실채권"에 관한 기사와 보도가 부쩍 눈에 띈다. 그래서인지 부실채권(NPL · Non Performing Loan : 不實債權)에 대해 궁금해하는 재테크 투자자들이 많다. 부실채권이란 금융회사가 대출을 해 주었으나 채무자가 대출금 상환과 이자를 일정 기간 이상 연체하여 채권이 회수 불능 상태에 빠진 대출을 말한다. 쉽게 말하면 은행이 돈 빌려주고 이자는 물론이고, 원금마저 못 받을 위험에 빠진 대출을 말한다. 저당권인 담보 대출일 수도, 카드대금 등 무담보 대출일 수도 있다. 이런 대출채권을 부실채권이라고 한다.

"정상채권"도 아닌 금융기관이 대출해주고 떼일 판에 처한 부실(?)스러운 "부실채권"에 투자하면, 평균보다 높은 『고수익』을 올릴 수 있다는 말을 이해할 수 없다는 사람들이 여전히 많다.

부실채권 매입에서 처리까지 전 과정을 차분히 설명

저자는 이 책을 통해서 『부실채권 투자』의 전 과정을 초보 독자들에게 물 흐르듯이 차분히 보여주고 있다.

부실채권 매입 방법은 아래의 3가지이다.

① 론세일 방식 : 「채권 양도 방식」이라고도 한다.

② 채무 인수 방식 : NPL 투자 방법 중 일반적인 매입 방법이다.

③ 유입 방식 : 최종 매각 단계에서 아무도 사 가지 않는 악성 채권을 처리하는 방식이다.

이 책은 매입하는 과정에서 4번의 융자가 가능하여 종잣돈 작은 투자자도 투자가 가능하다는 점을 알려주어 유익하다.

부실채권을 처분하는 방법에는 4가지가 있다.

① 배당금 수령법 : 초보 투자자들이 주로 사용하는 방법이다.

② 재매각법 : 주로 무담보부 부실채권을 매각하는 방법이다.

③ 직접 낙찰법 : 유입(방)법이라고도 한다.

④ 혼합 투자법 : 「① 배당금 수령법 + ③ 직접 낙찰법」을 혼합한 투자 방법이다.

이 책은 4가지 처분 방법 각각의 특징과 이점을 잘 설명해주고 있다.

지금까지 부실채권 시장의 분위기

지금까지 부실채권 투자는 시장 참여자들만의 물 좋은 황금어장이었다. 말 그대로 물 반 고기 반이었다. 알고 있는 극히 일부의 사람들끼리 비밀리에 둘러앉아 꿀단지를 끌어안고 독식해온 것이 지금까지의 분위기였다. 제대로 가르쳐주는 고수도, 교육 기관도, 관련 책도 별로 없는 불모지가 바로 "부실채권(NPL)" 분야다.

어떻게든 배워보려고 학원이나 오프라인의 "부실채권(NPL) 전문 강좌"를 어렵게 찾아가 봐도 수강료만 비싸고, 기본도 제대로 알려주지 않는다. 용기 내서 비싼 수강료 내고 수업 들어가면 공부시킬 생각은 하지 않고 "공동투자하자.", "펀드하자."며 물건 소개할테니 돈부터 송금하란다.

시장은 커져만 가는데 마땅한 안내서가 한 권도 없었다

경매 시장에서 부실채권 물건이 차지하는 비중이 날로 커지고 있지만, 초보 독자들에게 도움이 될 만한 제대로 된 입문서가 있었는가. 없었다.

이 시장이 유난히 폐쇄적인 이유가 뭘까. 간단하다. 수익률이 높으니까 알려지는 것을 꺼렸던 것이다. 이런저런 말들은 많이 하지만 "돈 되니까" 남에게 알려주기 싫었고, 아는 사람들끼리만 알고 있었던 것이다. 그것이 진실이다.

이처럼 답답하던 참에 우 박사가 마침내 침묵을 깨고 나왔다. 황무지에 가깝던 부실채권 투자 분야에 읽어보고 소장할 만한 가치가 충분한 교과서가 나온 것이다. 몇 페이지만 읽어봐도 기존의 어떤 책들에서도 보지 못한 내용들로 가득하다. 부실채권을 처음 공부하려는 초보 독자들에게는 안성맞춤형 교과서다. 시장에서 이미 평가를 받고 있는 것처럼 우 박사의 책들에는 뚜렷한 색깔과 주제, 흐름이 있다.

우 박사의 책들에는 뚜렷한 색깔과 주제, 흐름이 있다

얼마 전 우형달 박사가 『NPL 투자 비법』이라는 책을 출간했다. 일반 투자자들에게는 개념 자체도 생소했던 부실채권 투자 영역에 하나의 시금석을 놓았다는 평가를 받고 있다. 『NPL 투자 비법』은 담보부 부실채권의 투자 메리트를 제대로 정리하고 있다는 평가다.

그러나 그 책은 개론서 성격이 강하다. 초보 입문자를 위해 부실채권의 기본을 설명하는 교과서가 한 권 정도는 꼭 필요하다고 생각했었다. 그런데 우박사가 시대 흐름을 한 보 앞서 읽어내고 거기에 맞는 책을 집필했다. 시의적절하게 책이 세상에 나온 것이다.

저자의 수고에 아낌없는 박수를 보낸다

부실채권 초보 투자자를 위한 길라잡이 『한 권으로 끝내는 부실채권투자 교과서』를 집필한 필자의 수고에 박수를 보낸다. 이 책의 핵심 투자 방법인 『담보부 부실채권 + 경매 특수물건』의 조합 투자는 확실한 고수익을 올릴 수 있는 블루오션이다. 읽어보시면 무릎을 치며 동의하실 것이다. 여타의 책들과는 확연히 다르다. 부실채권의 전체를 보여주면서 不實債權으로 富實債權을 만드는 방법을 제대로 제시하고 있다. 알고 있는 지식을 아낌없이 나누고자 하는 저자의 마음이 책 전체를 통해 잘 나타나고 있다.

경제 상황과 부동산 경기, 경매 시장의 상황에서 한번 고민해보자. 이제 막 본격적으로 시장이 형성되고 있고 부실채권 판은 커져갈 것이고, 시장 참여자는 증가할 것이다. 이같이 전망되는 대한민국 부실채권(NPL) 시장의 초보 투자자에게 이 책은 길잡이이자 바이블이다. 부실채권 전체를 이해하고자 하는 투자자들에게는 필요하고 유용한 투자 안내 지침서가 될 것으로 확신한다.

건국대학교 부동산 대학원
교수 이 정우

■ 머리말

이론과 실제가 따로 노는 책이 아니다

부실채권에 관한 본인의 두 번째 책이다. 초보 입문자를 위해 이 책을 기획하고 저술하는 내내 「부실채권(?)은 뭐고, 부실채권 투자는 어떻게 시작하는 거야?」라며 머리를 긁적이며 책을 뒤적이는 독자들이 정말 궁금해하는 핵심은 뭘까. 그렇다면 나는 어떤 방법과 도구로 궁금증을 해소해드려야 하나를 잊지 않으려고 노력했다. 원고를 시작하고 끝낼 때까지 잊지 않은 원칙이 또 하나 있었다. 재테크 서적이라면 "이론 공부와 실제 투자가 따로 놀아서는 안 된다"는 것이었다. 그런 원칙과 노력의 결과가 이 책이다.

부실채권(NPL · Non Performing Loan)이란 경제 행위의 결과로 발생한 채권 중 무수익 여신, 미회수 채권 또는 상환 여부가 불투명해진 채권을 말한다. 은행 등 금융회사가 대출을 실시했으나, 채무자가 대출금 상환과 이자를 일정 기간 이상 연체하는 경우 금융기관은 이 대출채권을 부실채권으로 분류한다.

원리금 상환이 3개월 이상 연체된 무수익 여신을 "부실채권"이라고 부른다. 금융기관 입장에서는 담보 대출로 빌려준 돈을 회수하기 위해 경매를 실행하면 시간이 많이 소요된다는 단점이 있다. 따라서 시간이 오래 걸리는 부동산 경매 대신 채권(저당권)을 매각하여 현금화하는 방법을 사용할 필요가 있다. 이 저당채권을 매각하여 채권을 일부라도 회수하기 위해 금융회사 등이 부실채권 시장에 유통시키는 것이 NPL이다.

부실채권을 매입하여 원금과 이익금을 회수하는 신종 투자 방법

"NPL 투자"란 금융기관이 매각·유통시키는 부실채권을 매입하여 원금과 이익금을 회수하는 최신 투자 방법이다. NPL 투자 중 담보부 부실채권 투자는 금융기관의 근저당권을 가급적 싸게 인수해서 채권최고액까지 배당을 받거나, 직접 낙찰받아 소유권을 취득한 다음 해당 부동산을 매각하거나 보유하면서 임대 소득을 올리는 것이 주된 투자 방법이다.

2012년 현재 법원에서 진행되고 있는 경매 물건 10건 중 1건이 담보부 부실채권 경매 물건이다. 그 비율은 점차 증가하고 있다. 투자 환경은 이처럼 급속히 변화하고 있다. 단조롭게 법원 경매만을 고집해서는 남들보다 높은 수익을 달성하기가 어렵다. 담보부 부실채권에 투자하여 고수익을 올리려면 먼저 부동산 법원 경매를 온전히 이해하여야 한다. 부동산 경매와 NPL 투자는 일란성 쌍둥이이기 때문이다. 경매 구조도 잘 알면서 NPL까지 안다면 남들보다 유리한 위치에서 다양한 투자 기법을 통해 수익을 올릴 수 있다. 높은 수익을 올릴 수 있는 담보부부실채권 물건 찾는 원칙은 다음과 같다.

높은 수익을 올리는 담보부 부실채권 찾는 노하우 10가지
① 경매사건 번호가 오래된 물건

② 1순위 저당권 설정 금액이 큰 물건
③ 저당권 설정이 오래된 물건
④ 경매 감정 가격과 1순위 저당권 설정액의 차이가 큰 물건
⑤ 저당권 설정 금액과 실 채권 청구액의 차이가 큰 물건
⑥ 선순위 임차인이 배당 요구를 안 한 주택, 상가 물건
⑦ 임차인이 전액 배당받는 주택, 상가 물건
⑧ 특수권리가 있어 유찰이 많이 된 물건
⑨ 임차인 전입이 오래된 주택, 상가 건물
⑩ 임대 수요가 많은 지역의 임차인이 많은 다가구주택이 그것이다.

이 속을 제대로 파면 정말 돈이 나온다. 이 책은 이렇게 파는 방법까지 보여주고 있다.

기본만 익히면 누구나 참가할 수 있다

이 책은 부실채권을 전혀 모르는 독자를 중심으로 썼다. "교과서"라는 제목처럼 기본적인 사항에 충실했다. 부실채권을 이루는 양대 산맥은 담보부 부실채권과 무담보부 부실채권이다. 이 책에서 무담보부 부실채권은 기본적인 사항만을 다루고, 담보부 부실채권을 중심으로 책이 구성되어 있다는 점을 미리 말씀드린다.

부실채권을 입문하려는 초보 투자자들이 무담보부 부실채권을 투자하여 수익을 올리기에는 여러 가지 어려움이 있다. 무담보부 부실채권은 정형화된 틀이나 원칙이 없지만, 담보부 부실채권은 기본적인 사항만 확실히 공부해놓으시면 다음과 같은 투자 효과를 누릴 수 있다.

『부실채권 투자 + 경매 특수물건 + 직접 낙찰법』으로 누릴 수 있는 투자 효

과 7가지는 다음과 같다.

① 부실채권 매입 시 융자 효과,

② 배당금 수령,

③ 직접 낙찰 효과,

④ 경락 잔금과 상계 신청,

⑤ 채권 투자 수익분 비과세 효과,

⑥ 깡통물건 효과,

⑦ 재개발 – 재건축 효과가 그것이다.

부실채권 시장도 시간이 지나면 대중화될 것이다

이제 막 장이 열리기 시작한 부실채권 시장도 시간이 지나면 대중화될 것이다. 대중화라는 말은 사람이 몰린다는 말이다. 사람 몰리면 경쟁은 치열해지고, 경쟁이 치열해지면 매입 가격이 올라가고, 매입 가격이 올라가면 수익(률)은 낮아진다. 경매 시장에서 이미 경험한 사실이다.

부동산 경매는 아무나, 언제나 할 수 있는 흔하디흔한 투자 수단 중 하나가 되어버렸다. 일부만을 위한 특수시장이 아니라는 말이다. 따라서 경매 시장은 웬만한 수고로는 성에 차는 수익(률)을 올리기가 어렵다.

이 점은 누구도 부정할 수 없는 진실이다. 아직도 경매 투자만을 고집하는 도사들은 비상 탈출구로 '특수물건'만이 살길이란다. 일리는 있지만 이 역시 쉽지 않은 이야기다. 구조적인 문제 때문이다. 경매 투자는 수익이 한 방향에서만 발생한다는 점에서 그렇다. 특히 초보 투자자가 경매 특수물건에 응찰해서 수익을 올린다는 것은 말처럼 쉬운 이야기가 아니다.

경매 수익은 "한 방향" 부실채권 투자 수익은 "양방향"

아무튼 지금까지는 한 방향 수익만으로도 즐거울 수 있었지만, 시장이 완전히 오픈되어버린 이제는 쉽지 않다. 그렇다고 희망이 없다는 말은 아니다. 부실채권 투자는 경매와는 수익 구조가 본질적으로 다르다. "부실채권 투자" 수익은 양방향이다. 양방향에서 수익이 발생한다. 경매 시장에서는 투자 수익률이 낮아지고 있지만, 부실채권은 아직 그렇지 않다. 배당금만이 목적이라면 부동산 경기가 좋은 시절에 낙찰되는 것이, 직접 낙찰 받는 것이 목적이라면 응찰 가격이 낮아지는 장(場)에서 유리할 것이다.

그러기 위해서는 이 책 전체를 통해서 일관되게 설명하는 "혼합 투자법"을 이해하자. 혼합 투자법은 배당 투자법으로 시작한 채권 투자에서 도중에 직접 낙찰법을 통한 소유권 투자로 배를 바꿔 타는 것이다. 경매 시장의 대표적인 하자인 인수 많은 물건, 토지별도등기, 법정지상권, 유치권 성립 여지 있는 경매 특수물건과 담보부 부실채권과의 관계도 살펴보자. 부실채권 투자 시 주의해야 할 점들에 대해서도 빼지 않고 언급하겠다. 경매 투자는 낙찰 받아 임대나 매각하는 단순한 투자 전략만을 가지고 있는 것에 비해, 부실채권 투자는 투자 이익 실현에 다양한 선택지를 가지고 있다.

부실채권 투자의 종잣돈이 경매 투자보다 더 작다

투자라고 하면 으레 상당한 종잣돈이 있어야 한다고 지레 겁부터 먹는 사람들이 있다. 물론 근거가 없는 말은 아니다. 그러나 방법만 알고 있다면 종잣돈이란 "투자"에 필요한 마중물이다. 한 바가지만 있으면 그만이다. 이왕이면 좀 더 많은 것이 편할 뿐이다.

부실채권 투자에서도 종잣돈은 많으면 좀 더 좋을 '충분조건'이지, 부족하거나 없다고 해서 도전조차 못 할 '필요조건'은 아니다. 저자의 경험에서 보면 절대 그렇다. 방법을 말씀드리면 이렇다.

부실채권을 인수해서 경매로 낙찰 받아 소유권을 취득할 때까지 4번 융자를 받을 수 있다. 이로서 부실채권 투자에 상당액의 자기 자금이 필요할 거라는 편견에 빠져 있는 분들에게 일침을 가한다. 즐거운 일침이다. 1,000~2,000만 원의 종잣돈으로 수억 원짜리 부실채권을 인수하는 꼴을 보여드리겠다. 부실채권 투자에서 돈 되는 좋은 물건을 고르는 방법도 덤으로 살펴보았다.

이 책이 세상에 나오기까지는 많은 분들의 땀과 수고가 있었다. 원고의 가치를 알아보고 흔쾌히 출판을 결정해주신 ㈜고려원북스 설응도 전무님, 편집에 수고해주신 안은주 팀장님, 원고가 책으로 나오기까지 수고해주신 모든 분들에게 감사의 마음을 전한다.

저자는 부실채권(NPL) 투자 시장 입문자를 위하여 부실채권 투자의 장단점을 가능한 한 쉽게 설명하려고 노력했다. 이런 저자의 노력으로 부실채권 투자를 시작하려는 분들에게 충실한 지침서이자 안내서가 된다면 그것으로 충분히 행복하다.

내일은 오늘보다 나아야 한다는 분들에게 이 책을 바친다
우형달

차례

1장 투자의 새로운 패러다임, 부실채권

01 부실채권(NPL)이란 무엇인가 • 20
02 채권 종류와 부실채권 분류 기준 • 26
03 부실채권 발생 원인과 유통 경로 • 37
04 부실채권 투자 자금 조달 방법 • 45
05 부실채권 유통 구조와 참여자 • 49
06 부실채권 과거, 현재, 미래 • 67
07 부실채권 규모와 시장 전망 • 81

2장 부실채권 공부하고 물건 찾기

01 부동산 경매와 NPL의 개념 조합 • 94
02 부실채권 매각 리스트 및 수익 계산 • 105
03 부실채권 매입 협상부터 종료까지 • 117
04 부실채권 매입 가격 결정하기 • 127
05 저당권 이전 방법과 질권 설정 방법 • 137
06 부실채권 투자로 번 돈은 비과세 • 143

3장 부실채권과 경매는 수레의 양축

01 부실채권 경매 물건 권리분석 기본 • 154
02 부동산 경매와 부실채권 배당표 작성 • 161
03 낙찰 가격 예상을 통해 본 매입 가격 예측 • 171
04 부실채권 투자 성공 사례 실패 사례 • 183
05 투자 사례로 본 특수물건 배당표 작성법 • 193
06 부실채권 투자에 유용한 인터넷 사이트 • 208

4장 부실채권 고수들의 투자 방법

01 배당금 수령법, 재매각법, 직접 낙찰법 • 222
02 특수권리 지렛대 삼아 수익(률) 높이기 • 233
03 네 번 융자와 수익률 비교 분석 • 244
04 혼합투자법으로 누리는 7가지 투자 효과 • 253
05 부실채권 투자를 망치는 악성 바이러스 • 263
06 부실채권 투자에 관한 오해와 진실 • 269

5장 부록 : 용어 법령집 • 277

1장

투자의 새로운 패러다임, 부실채권

1장 투자의 새로운 패러다임, 부실채권

　국내 경기과 부동산 경기가 침체의 늪에 빠져들고 있다. 그로 인해 채무 이행을 못 하는 개인이나 기업에 의한 부실채권이 증가하고 있다. 채권(債權)-채무(債務)란 상호 거래 행위에서 발생한 모든 권리와 의무를 말한다. 그중 부실채권(NPL · Non Performing Loan)이란 경제 행위의 결과로 발생한 채권 중 무수익 여신, 미회수 채권 또는 상환 여부가 불투명해진 채권을 말한다. 은행 등 금융회사가 대출을 실시했으나 채무자가 대출금 상환과 이자를 일정 기간 이상 연체하는 경우 은행은 이 대출채권을 부실채권으로 분류한다. 이 부실채권에 투자하면 돈이 된단다.

　최근에는 부실화된 일부 금융기관(주로 저축은행) 등이 보유하고 있던 우량한 저당권까지 부실채권 유동화 대열에 합세하고 있다. 이렇게 유통이 시작되는 부실채권 종류로는 부동산 담보부 저당권 부실채권에서부터 무담보인 캐피털회사의 자동차리스 채권까지 다양하다. 회사의 신기술이나 영업력(망), 자원 개발 사업, 부동산 프로젝트파이낸스(PF) 대출, 해외 자원 개발, 광업권, 어업권, 상사채권, 민사채권도 부실화되면 부실채권으로 유통되고, 투자 대상이다.

　이 같은 부실채권이 투자 상품으로 도입되어 우리에게 모습을 보이기 시작한 것은 2004년 이후부터다. 그때까지는 부실채권이라는 개념 자체가 존재하지 않았다. 2004년부터 외국계 페이퍼 컴퍼니가 일반 투자자를 상대로 부실채권 소매 영업을 시작하면서 알려지기 시작했다. 그렇게 시작된 부실채권 시장은 상당 기간 지속적으로 팽창할 것이다. 시장은 팽창하고, 부실채권 물량은 증가하지만, 매각 가격 하락으로 연결되지는 않는 기현상이 발생하고 있다.

부실채권 금액의 크기는 다양하다. 세부적으로 보면 신용카드 대출, 자동차 할부채권, 대부업체 소액 대출, 대여금채권, 물품대금채권에서부터 건당 수천만 원 ~ 수억 원짜리 부동산 담보부 저당권 채권도 있다. 몇십만 원짜리 신용카드 대출에서부터 부동산 담보 대출, 수십억 원대 기업 대출까지 다양하다.

아직도 많은 분들이 생소해 하지만 담보부 부실채권은 일정한 정형이 있다. 그러나 무담보부 부실채권은 형태, 금액, 조건 등이 천차만별이다. 담보부 부실채권은 회수 금액을 예상할 수 있지만, 무담보부 부실채권은 담보부 부실채권과 달리 예상 수익과 실제 수익의 차이가 클 때가 많다. NPL 투자 방법은 크게 두 가지다. 직접 투자법과 간접 투자법이다. 저당권 인수 방식과 비인수 방식이 있다. 담보부 부실채권을 매입한다는 뜻은 경매 대상의 부동산 물건의 전체를 매입하는 것이 아닌, '저당권 권리'만을 매입하는 것을 말한다. 무담보부 부실채권은 주로 추심 방법에 의해서 채권을 회수하게 된다. 초보 독자에게는 다소 생소할지 모르는 NPL 투자에 대해서 하나씩 살펴보자.

『도전을 주저하지 말자! "NPL 투자" 본격적인 장이 서기 시작했다.』

01
부실채권(NPL)이란 무엇인가

부실채권의 기본 개념

채권(債權)-채무(債務)[1]란 인간(법인 대 법인, 법인 대 개인 포함)의 거래 행위에서 발생한 권리와 의무를 말한다. 그중 부실채권(NPL · Non Performing Loan)이란 경제 행위의 결과로 발생한 채권 중 무수익 여신, 미회수 채권 또는 상환 여부가 불투명해진 채권을 말한다. 은행 등 금융회사가 대출을 실시했으나 채무자가 대출금 상환과 이자를 일정 기간 이상 연체하는 경우 은행은 이 대출채권을 부실채권으로 분류한다.

원리금 상환이 3개월 이상 연체된 무수익 여신을 "부실채권"이라고 부른다. 담보를 확보한 대출이든, 담보가 없는 대출이든 대출해주고 이자는 고사하고 원금마저 못 받게 된다면 대출자로서는 난감할 수밖에 없다. 그래서 채무자의 채무 불이행으로 부실채권으로 분류된 채권을 일부라도 회수하기 위해 금융회사 등이 부실채권 시장에 매각 · 유통시키는 것이 NPL이다. 정부는 관계법령을 제정하여 이와 같이 부실채권을 매각 · 유통시키는 행위가 가능하도록 하였다.

---

1) 부록 - 320페이지 참고.

부실채권 매각-유통의 시발점

금융권 입장에서는 담보 대출로 빌려준 돈을 회수하기 위해 경매를 실행하는 경우 시간이 많이 소요된다는 단점이 있다. 따라서 시간이 오래 걸리는 부동산 경매 대신 채권(저당권)을 매각하여 현금화하는 위험 회피 수단을 강구한다. 부실채권을 보유할수록 대손충당금을 적립해야 한다. 대손충당금을 적립할수록 당기 사업 실적이 나빠진다. 대손충당금의 증가로 자기자본비율(BIS)이 낮아지면 해당 금융기관의 대외 신용에 부정적인 영향을 주게 된다.

이 같은 이유와 함께 금융기관이 부실채권을 직접 추심하지 않고, 장부 가격 이하로 매각하는 이유는 여러 가지가 있다.

한편 국내 경기와 부동산 경기가 침체의 늪에 빠져들고 있다. 채무 이행을 못 하는 개인이나 기업에 의한 부실채권이 증가하고 있다. 각종 대출의 부실이 증가하면 금융권은 자기자본비율이 낮아지게 된다.

최근에는 부실화된 일부 금융기관(주로 저축은행) 등이 보유하고 있던 정상적인 저당권까지 부실채권 유동화 대열에 합세하고 있다. 부실화된 저축은행에 공적 자금을 투입하여 저축은행을 인수한 예금보험공사는 해당 저축은행이 가지고 있던 저당권까지 인수하게 된다[2]. 예금보험공사는 이 저당권을 「우량채권-비우량채권」 구분 없이 부실채권으로 처분한다.

금융기관은 부실채권 명단에 올라간 부동산 담보 대출의 권리(주로 저당권)와 무담보부 부실채권을 몇백억 원에서 크게는 수천억 원 또는 조 단위로 묶어서 금융감독위원회에 등록한다. "이런 부실채권을 이런 가격에 이런 조건으로 이렇게 팔겠다!"며. 부실채권 유동화(流動化)의 시발점이다. 이렇게 시작된 부실채권의 유통은 몇 단계를 거치면서 일반투자자에게 매입의 기회가 주어진다.

---

[2] 자산, 채무를 모두 인수한다.

자기자본비율 8% 이상이 권고 기준

금융기관이 부실채권을 매각하는 중요한 이유 중 하나다. 국제결제은행[3]의 자기자본비율 준수 권고 기준이 8% 이상이다. 금융기관이 이 비율을 준수해야 할 이유는 여러 가지다.

부실채권의 할인 매각

금융기관들은 NPL을 매각할 때 장부 가격대로는 팔지 않는다. 장부 가격에 일정한 할인율을 적용하여 장부 가격 이하로 팔아넘긴다.

부실채권의 종류

부실채권 종류는 다양하다. 대표적인 부동산 담보부 부실채권에서부터 무담보인 캐피털회사의 자동차리스 채권까지 다양하다. 개인회생채권, 회사의 신기술이나 영업력(망), 자원 개발 사업, 부동산 프로젝트파이낸스(PF) 대출, 해외 자원 개발, 광업권, 어업권, 상사채권, 민사채권도 채권으로 유통되고, 투자 대상이다. 민사채권 중에는 집행력있는 채권부터 공증채권, 영수증만 있는 채권까지 다양하다.

---

[3] 국제결제은행(Bank for International Settlements/BIS)의 은행규제위원회에서 1987년 12월에 공표한 보고서를 토대로 1988년 12월부터 실시하기 시작한 자기자본비율 규제. 이 규제의 대상은 국제 금융 업무를 담당하는 모든 은행이다. 구체적인 규제 내용은 자기자본금액을 위험자산비율(risk asset ratio)로 나눈 자기자본비율을 1990년까지 7.25%, 1992년 말까지 8.0% 이상으로 할 것을 가맹국에 의무화시킨 것이다.

담보부 부실채권[4]과 부동산 경매의 관계

담보부 부실채권 투자는 부동산 자체가 아닌 저당권이 투자 대상이다. 담보부 부실채권 투자는 배당금 수령, 재매각, 또는 직접 낙찰을 목적으로 한다는 점에서 일반 경매 투자와 성격이 다르다. 투자금 회수만을 염두에 두는 무담보부 부실채권 투자와도 다르다.

그러나 담보부 부실채권 투자의 기본 성격은 부동산 법원 경매와 뗄 수 없는 관계다. 담보부 부실채권을 매입한 경우 투자금을 회수하려면 대부분 법원 경매를 거쳐야 하기 때문이다. 따라서 담보부 부실채권 투자를 통해 성공하려면, 법원 경매 구조를 먼저 이해해야 한다.

부동산 경매 시장의 환경 변화와 참여자들

부동산 경매 시장 상황도 급속히 변화하고 있다. 2010년을 지나면서 수도권 「주거용-수익형 부동산」은 경매 낙찰로 수익을 올리기 어려워졌다. 경매 시장의 대중화로 경매는 더 이상 일부 고수들만의 투자 영역이 아니다. 이는 주거용 부동산의 낙찰가율이 지속적으로 하락하고 있는 것과는 대조적이다. 법원 경매 투자자들의 관심이 주거용 부동산에서 수익형 부동산으로 쏠리고 있다. 시장 참여자들의 관심이 높아지면서 수익률은 갈수록 낮아지고 있다. 일반적인 경매 투자로는 원하는 수익을 올리기가 어려워지고 있는 것이다.

지난 3~4년 동안 경매 투자자들은 낙찰과 수익률 사이에서 심각한 딜레마에 빠져 있었다. 현재는 그동안 경매 투자를 통해 (고)수익을 경험했던 투자자들이 담보

---

4) 여기서 말하는 부실채권의 범위는 부동산 담보부 부실채권만으로 한정한다.

부 부실채권 투자로 옮겨가고 있다. 66페이지 「부실채권 경매 물건의 낙찰가율」과 「수도권 수익형 부동산 낙찰가율」 표를 비교해보면 그 이유를 발견할 수 있다. 수도권 수익형 부동산 낙찰가율 표를 보면 2010년 하반기를 지나면서 낙찰가율이 급격히 상승하고 있다. 낙찰가율 상승은 수익(률) 하락으로 직결된다.

수도권 수익형 부동산 낙찰가율 추이[5]

	근린시설	오피스텔	수익형 부동산
2008년 06월	51.49%	69.43%	52.45%
2008년 12월	53.70%	74.59%	55.04%
2009년 06월	63.26%	63.07%	63.25%
2009년 12월	57.16%	83.04%	58.26%
2010년 06월	68.79%	77.66%	69.43%
2010년 12월	76.06%	79.39%	70.32%
2011년 06월	87.71%	80.45%	89.10%
2011년 12월	89.99%	95.54%	92.43%
2012년 05월	94.51%	97.63%	93.44%

이 표를 보면 수도권 지역의 수익형 부동산의 낙찰가률(=낙찰가/감정가격)이 급상승하고 있는 것을 알 수 있다. 경매부동산의 최근 4년간 낙찰가률 차이를 보면 근린시설이 43.02%(=94.51%-51.49%), 오피스텔이 28.20%(=97.63%-69.43%), 수익형부동산 40.99%(=93.44%-52.45%)로 낙찰가률이 상승하였다. 이는 수익률 하락으로 직결된다.

---

[5] 이 자료는 필자가 경매 정보 전문 회사 지지옥션(ggi.co.kr)에 접속하여 해당 경매 물건을 종류별, 연도별(상·하반기)로 나누어 각 100씩건 무작위로 샘플링하여 건별로 낙찰가율을 구한 다음 이를 평균한 결과다. 수익형 부동산의 경매 매력이 급속히 줄어들고 있는 것을 볼 수 있다.

부실채권 투자에 관한 신문 기사[6]

매일경제

주부가 부실채권 사들여 석달만에 3천 벌더니…
환란때 대박 났던 부실채권 다시 인기

기사입력 2012.02.10 08:50:43 최종수정 2012.02.10 11:54:24

주부 김미현 씨는 지난해 10월 수도권 소재 감정가 2억3000만원의 84㎡형 아파트 1순위 근저당권 1억2000만원짜리 부실채권(NPL)을 사들였다.

<u>자산유동화전문회사(AMC)에 1순위 근저당권 가격보다 3000만원 싼 9000만원만 지불하고 NPL을 매입한 것이</u>다. 이 아파트는 3개월 후인 지난 1월 경매에서 <u>제3자에게 1억5000만원에</u> 낙찰됐다. 김씨는 바로 이 아파트의 <u>근저당권에 해당하는 1억2000만원을 배당받았다. 4개월 만에 3000만원(33%)의 투자 수익을 챙긴</u> 것이다.

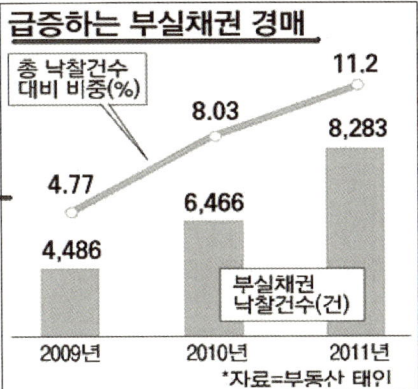
급증하는 부실채권 경매
총 낙찰건수 대비 비중(%): 4.77 / 8.03 / 11.2
부실채권 낙찰건수(건): 4,486 / 6,466 / 8,283
2009년 / 2010년 / 2011년
*자료=부동산 태인

미국발 금융위기나 유럽 쇼크처럼 대형 위기 이후에 어김없이 쏟아져 나오는 금융권 부실채권이 새로운 투자처로 떠오르고 있다. 떨어지는 집값, 물가상승률에도 못 미치는 예금금리, 불확실한 증시 등으로 투자처를 찾지 못한 부동자금이 틈새 시장인 NPL로 몰리고 있는 것이다. 돈 냄새에 민감한 강남 큰손들 역시 이 시장에서도 주력부대이지만 최근엔 주부 직장인 등 일반인까지 속속 가세하고 있다.

<u>NPL 투자는 은행 등 금융회사가 대출 고객 담보부동산에 설정해 놓은 '근저당권'을 투자자가 시가보다 싼값에 매입하는 방식으로</u> 이뤄진다. 외환위기 후 국내시장에서 들끓었던 부실채권은 리먼브러더스 사태 직후인 지난 2009년 이후 다시 급증하는 추세다.

부동산 프로젝트파이낸싱(PF) 채권과 담보대출, 개인신용대출 등을 포함해 지난해 은행권에서만 12조원가량 부실채권이 쏟아진 것으로 추정된다. 지난해 부실 저축은행 구조조정 과정에서 불거져 나온 물건도 꽤 있다.

---

6) 2012. 02. 10. 매일경제신문 기사 인용.

02
채권 종류와 부실채권 분류 기준

정상채권과 부실채권 분류 기준

다음 표에서 보듯이 금융기관 여신의 건전성 정도에 따라 정상(normal), 요주의(precautionary)는 정상채권으로 분류된다.

부실채권이란 금융기관의 대출금 중 채무자의 사정으로 회수가 어려운 대출을 말한다. 자산건전성분류와 신자산건전성분류기준(FLC)에 따른 여신 분류 중 고정(substandard), 회수의문(doubtful), 추정손실(estimanted loss)을 '고정' 이하 여신으로 분류하고 부실채권이라고 한다.

담보대출은 주로 부동산 대출이 주를 이루지만, 차량, 선박, 항공기, 광업권, 어업권등도 저당권설정이 가능한 담보대상이 된다. 부동산에는 주거용 부동산(아파트, 연립, 다세대, 다가구, 단독, 근린주택, 기타주택 등), 상업용부동산(전문상가, 아파트상가, 근린상가, 기타상가 등), 공업용 부동산, 농업용부동산, 기타 부동산으로 분류된다.

채권 종류와 부실채권[7]

채권					
	담보 대출	주택 상가 공장 농지 임야등	정상		연체 없이 정상적으로 채무가 이행되는 대출
			요주의		1개월 이상 3개월 미만 연체된 대출
			고정	부실채권	3개월 이상 연체로 채무 상환 능력이 의심되는 대출
			회수의문		3개월 이상 연체로 채권 회수가 심각한 대출
			추정손실		사실상 채권 회수가 불가능해 손실 처리하는 대출
	무담보 대출	차할부, 카드채 신용대출, 상사채권, 민사채권	정상		연체 없이 정상적으로 채무가 이행되는 대출
			요주의		1개월 이상 3개월 미만 연체된 대출
			고정	NPL	3개월 이상 연체로 채무 상환 능력이 의심되는 대출
			회수의문		3개월 이상 연체로 채권 회수가 심각한 대출
			추정손실		사실상 채권 회수가 불가능해 손실 처리하는 대출

대출 종류로는 "담보 대출"과 "무담보 대출"이 있다. 대출채권은 "정상채권"과 "부실채권"으로 나뉜다.

① '정상'이란 신용 상태가 양호한 거래처에 대한 대출금으로 연체 기간이 1개월 미만인 경우다.
② '요주의'는 연체 기간이 3개월 미만으로 현재는 원리금 회수에 문제가 없으나, 앞으로는 신용 상태가 악화될 가능성이 있어 세심한 주의나 사후 관리가 필요한 대출금을 가리킨다.
여기까지가 정상채권이다.
③ '고정'은 연체 기간이 3개월 이상으로 대출처의 신용 상태가 악화돼 채권 회

---

7) 상사채권과 민사채권 : 이 표 이외에 상거래상 발생한 상사채권과 사인(私人) 간에 발생한 민사채권도 있다. 또한 보증인에 대한 보증 채권도 있다.

수에 상당한 위험이 발생한 것으로 판단되는 대출금이다. 채권이 '고정' 상태에 빠지면 금융기관은 집중 관리를 시작한다.

'고정' 다음 단계는 '회수의문' 또는 '추정손실' 단계다.

④ '회수의문'은 연체 기간이 3개월 이상 1년 미만이면서 대출처의 채무 상환 능력이 현저하게 악화돼 채권 회수에 심각한 위험이 발생한 대출금 중 회수 예상 금액을 초과하는 대출금을 가리킨다. 손실 발생 가능성이 예상되는 채권이다. 담보 대출의 경우 금융기관은 통상 '회수의문' 단계부터 경매 절차 등 법적으로 회수할 조치를 시작한다. 채무 불이행 상태가 6개월 이상 지속되면 실제 경매 절차에 착수한다.

⑤ '추정손실'은 연체 기간 1년 이상으로 대출처의 상환 능력이 심각하게 나빠져 손실 처리가 불가피한 대출금 중 회수 예상 금액을 초과하는 부분을 말한다. 담보물 처분에 따른 경매 결과로도 회수하지 못한 채권은 무담보부 부실채권으로 성질이 변하게 된다.

자기자본비율을 유지해야 하는 이유

「③ '고정' ~ ⑤ '추정손실'」까지를 통상 부실채권(不實債權)이라고 한다. 즉 부실채권이란 자산건전성분류와 신자산건전성분류기준(FLC)[8]에 따른 여신 분류 중 '고

---

8) **자산건전성분류[資産健全性分類]** : 금융기관이 보유하고 있는 자산의 건전성을 유지하기 위해 금융감독원장이 정한 기준에 따라 자산의 건전성 정도를 정상, 요주의, 고정, 회수의문, 추정손실의 5단계로 분류하는 것. 이같이 자산의 건전성을 분류하는 목적은 보유 자산의 건전성 정도를 평가함으로써 불건전 자산의 발생을 예방하고 이미 발생되어 있는 불건전 자산의 조기 정상화를 촉진하여 자산 운용의 건전화를 도모하려는 것이다. 이제까지의 자산건전성분류는 과거 원리금 상환 실적에 기초한 연체 기준이었으나 최근 들어서는 해당 여신의 미래 상환 가능성에 초점을 맞춘 평가 방식을 도입하는 추세를 보이고 있다.
신자산건전성분류기준[新資産健全性 分類基準, Forward Looking Criteria] : 미래의 채무 상환 능력에 대한 자산건전성분류기준으로서 은행이 자산건전성분류 시 채무 기업의 미래 채무 상환 능력을 반영하는 것을

정여신(substandard) 이하의 부실 여신'을 의미한다.

고정, 회수의문, 추정손실(연체 1년 이상)이 여기에 포함된다. '고정 이하 여신'의 비율은 해당 금융기관의 자산건전성을 평가하는 대표적인 지표 중 하나다. 금융권이 이 비율을 유지해야 할 절대적인 이유가 여기에 있다.

부실채권의 세부 종류

- 금융권 일반 담보(주로 부동산 담보 대출 물건) 대출,
- 부동산 개발 PF 담보 대출,
- 금융권 일반 무담보 대출,
- 카드사, 대부업체 무담보 대출,
- 리스 할부 차량 무담보 대출,
- 광업권 담보(질권) 대출,
- 어업권 담보(질권) 대출,
- 상사채권(공사대금, 물품대금, 임금, 임대료 등),
- 민사채권(대여금 등),
- 개인 보증채권,
- 비상장 유가증권 중 부실화된 채권이다.

말한다. 종전에는 자산건전성분류 시 과거의 채무 상환 실적을 위주로 평가하여, 연 1~3개월간 연체된 대출은 요주의로 분류하고 3개월을 초과한 대출은 만약 보증되어 있으면 고정(substandard)으로 분류되나 그렇지 않으면 회수의문으로 분류되었다. 이에 비해 신자산건전성분류기준에서는 감독당국은 최소 기준만을 제시하고, 구체적인 신용 평가 모형은 은행이 자체 개발토록 하여 다양한 신용 분석 기법의 개발 및 여신 심사 인력의 능력을 제고해나가도록 하였다. 금융기관들은 감독 기준의 개정을 기초로 하여 자체적인 자산건전성분류 모형을 개발하였으며, 1999년 12월 말부터 은행의 재무제표 작성 시 반영하고 있다. [네이버 신지식인 지식사전 인용]

부실채권 규모

부실채권 금액의 크기도 아주 다양하다. 세부적으로 보면 신용카드 대출 연체, 자동차 할부채권, 대부업체 소액 대출, 대여금채권, 물품대금채권에서부터 건당 수십억 원짜리 부동산 담보부 채권도 있다. 몇십만 원짜리 신용카드 대출에서부터 부동산 담보 대출, 수십억 원대 기업 대출까지 다양하다.

1) 담보부 부실채권특징

부동산 담보부 부실채권은 다음과 같은 특징[9]이 있다.

① 안전성이 높다 : 일부 오해와는 다르게 담보부 부실채권 투자는 안전하다. 투자원금 및 채권 확보가 다른 투자에 비해 확실하다. 1순위 저당권에 투자하기 때문에 채권 확보에 안정성이 높다. 재평가 실사를 통해서 회수 금액을 예측할 수 있다.

② 우수한 환금성 : 투자 기간이 비교적 짧아 단기 투자에 적합하다. 경매가 진행 중인 물건의 근저당권이므로 투자 후 짧은 시간 내에 배당받을 수 있다. 부동산 투자보다 현금 흐름이 빠르기 때문에 현금 유동성이 우수하다. 부실채권 인수에서 배당을 통한 투자금 회수까지 정상적으로 진행되는 경우에는 약 6개월 정도의 시간이 소요된다.

③ 투자 대상 확인 후 투자 결정 : 투자 대상 물건의 소재 파악이 가능해 물건의 시장성과 가치 판단이 용이하다. 담보부 부실채권 매입 전에 현장 조사 후 투자 여부를 선택할 수 있다. 매입 가격 결정이 비교적 용이하기 때문이다. 비교 거래 사례법이나, 인근 부동산의 낙찰 사례를 가격 결정의 참고 자료로 활용할 수 있다.

---

[9] 무담보부 부실채권의 투자 특성은 부동산 담보부 부실채권의 반대로 해석하면 무난하다.

④ 배당 소득에 대한 비과세 효과 : 채권자로서 배당에 참가하기 때문에 세금이 부과되지 않아서 더 높은 수익을 기대할 수 있다. 부실채권 투자로 발생한 소득은 종합소득세 비과세 대상이다.

⑤ 하자 이용해서 매입 가격 낮추기 : 권리분석에 따라 높은 수익률을 달성할 수 있다. 저당권 매입 가격 수준으로 부동산을 취득할 수 있다. 이 부분은 담보부 부실채권 투자의 큰 매력이다. 평균 낙찰가율 이상으로 수차례 유찰로 매입 가격이 낮아지면, 낮아진 가격으로 직접 낙찰 받아 소유권을 취득할 수 있다.

⑥ 자금 부담 경감 : 경매 투자보다 자기 자금이 덜 소요된다. 부실채권을 매입할 때에도 해당 저당권을 담보로 융자가 가능하다. 저당권 인수 금액의 70~80%까지 융자가 가능하다.

또한 직접 낙찰을 받아 소유권을 취득하고자 할 때 잔금 납부 시 배당받을 금액으로 낙찰 대금에서 상계 신청을 할 수 있다. 경락 잔금을 통해 적은 자금으로 소유권을 취득할 수 있다.

⑦ 용도 변경을 통한 수익 극대화 : 부동산 구입 후 용도 변경, 리모델링을 통한 활용의 다각화를 통해 수익률을 높일 수 있다.

⑧ 양도세 경감 효과 : 저가 낙찰로 인한 소유권 취득은 『④ 배당 소득에 대한 비과세 효과』와는 다른 담보부 부실채권 투자 중 두 번째 매력이다.

담보부 부실채권의 단점

담보부 부실채권의 투자는 이와 같은 투자 장점이 있는 반면, 다음과 같은 단점도 있다. 매도자가 제시하는 부실채권 가격을 정확히 신뢰하기 어렵다. 담보부 부실채권의 투자 우수성이 일반에게 알려지고 있다. 그 결과 부실채권 매각 가격이 상승하여 수익률이 낮아지고 있다. 부실채권 투자자가 증가하고 있는 것도 불리한 점이다.

또한 수익이 높을 것으로 판단되는 물건은 AMC(Asset Management Company)나 대부업체 등이 매각하지 않고, 직접 경매 과정에 참여하여 배당받는다. 일반인은 투자 참여 기회가 줄어들고 있다.

부실채권 물건은 권리 관계가 복잡한 경우가 많다. 따라서 낙찰 가격을 점치기도 어렵고, 수익률 계산이 사후 약방문 식이며, 낮은 유찰로 투자 원금마저 다 못 찾을 수 있는 점 등이 단점이다.

무담보부 부실채권 투자 구도

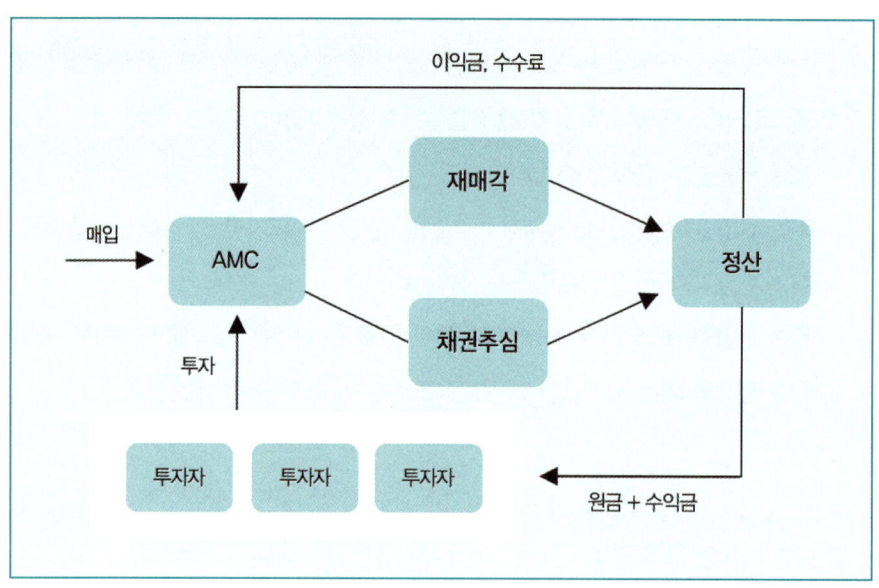

주로 개인 신용 대출, 자동차할부(리스)채권, 부실카드채권, 기업(개인)간 상사채권, 민사채권 등이 여기에 포함된다. 단순 매각을 제외한 무담보부 부실채권 유통 구조다. 무담보부 부실채권은 신용을 담보로 금융기관에서 고객에게 빌려준 채권 또는 기업 거래에서 발생한 상사채권, 민사채권이다. 또한 당초에는 담보부 채권

이었다가 경매 등을 통해서도 회수하지 못해 회수가 불투명해진 채권도 무담보부 부실채권이다.

담보가 없기 때문에 매각 금액은 액면 가격(opb=장부 가격) 대비 2~5% 정도에 매각 처분된다.

금융권에서 매각하는 무담보 채권 중에는 추심이 가능한 것도 있고, 불가능한 것도 있다. 무담보부 부실채권 회수 매입 시 회수 가능성 등을 판단해야 한다. 무담보부 부실채권 회수에서 채무자의 신용 상태, 변제 의지가 중요하다. 개인 간에 발생한 채권이 회수 가능성이 더 높다.

무담보부 부실채권을 매입할 때는 해당 채권의 종류, 발생 시기, 시효 여부, 장부 가격, 채권 상태, 실제 권리 내용과 실체, 매각 현황, 회수 가망성, 거래 횟수, 회수 기간, 채권 구성 내역, 채무자의 상태 등을 파악한 후 매입하여야 한다. 존재하지 않는 권리까지도 매각되는 사태까지 발생한다. 무담보부 부실채권은 담보부 부실채권과 달리 예상 수익과 실제 수익의 차이가 클 때가 많다.

금융기관이 무담보부 부실채권을 매각할 때는 담보부 부실채권에 묶어서 처리하는 것이 보통이다. 무담보부 부실채권의 유통은 통상 100억 원 이상이며 10억 원 단위로 입찰에 의해 매각된다. 이렇게 매각된 채권은 분류 작업을 거친 다음 추심 과정과 2~3차 재매각 과정을 거친다.

무담보 부실채권 투자

무담보 부실채권의 주된 매입 기관은 채권 추심 능력을 갖추고 있는 신용정보회사나 허가받은 대부업체 등이다. 신용정보회사나 대부업체는 직접 추심하기도 하고, 소규모 AMC에게 재매각하기도 한다. 소규모 AMC는 매입 자금을 일반 투자자들을 모집하여 투자하는 경우가 대부분이다. 이 경우 원금 보장이 불분명하다.

무담보 부실채권은 일반 개인이 소액으로 투자하기에는 여러 어려움이 있다. 무담보 부실채권에 투자해서 원금 손실을 입을 가능성이 있다. 실무상에서도 많은 문제가 발생하고 있다.

개인이 당국의 채권 추심 허가 없이 지속적으로 민사채권을 매입해서 채권 추심을 하면 현행법에 위반될 수 있다. 상사채권(공사 대금, 상거래 어음, 물품 대금, 창고 임대료 등)과 민사채권(개인 대여금, 집행권 있는 채권) 등 무담보부 부실채권은 법원 경매로 회수할 수 없다.

잔존 채무 회수 방법

담보부 부실채권인 저당권에 투자했다가 제3자가 낙찰받는 배당에서 채권최고액 이하로 배당받았다면 손실이 발생한 것으로 간주한다. 저당권 인수 가격이 아니라 채권최고액 대비 수령한 배당금의 차액을 손실로 간주한다. 이렇게 계산된 손해액은 무담보 일반채권으로 채무자에게 받을 수 있는 채권이다. 해당 투자 건에서는 손해로 계산되지만 받을 수 있는 채권으로는 남는다.

회수 방법으로는 직접 회수 방법이 있고, 신용정보회사에 의뢰하여 회수하는 방법, 또는 채무 확정 소송을 통해 승소 판결을 통한 집행문을 부여받는 방법도 있다. 이론상으로는 회수 가능한 채권이다.

부실채권 투자처별 수익 – 리스크 비교

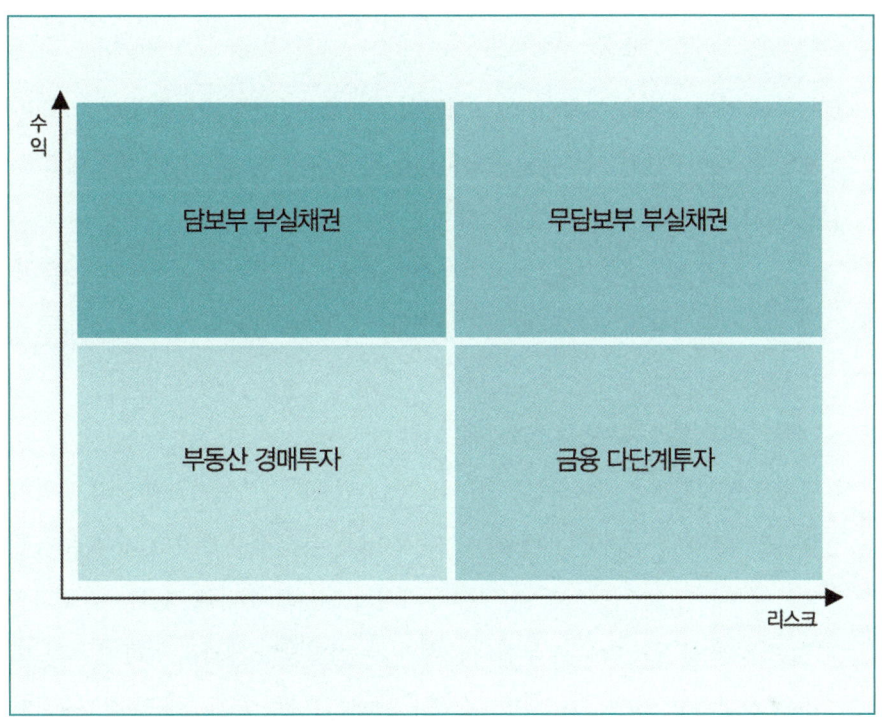

부실채권 투자가 높은 수익에 비해 리스크는 비교적 낮다고 알려져 있지만 이는 사실과 다르다. 구체적인 부실채권별 투자 수익 – 리스크는 다음과 같다.

① **무담보부 부실채권** : 「고수익 – 고위험」이다. 상거래 어음, 공사 대금, 물품 대금, 개인 간 대여금 등이다. 거래가액은 장부가액의 3~5%선이다. 유통 구조는 경험이 있는 사람들도 이해하기 어려운 복잡한 구조로 되어 있다.

② **금융 다단계 부실채권 투자** : 「저수익 – 고위험」으로 채권 투자를 미끼로 사기 행각을 벌이는 사람들이 즐겨 사용하는 방법이다. 공동투자, 펀드투자,

지분투자 등 투자 유형은 다양하지만, 피해가 막심하다는 것이 공통점이다. 사회적으로도 많은 물의를 일으키고 있다.

③ **부동산 경매 투자** : 부동산 경매 시장의 대중화로「저수익 – 저위험」으로 바뀌었다. 일반 경매 물건의 투자 수익률은 일반 매매 시장과 거의 비슷해졌고, 투자 위험도 역시 비슷한 상황이다.

특히 공인중개사에게「입찰매수대리」를 허용한 다음부터 주거용 부동산을 중심으로 낙찰가율이 급격하게 상승하였다. 그 결과 경매 투자 수익률이 급속히 낮아지고 있다.

④ **담보부 부실채권** : 대표적인「고수익 – 저위험」이다. 부실채권 투자가 수익이 높다고 말할 때 열거되는 대표적인 종목이다. 부실채권 투자와 경매 투자를 혼합한 투자 방법을 구사할 수 있는 투자자들은 높은 수익을 경험할 수 있다.「일반 경매 물건의 담보부 부실채권 투자」는 진입장벽 제거로 인하여 투자 매력을 상실하고 있다. 그러나「특수경매 물건 + 담보부 부실채권 투자」는 여전히 높은 수익을 낼 수 있다. 대표적인「고수익 – 저위험」이다.

「토지별도등기 + 담보부 부실채권 투자」,「법정지상권 + 담보부 부실채권 투자」,「유치권 성립 여지 + 담보부 부실채권 투자」,「선순위 임차인 인수 금액 큰 물건 + 담보부 부실채권 투자」,「임차인 많은 다가구주택 + 담보부 부실채권 투자」등이 세부 조합이다.

03
부실채권 발생 원인과 유통 경로

부실채권 발생 원인

① 청년 실업 증가

② 명예퇴직 증가

③ 개인 사업 부진에 따른 자영업자 도산 증가

④ 성장률 둔화

⑤ 고유가 등에 따른 물가 상승

⑥ 내수 시장 축소

⑦ 중소기업의 수익성 악화

⑧ 회사 부도에 따른 체불 임금 증가

⑨ 기계 장비 등 대여금 체불 증가

⑩ 각종 운송비, 보관료 체불 증가

⑪ 각종 하도급 공사비 체불 채권 증가

⑫ 사인(私人) 간의 민사채권 중 채무 불이행 증가

⑬ 상거래상의 상사채권 중 채무 불이행 증가

⑭ 부동산 장기 침체로 인한 부동산 개발 시행–시공사의 실적 악화에 따른 PF

대출 부실 증가 등을 들 수 있다.

부실채권을 생산하는 1차적인 원인이다.

청년 창업자들이 만들어내는 부실채권[10]

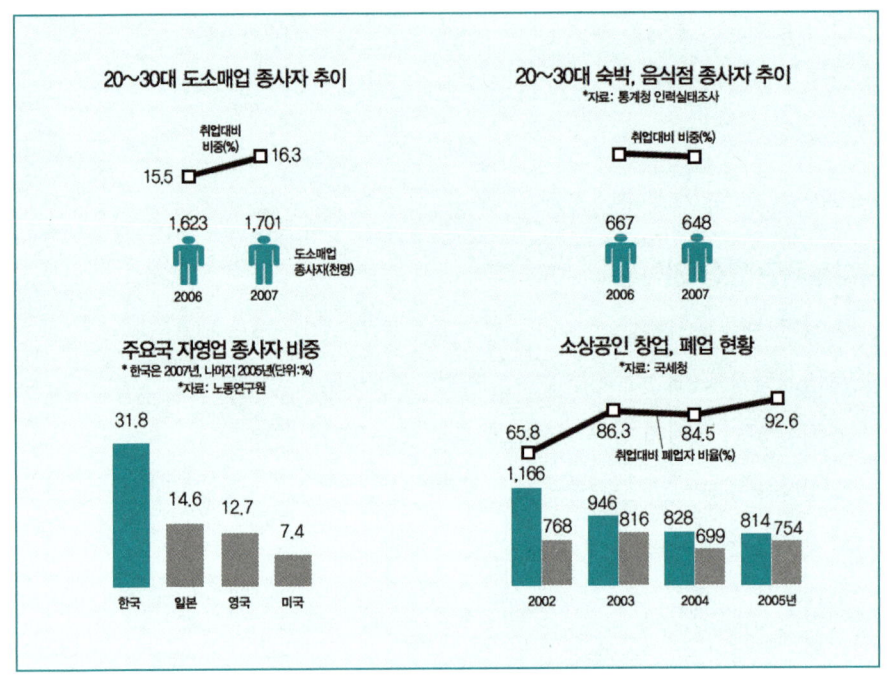

주요국 자영업 종사자 비중을 보면 우리나라는 일본의 2배, 영국과는 약 3배, 미국과는 4배 이상의 차이로 높은 것을 알 수 있다. 이는 한정된 내수시장의 파이를 나누어 먹는 사람이 많다는 말이다. 즉 한 사람에게 돌아가는 몫은 그만큼 작아질 수밖에 없는 구조이다. 하지만 취업이 어려운 20~30대 청년 실업자층이 취업을 포

---

10) 한국일보 2008.09.29자 기사 인용

기하고, 소규모 창업에 나서는 경우 자금 조달 방법은 부동산 담보 대출보다는 창업 지원 제도 등 신용 대출의 비중이 높다.

사회 경험이나 장사 경험이 없는 20~30대 청년층이 의욕과 패기만으로 자영업에 뛰어들지만 성공 가능성이 그다지 높지 않다. 자본금 또한 상대적으로 영세하다. 금융권 대출을 통해 부족한 자금을 융통하여 창업한 다음 폐업하게 되면 이 대출은 "부실채권"이 될 가능성이 높다.

무담보부 부실채권이 발생하게 되는 원인이다. 이 그림에서
① 청년층 도소매업자 변화 추이,
② 음식·숙박업 종사자 수,
③ 자영업자 비율,
④ 소상공인 창업, 폐업 현황
을 보면 청년층 부실채권 증가 원인을 알 수 있다.

무담보부 부실채권 향후 전망

사회 구조상 단기간 내에 청년 실업난 해소를 통한 청년 창업자의 비중이 낮아지기는 어려울 듯하다. 한정된 내수 시장(엄밀하게 말하면 골목시장)의 경쟁은 더 치열해질 것이다.

이들은 특성상 담보부 부실채권보다는 상대적으로 소액인 무담보 부실채권을 양산하게 된다.

40~50대가 만들어내는 부실채권

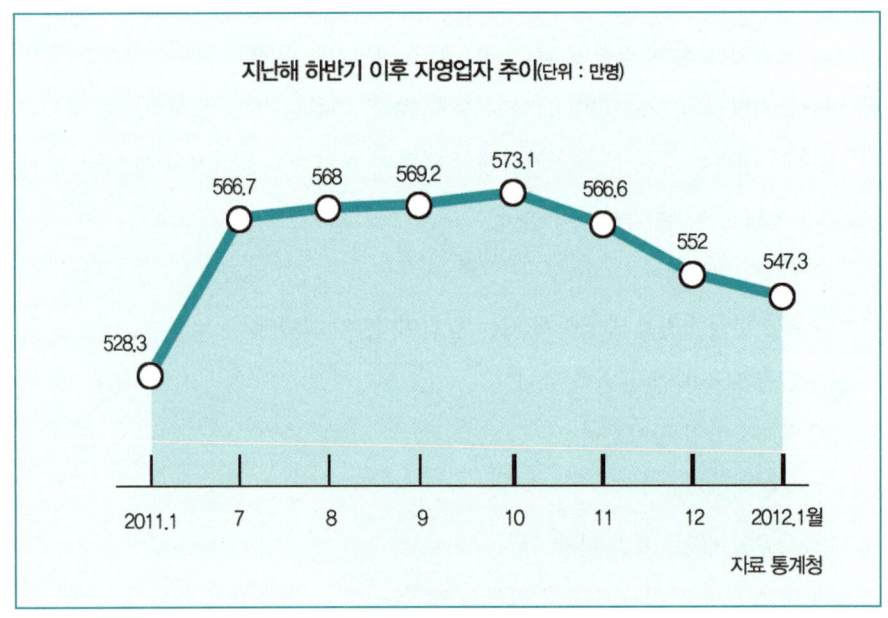

경기 부진으로 외환위기 이후 유행했던 '사오정(45세 정년퇴직)', '오륙도(56세까지 직장에 다니면 도둑놈)'가 재등장하고 있다. 베이비붐 세대(1955~1963년)를 중심으로 직장을 떠나는 '명예퇴직자'가 늘고 있다. 자녀 교육비, 노후 자금 등으로 한창 돈을 벌어야 할 나이지만 일찍 은퇴하면서 '리타이어 푸어(retire poor)'가 된다. 퇴직 후 재취업이 어려우니 소규모 창업에 나서는 것이다. 창업에 필요한 자금은 퇴직금과 명퇴금, 그리고 자신이 가지고 있던 부동산을 담보로 조달한 자금이 대부분이다. 창업 자금을 조달하면서 융자받았던 부동산 담보 대출 담보부 부실채권이 발생하는 원인이다. 부동산 담보 대출로는 모자라 받는 신용 대출(무담보 부실채권)과 결제하지 못해 발생하는 부실채권("상거래채권", "민사채권")이 된다. 다른 자료를 보면 창업자가 3년 이내에 폐업하고 전업하는 비율이 75%를 넘는다고 한다. 즉 100명중 75명이 3년 이내에 사업을 접거나 직종을 바꾼다. 담보부 부실채권과 무담보부 부실채권이 동시에 발생한다.

대형 건설사가 만들어내는 부실채권[11]

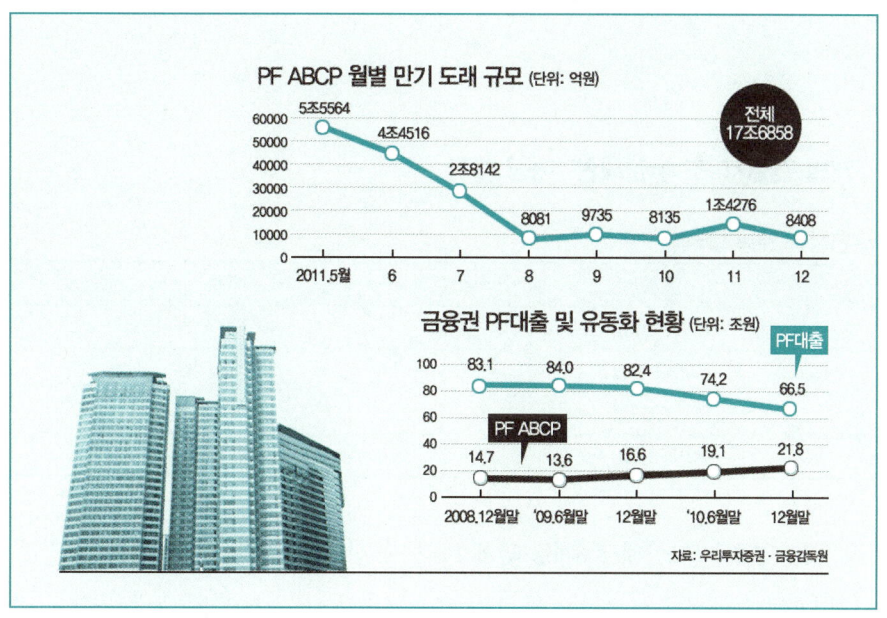

건설업계와 증권업계에서는 지난 1, 2, 3차 구조조정을 거치면서 구조조정 대상에 오를 건설사 풀(pool)이 줄어든 만큼 2012년에는 최대 20여 곳 정도가 수술대에 오를 것으로 내다보고 있다. 각 건설사별 PF 대출 만기 도래 등 현황과 부실 내역 등이 중요한 평가 잣대이다. 구조조정 대상에 포함될 건설사들이 예상보다 늘어날 개연성도 있다. 대규모 부실채권이 만들어지는 원인이다. 이렇게 만들어진 부실채권을 은행들은 일정한 기준을 정해 "부실채권 Pool"로 덩어리를 만들어 자산관리공사나 유암코 또는 외국계 대형 투자 자본에 일괄 매각하게 된다.

또한 부도난 건설회사에 근무하던 임직원의 급여나 퇴직금 등이 체납된 부실채권 역시 무담보 부실채권이 된다. 하청 재하청 과정에서 발생한 「공사 대금-장비

---

11) fnnews.com 기사 인용 2011.05.29

대여금」 등도 원청 기업인 대형 건설사의 지급 보증 및 PF 대출이 부실화되면 이 역시 무담보 부실채권이 된다.

개별 건설사 PF 부실채권[12] 대량 매각

** 건설 PF 보증 채무액

날짜	액수
2009년 12월	1조7000억원
2010년 12월	1조2000억원
2011년 12월	1조1000억원
2012년 6월	5400억원

「**건설 5천억 자산매각 6개월 만에 PF 보증 잔액 절반 뚝」 기사 제목이다. **건설 PF 보증 채무액을 보면 앞의 표와 같다. 3년간 4조 6,000억여 원을 처분한 것을 볼 수 있다. 이 물량이 시차를 두고 부실채권 시장으로 들어오게 된다. 대형 건설사 한 곳의 PF 보증 채무액에 관한 자료다.

2008년 미국 리먼브러더스 사태 이후 국내시장에 불어 닥친 국내 부동산 불황은 굴지의 대형 건설사들에게 부도의 도미노 현상을 일으켰다. 부도난 대형 건설사들에게 금융기관이 제공했던 PF대출이 부실채권시장에 등장하고 있다.

---

[12] PF[Project Financing] 대출 : 금융기관이 사업자금을 빌려줄 때 자금 조달의 기초를 프로젝트를 추진하려는 사업주의 신용이나 물적 담보에 두지 않고 프로젝트 자체의 경제성에 두는 금융기법. 특정 프로젝트의 사업성(수익성)을 평가하여 돈을 빌려주고 사업이 진행되면서 얻어지는 수익금으로 자금을 되돌려 받는다. 주로 사회 경제적 채산성을 가지고 있는 부동산 개발 관련 사업에서 PF 대출이 이뤄진다.
사업자 대출 중 부동산 개발을 전제로 한 일체의 토지 매입 자금 대출, 형식상 수분양자 중도금 대출이나 사실상 부동산 개발 관련 기성고대출, 부동산 개발 관련 시공사에 대한 대출(어음할인 포함) 중 사업부지 매입 및 해당 사업부지 개발에 소요되는 대출(운전자금 및 대환자금 대출 제외)이 이에 포함된다(인터넷 포털 네이버 지식인 검색 후 일부 재정리 후 인용). * 매일경제 2012.06.08자 기사 일부 인용.

집행권원이 붙은 민사 채무

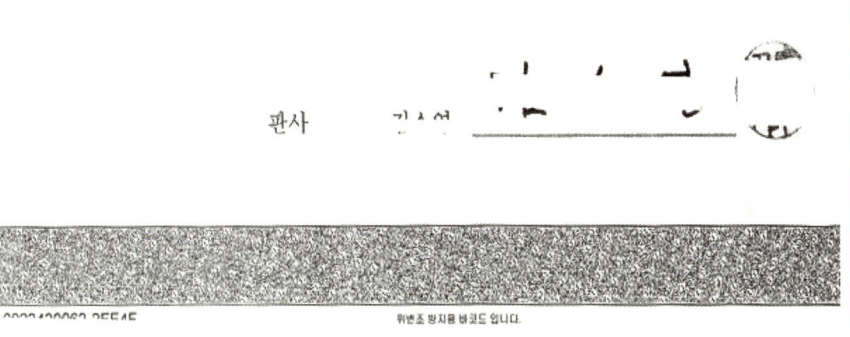

개인 간에 발생하는 민사소송의 결과로 만들어지는 민사 채무다. 피고가 원고에게 법원의 판결대로 이행하면 그것으로 그만이다.

그러나 피고가 법원의 결정 내용을 이행하지 못하면, 원고가 집행권원이 있는 이 채권을 제3자에게 낮은 가격에 매각할 수 있다. 무담보부 민사채권이 발생하는 것이다. 이 역시 부실채권으로 투자 대상이다. 주로 채권 추심 허가를 받은 신용정보회사나 대부업체가 매입하는 것이 일반적이다.

부실채권 투자자 계층도

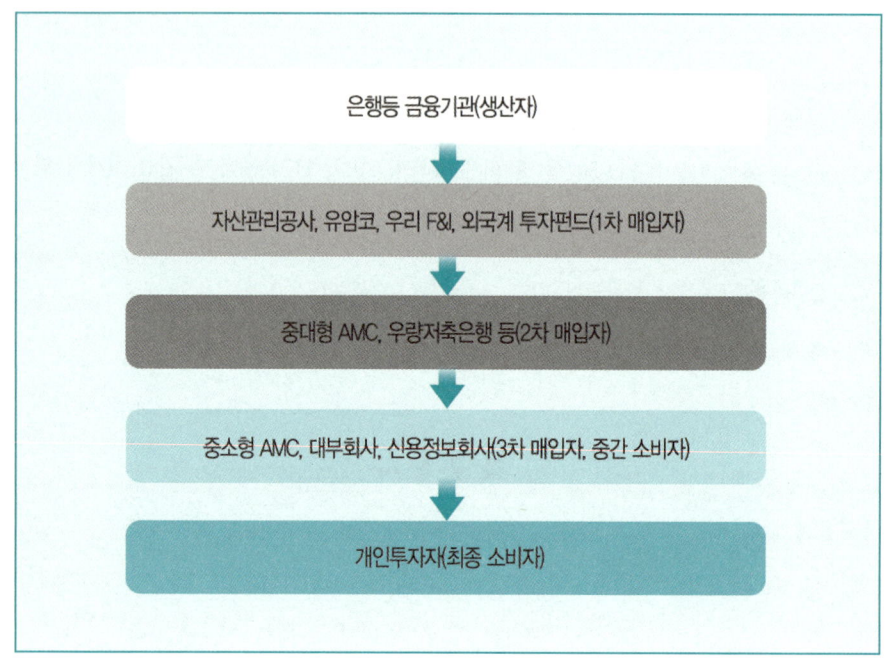

04
부실채권 투자 자금 조달 방법

자산별 유동화증권 발행 현황

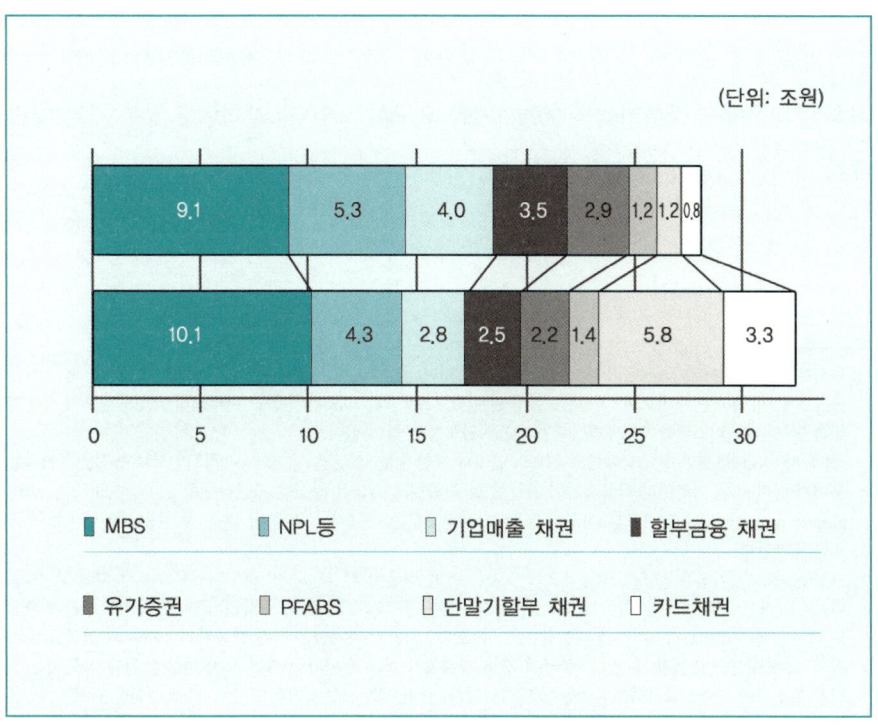

증권사나 저축은행, AMC 등은 부실채권 투자용 자금을 조달하기 위하여 유동화 증권을 발행하기도 하고, 자기 자금, 사모펀드, 지급보증, 금융기관 등으로부터 차입을 하기도 한다. 개인은 자기 자금, 차입, 공동 투자 등을 통해 자금을 조달한다.

2011년 부실채권 시장에 투입하기 위해 발행된 자산유동화증권[13]은 4조 3천억 원에 이른다. 이는 대형 도매상이 금융감독원의 허가를 받아 발행한 공식적인 금액이다. 자산유동화증권은 총 32조 5천억 원이고, 이 중 부실채권에 투자하기 위해 발행된 것은 4조 3천억 원으로 13.25%에 해당된다. 이는 부실채권 시장에 투자된 금액의 일부에 불과하다. 금융당국의 허가를 받지 않은 금액과 일반 개인의 투자 금액까지를 합하면 장부 가격으로 12조 원 이상으로 추정된다. 부실채권 투자가 일반화되면서 매각 가격이 상승하고 있다. 소매시장에서 그런 조짐들이 이미 나타나고 있다. 해마다 소형AMC 창업이 급증하고 있고, 담보부 부실채권을 일반 투자자들에게 낱개로 매각하는 중소형AMC들은 우량 물건은 매각하지 않고, 매각하는 경우에도 장부가격의 90%까지를 요구하고 있다. 앞으로도 장부 가격 대비 매각 가격은 상승할 것으로 예상된다.

---

13) 자산유동화증권(ABS) [asset backed securities] : 기업이나 금융기관이 대출 자산 및 부동산·어음 등 보유 자산을 담보로 발행하는 증권으로 『자산담보부증권』이라고도 한다. 1980년대 중반 미국에서 급성장했으며 자동차 대출 담보증권, 리스대출 담보증권, 부동산대출 담보증권 등이 있다.
　원래 자산담보부채권이라고 불렸으나 1998년 9월 자산유동화에 관한 법률이 제정되면서 유동화증권이라는 용어가 생겨났다. 기업이나 금융기관이 자금 조달을 목적으로 보유 자산을 자산유동화전문회사(SPC)[special purpose company]나 신탁에 양도하고, SPC나 신탁회사들은 해당 자산의 현금 흐름 및 신용도를 바탕으로 증권을 발행한다.
　자산을 보유한 기업은 ABS를 발행함으로써 자금 조달 비용이 절감되고 일시에 대규모 자금을 확보할 수 있다. 또한 자산 매각에 따른 현금 발생으로 기업의 재무 구조가 개선된다. 금융기관의 경우 위험 자산의 축소로 국제결제은행(BIS)의 자기자본비율을 높일 수 있다. 또한 투자자들은 자산 보유자의 신용도와 상관없이 양질의 투자 대상을 확보할 수 있다. 한국의 경우 경제위기 이후에 나타난 자본 부족 현상을 완화하고 채권 시장을 활성화할 방안으로 1999년 10월에 도입되었다. 한편으로는 ABS 가운데 주택 저당 대출을 담보로 한 것을 『주택저당담보부증권(MBS)[mortgage backed securities]이라 한다.

자산유동화증권을 통한 자본 조달 구조

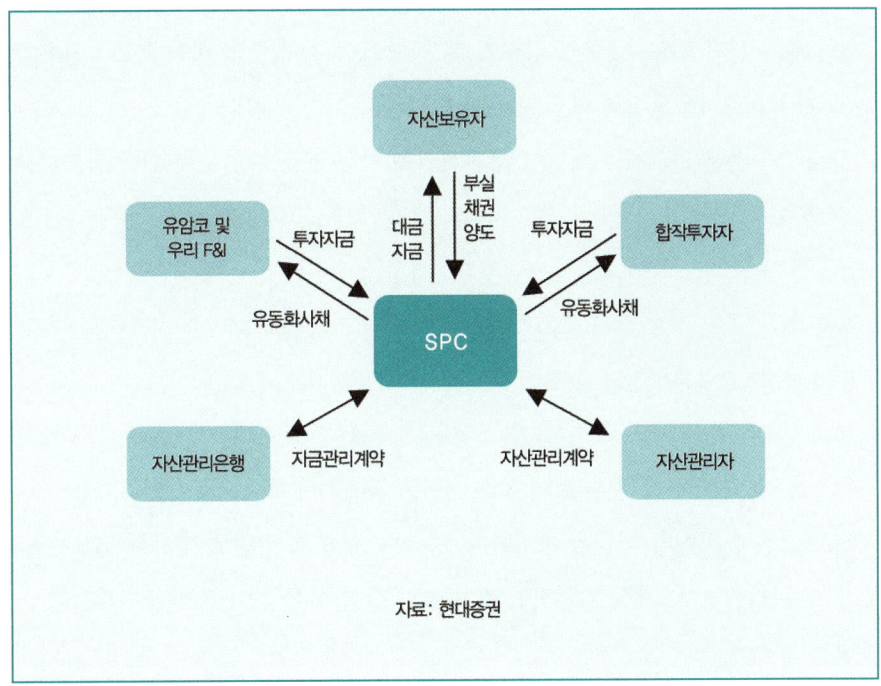

자료: 현대증권

공개 입찰을 통해 금융권으로부터 부실채권을 사들인 유동화전문회사(SPC)는 금융기관에 매입 대금을 납부해야 한다. 이 투자금을 유동화회사채를 발행하여 조달하는 구조의 그림이다.

① 유동화전문회사(SPC) : 금융기관이 부실채권을 매각할 때 유동화전문회사는 "제**차 유동화전문"라는 형태로 페이퍼 컴퍼니인 SPC를 설립하여 입찰한다. "제**차 유동화전문" 명의로 유동화회사채를 발행하여 투자자들에게 이를 매각하여 부실채권 매입 자금을 충당한다.

② SPC와 자금 관리 은행 : 해당 부실채권 투자의 모든 법률적인 행위는 "제**차 유동화전문"라는 이름으로 설립된 SPC가 주체다. SPC는 유동화회사채를 발행하여 조달한 자금을 자금 관리 은행의 별도 계정에 따로 보관하게 된다.

③ SPC와 부실채권 보유자 : SPC는 유동화회사채를 발행하여 부실채권 보유자에게 대금을 지급하고, 부실채권을 양수한다.
④ SPC와 합작투자사 : 매입 규모가 큰 입찰인 경우에는 몇 개의 SPC나 금융기관이 컨소시움을 형성해서 공동 투자 방식으로 입찰하기도 한다.
⑤ SPC와 자산 관리사 : 매입한 부실채권을 자산 전문 관리사에 위탁 관리하는 경우도 있다.

중소형 AMC 자본 조달 구조

중소형 AMC는 투자 건별로 다수의 개인 투자자들에게서 공동투자(지분투자) 형식으로 부실채권 매입 대금을 모집한다. 중소형 AMC가 일반 투자자를 모으는 방법은 아주 다양하다. 가장 일반적인 것이 투자 설명회나, 지인을 통해 투자자를 소개받는 형식이다.

투자를 받을 때는 통상 전체 투자 금액 대비 개인 투자자 투자 지분만큼 계약서를 작성하고, 공증하는 것이 일반적이다. 계약서에는 전체 투자금 대비 개인 투자 금액과 지분, 수익금 배분 방식, 수수료, 권리행사, 사후 정산, 투자 기간, 문제 발생 시 법적 책임과 소송에 관한 내용이 포함된다.

당초에 예상했던 수익률 달성이 어렵거나, 원금 손실이 발생했을 때를 대비하여 투자 계약서를 작성한다. 원금 보장은 하지 않는다.

05
부실채권 유통 구조와 참여자

부실채권 전체 유통도

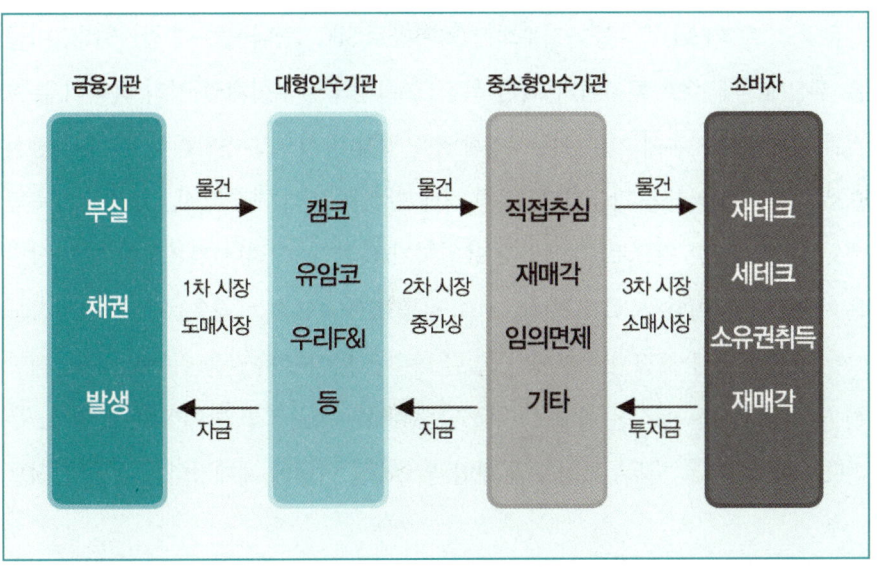

금융기관에서 발생된 부실채권을 중심으로 한 그림이다. 상거래채권이나 민사채권인 경우에는 기업이나 일반인도 생산자다. 무담보부 부실채권이 주이지만, 담보부 부실채권도 기업이나 개인도 생산자일 수 있다.

부실채권의 유통 구조는「생산자(금융기관 등) ⇒ 1차 도매시장(대형 인수 기관) ⇒ 2차 중간상(중소형 인수 기관) ⇒ 3차 소비자(다수의 일반 투자자)」로 이루어져 있다.

① 금융기관

부실채권은 주로 금융기관에서 발생한다. 일반 시중은행(저축은행 등 포함)은 크게 대출이자소득, 파생상품 투자 수익, 수수료 수입 등으로 수익 구조가 구성되어 있으나, 주된 수익 구조는 대출이자소득과 수수료 수입의 비중이 높다. 대출이자소득은 예금이자율과 대출이자율의 차이에서 발생하고, 이 차이는 대출의 성격, 담보 가치의 차이, 대출처의 신용, 거래, 기여도 등에 따라 달라진다.

② 대형 인수 기관

유암코, 우리F&I,[14] 유동화전문회사,[15] 기타로 SPC[16]형태 인수에 참가한다. 이들은 부실채권에 주로 투자하기 위한 목적으로 설립된 부실채권 정리 목적의 투자 기관이다. 금융기관이 처분하는 부실채권을 입찰 방식으로 매입해서, 재매각 방식으로 처분하는 역할을 담당한다. 법원 경매 방식을 통해 매각할 때, 유찰이 계속되어 손실이 발생할 것으로 예상될 때 유입하기도 한다. 그러나 기본적인 투자 방법은 재매각 형식이다. SPC가 경매로 소유권을 취득(유입)하는 경우는 부동산 투자보다는 장부상 원금 보전이 목적이다. 일단 낙찰을 받아 소유권을 취득한 다음, 적당한 시기에 부동산 매각을 통해 수익을 달성하려는 소극적인 방법이다. 유암코, 우리F&I 등의 투자 기관은 부실채권 매입 후 6개월 이내에 재매각하는 것을 원칙으

---

14) 우리F&I : 우리금융지주(주)가 대주주이다.
15) 유동화전문회사 : 46페이지 참고
16) SPC : 47페이지 참고

로 하고 있다.

각각의 SPC는 사전에 금융위원회[17]에 등록을 해야 하고, 당초 유동화 업무가 끝나면 자동적으로 해산한다.

③ 중소형 인수 기관

대형 인수 기관으로부터 부실채권을 인수하는 매입처는 외국계 투자 펀드, 중소형 AMC(Asset Management Company)[18]나 일부 우량 저축은행이다. 금융회사에서 발생한 부실채권을 장부 가격보다 낮은 가격에 매입한다. 소요되는 자금은 일반 투자자 또는 자신들의 자금으로 충당하거나 금융기관으로부터 차입하기도 한다. AMC는 매입한 부실채권을 직접 채권 추심, 임의변제, 재매각, 기타 사업을 통해 수익을 창출한다.

④ 최종 소비자

일반 투자자다. 투자 방법은 크게 두 가지다. 직접 투자법과 간접 투자법이다. 저당권 인수 방식과 비인수 방식이 있다.

직접 투자법은 저축은행, AMC, 대부업체 등을 통해 개별적으로 한두 건 매입하는 방식이 주류를 이루고 있다. 현재의 부실채권 시장 구조상 일반 투자자가 부동산 저당권 부실채권에 한두 건 투자하여 (고)수익을 달성하기가 쉽지 않다. 매각

---

17) 부록 – 317페이지 금융위원회 참고.
18) AMC 정의 : AMC. 부실 자산 정리 전문 회사로 주요 업무는 다음과 같다.
  ① 채권 회수 업무 : 담보부 부동산 관리, 개발, 채무자 신용조사, 채권 추심(배당, 직접 추심).
  ② 인수 및 매각 업무 : 법정관리, 화의 절차 중인 채권, 혹은 부실 기업.
  ③ 기업 회생 : 출자 전환, 신규 자금 지원, 지급 보증 등을 기업 회생 업무로 규정할 수 있다. 그러나 대부분의 AMC는 부실 자산의 정리만을 전문으로 하는 페이퍼 컴퍼니다. 부실 자산 정리만을 수행하는 전문 회사로 일반인들로부터 받은 투자금으로 예전에는 담보부실채권을 경매에 붙여 투자금을 회수했지만, 요즘은 경매 실행은 당연하고, 직접 채권 추심, 재매각, 임의 변제, 협의 매수, 기타 사업 등을 통해 수익을 내고, 투자자는 이 수익을 받게 된다. 일반 투자자들의 이점은 소액 투자도 가능하고, 부실채권의 매입에서 처분, 수익 배분까지 AMC가 대신한다는 점이지만, 수익은 고사하고 원금마저 까먹을 가능성도 있다.

가격 또한 비싸다. 이는 부실채권 시장의 구조적 특성에 기인한다. 매도자가 제공하는 매물 정보에 전적으로 의존해야 하는 경우도 있다.

자기자본비율을 높이기 위해 금융기관이 개별 처분하는 매물은 권리상 하자 있는 아성 물건이 많다.

금융기관이 자금 마련을 위해 처분하는 저당권에 질권을 설정하여 수익을 올리는 방법이 있다. 이는 금융기관에 자금을 빌려주고 수익금을 받는 투자 방법이다. 해당 금융기관의 예금에 가입하고 이자를 받는 것과는 다른 투자다.

AMC 등에 간접 투자인 지분투자를 하고 원금과 배당금을 받는 것은 간접 투자 방법이다. 일반 투자자는 AMC가 재매각하는 NPL을 직접 매입할 수도 있다. 경매에 참가해서 낙찰로 소유권을 취득할 수도 있다.

소매 시장 부실채권 유통 현황

아파트, 연립, 주거용 오피스텔 등 일반 투자자가 선호하는 부실채권 투자 물건은 수익률(매입 가격-처분 가격) 예상이 어느 정도 가능하다.

무담보 부실채권 매입에는 각별한 주의가 필요하다. 담보부 부실채권과 달리 회수 전망을 할 수 없다. 낮은 가격에 매입한다고 해서 투자 수익이 보장되는 것이 아니다. 회수 가능성이 전혀 없는 무담보 부실채권을 적당히 화장시켜 유통시키는 경우도 있다. 무담보 부실채권은 전문가들의 영역이라고 보면 된다. 이 책의 독자들은 해당 사항이 없다고 보면 정확하다.

담보력이 충분한 부실채권의 경우 채권 연 19~22%의 연체 이자와 고율의 배당을 통해 높은 수익을 실현할 수 있다. 부실채권에 편입된 지 2년 정도가 지나면 실채권 금액이 채권최고액에 도달하는 경우가 일반적이다. 수익률이 우수한 부실채권은 별다른 사정이 없는 한 SPC 등이 일반 투자자에게 매각하지 않고 배당을 통해 수익을 달성한다. 이런 부실채권은 SPC나 저축은행, AMC 등은 매각하지 않는다.

SPC나 저축은행, AMC 등이 매각을 의뢰하는 물건에서 일반 투자자들이 원하는 수익을 달성할 수 있는 물건은 많지 않다. 수익률이 높은 물건이 매각된다고 하더라도 정보력이 부족한 일반 투자자가 구입하기란 쉽지 않다. 정보가 제한적이기 때문이다.

이런 요인들로 인해서 매입 가격 결정 과정에서도 불리할 수밖에 없다. 이 같은 투자의 한계점들이 있지만, 투자 매력은 분명히 있다. 부실채권 투자가 매력적인 이유는 『7가지 투자 효과(253페이지)』에서 보기로 한다.

개인 간의 부실채권 거래(민사채권[19] 유통)

SPC나 저축은행, AMC 등을 통해 부실채권을 구입하는 경우와는 다르게 사인 간「담보부 – 무담보부」부실채권 거래 방법이 있다.

주로 개인 간에 발생한 무담보부 부실채권을 제3자(신용정보업체나 대부업체 또는 개인)에게 매각하는 방식이다. 주로 인터넷 동호회 등을 통해서 매물화되고 거래된다.

매입 대상은 집행권원(執行權原)[20]을 확보한 민사채권에 한정해서 투자해야 한다.

---

19) 민사채권 유통의 문제점 : 일반 개인이 사인 간에 발생한 무담보 부실채권을 반복적으로 매입하여 채권을 추심하는 행위에 대하여 『현행 변호사법 제112조2호의 "타인의 권리를 양수하거나 양수를 가장하여 소송 조정 또는 화해, 그 밖의 방법으로 그 권리를 실행함을 업(業)으로 한 자"는 징역 3년 이하, 벌금 2천만 원 이하에 처하고 이는 병과할 수 있다.』에 저촉될 가능성이 있다. 이 법조항으로 인하여 민사채권을 가장 양수하여 소송 진행된 사건에서 입건된 사례(제109조 위반)와 실제 양수하여 소송을 진행하였으나 이 행위가 문제가 되어 입건된 경우(제112조 위반) 사례가 있다.

20) 집행권원(執行權原) : 집행권원이란 『민사집행법』제24조 · 제26조 또는 제56조에 따라 강제집행할 수 있는 금전채권을 말한다'라고 규정하고 있다.
  * 민사집행법 제24조(강제집행과 종국판결) 강제집행은 확정된 종국판결(終局判決)이나 가집행의 선고가 있는 종국판결에 기초하여 한다.
  * 제26조(외국판결의 강제집행) ① 외국법원의 판결에 기초한 강제집행은 대한민국 법원에서 집행판결로 그 적법함을 선고하여야 할 수 있다.

또한 매입하는 권리는 매입자가 직접 확인해야 한다. 매도자가 제공하는 정보에만 의존해서는 안 된다.

부실채권 매입 방법 담보부 부실채권을 매입한다는 뜻은 경매 대상의 부동산 물건의 전체를 매입하는 것이 아닌, '저당권 권리'만을 매입하는 것을 말한다. 저축은행, AMC 등 최종 유통자로부터 일반 투자자들이 NPL을 매(각)입하는 방법은 크게 3가지다. 이 단계는 채권 투자 단계다.

① **론세일 방식** : 「채권 양도 방식」이라고도 한다. 등기부상 매각 대상 채권을 매입자에게 완전히 양도하는 방식이다. 저축은행 등에서 NPL을 매각할 때 주로 사용하는 방법이지만, 일반적인 매각 방법은 아니다. 경매를 통해 원금과 밀린 이자를 모두 받을 수 있는 우량한 부실채권이라면 저당권자 입장에서 보면 굳이 매각할 이유가 없기 때문이다.

따라서 론세일 방식으로 매각되는 부실채권은 악성인 경우가 대부분이다. 토지별도등기, 법정지상권, 유치권 등과 같은 권리관계가 복잡한 물건이 주된 대상이다. 이자는 고사하고 원금도 날릴 정도로 유찰을 거듭하는 악성 물건이라면 빨리 떨어내고자 하는 건 당연하다. 이런 경우 파는 입장에서 할인을 해서라도 매각한다.

론세일 방식은 배당금 수령법으로 투자하는 경우에는 수익을 달성하기가 어렵지만, 직접 낙찰법으로 소유권 투자를 하는 경우에는 수익 실현이 가능한 매입 방법이다. 소유권 투자를 통해 오히려 고수익을 올릴 수 있는 지렛대 구실을

---

* 제56조(그 밖의 집행권원) 강제집행은 다음 가운데 어느 하나에 기초하여서도 실시할 수 있다.
  1. 항고로만 불복할 수 있는 재판. 2. 가집행의 선고가 내려진 재판. 3. 확정된 지급명령. 4. 공증인이 일정한 금액의 지급이나 대체물 또는 유가증권의 일정한 수량의 급여를 목적으로 하는 청구에 관하여 작성한 공정증서로서 채무자가 강제집행을 승낙한 취지가 적혀 있는 것. 5. 소송상 화해, 청구의 인낙(認諾) 등 그 밖에 확정판결과 같은 효력을 가지는 것.

하기도 한다.

② **채무 인수 방식** : NPL의 매입 방법 중 가장 일반적으로 사용되는 방식이다. 부실채권을 인수해서 해당 부동산을 직접 유입하고자(낙찰 받고자) 하는 경우에 사용된다. 계약금만을 지급하고 나머지 잔금은 낙찰 후 지급하는 조건으로 매입저당권에 질권을 설정하는 방식으로 매입 자금을 융자받는다. 소액으로 투자가 가능하다.

「채무 인수 방식」은 부실채권 매입 후 해당 부동산을 낙찰 받는 것이 주된 목적이다. 경매 과정에서 본인이 낙찰 받지 못하는 경우 계약은 해지되는 것을 조건으로 매입하는 것이 유리하다.

장부 가격이 큰 부실채권의 매입은 대체로 이 방법으로 유통된다. 투자 금액이 크기 때문에 매입 대금의 전부를 현금으로 충당하기가 쉽지 않기 때문이다. 통상 매입 가격의 80%까지는 융자가 가능하다. 매도자 입장에서 투자자를 쉽게 찾을 수 없는 경우에도 이 방식으로 처리한다.

③ **유입 방식** : 최종 매각 단계에서 아무도 사 가지 않는 악성 채권을 처리하는 방식이다. 거듭된 유찰로 낙찰 가격이 매입 원금 이하로 하락하여 손실이 발생할 것으로 예상되면, 배당금 수령 방법에서 직접 낙찰 받는 것으로 선회한다.

낙찰로 소유권을 취득하면서 등기부 상 권리 관계를 일단 깨끗하게 정리한 다음, 임대로 투자 금액의 일부를 회수하여 자금 부담을 줄인 다음, 적당한 시기에 일반 매물로 매각하는 방법이다.

악성이라고 여겨 유찰이 심한 물건을 유입(직접 낙찰)하는 것이 실제로는 높은 수익을 낼 수 있는 투자 방법이다. 이 단계는 소유권 투자 단계다.

담보부 부실채권 매입 절차 및 기대 효과

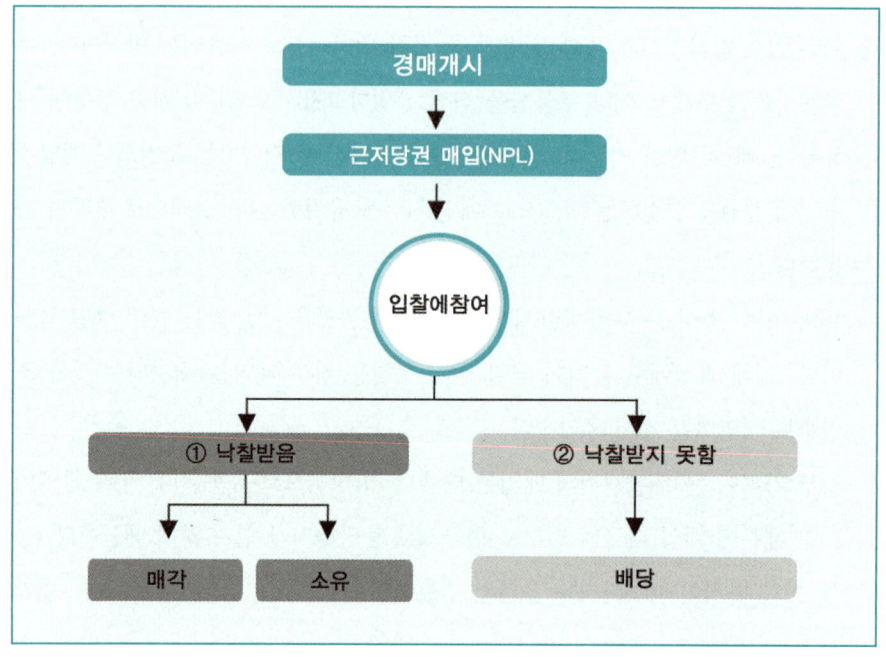

① 경매 개시 : 근저당권자가 채권을 회수하기 위해 경매를 신청.

② 근저당권 매입 : 경매 진행 중인 경매 물건의 저당권을 매입, 인수.

③ 입찰에 참여 : 배당금 수령법 또는 직접 낙찰법.

④ 낙찰 받음 : 저당권자가 경매에 참여하여 소유권을 취득하는 것.

⑤ 매각 : 낙찰로 취득한 해당 부동산을 낙찰로 처분하는 것.

⑥ 소유 : 당장 처분하지 않고 임대나 직접 사용 등으로 보유하는 것.

⑦ 낙찰 받지 못함 : 입찰에 참여했지만 낙찰 받지는 못한 경우.

⑨ 배당금 수령 : 배당을 통해서 투자금과 수익을 회수함[21]

---

21) 경매정보회사 지지옥션(www.ggi.go.kr)에서 인용

저당권자의 특권

담보부 근저당권을 매입한다는 것은 바로 '근저당권자' 즉 이해관계인(채권자)이 된다는 것이다. 담보부 부실채권 매입으로 일반 참가자에 비하여 응찰 시 우월한 낙찰 전략 구사가 가능하다.

일반 경매 참가자는 알 수 없는 '이해관계인'만 확인할 수 있는 상세 정보 등도 응찰 전 단계에서 획득할 수 있다. 응찰 시에도 채권최고액까지 높은 가격 제시가 가능하다.

낙찰 받은 물건의 배당이 진행될 때 일반 응찰자는 낙찰자라고 하더라도 이해관계인이 아니다. 배당에 관하여 발언 및 이의 신청 자격이 없다. 그러나 이에 반해 저당권을 인수한 낙찰자는 저당권자로서 이해관계인에 포함되어 배당 과정에 개입할 수 있다.

부실채권(NPL) 투자와 경매 투자 비교

	NPL 매입 투자자	일반 경매 투자자
* 채권최고액 4억 8,000만 원인 근저당권, 4억 원에 매입		
NPL 매입액	4억 원	없음
채권최고액	4억 8,000만 원	없음
최대응찰가격	4억 8,000만 원	4억 원
실 투자금액	4억 원	4억 원
응찰 결과	낙찰	패찰

4억 8천만 원짜리 근저당권을 4억 원에 매입했다고 하자. 4억 8천만 원은 대출 원금 4억 원에 대하여 설정된 120% 채권최고액을 의미(원금 4억 원×120% = 4억 8천만 원)한다.

낙찰 금액이 충분하고, 실채권액이 채권최고액에 이른 경우에는 4억 8,000만 원까지 배당받을 수 있다. 저당권을 가진 담보부 부실채권 투자자는 응찰 시 낙찰 가격을 4억 8천만 원까지 제시할 수 있다. 저당권자는 일반 경매 투자자보다 높은 가격에 응찰할 수 있다. 그만큼 입찰에서 상대적으로 유리하다. 입찰에서 채권최고액만큼 높게 응찰했다고 해서 잔금 납부 시 실제 자기 자금을 동원하는 것은 아니다.[22]

담보부 부실채권 인수 후 낙찰 받은 근저당권자는 상계를 통하여 4억 8천만 원까지는 추가 납부 없이 잔금 납부가 가능하다. 4억 원에 매입한 저당권을 활용하여 4억 8천만 원과 동일한 낙찰 가격 구사가 가능하다.

이 표에는 설명이 없지만, 담보부 부실채권 투자를 통한 경매 투자가 자금 동원을 덜 하게 된다. 담보부 부실채권을 매입해서 경매 낙찰로 소유권을 취득할 때 총 4번의 융자가 가능하다. 저당권 계약할 때, 저당권 인수할 때, 입찰보증금 보증보험으로, 잔금납부시 경락잔금으로 활용할 수 있다. NPL 매입 당시 해당 저당권을 담보로 80%의 융자를 받았다면, 실제 투자한 금액은 8,000만 원이다.

일반 경매 참가자는 응찰 단계에서 낙찰받게 되면 경락 잔금으로 80% 융자를 받기로 금융기관과 사전에 약속을 했다고 하더라도 의미가 없게 되고 만다. 입찰에 실패했기 때문이다. 같은 금액을 융자받는다고 해도 부실채권 인수 전략이 유리하다. 높은 입찰 가격은 해당 부동산을 매각할 때 발생하게 될 양도소득세를 절세할 수 있는 근거로 된다.

---

[22] 184페이지 투자 사례 참고.

부실채권 유통 구조

① 부실채권 유통 1차 도매 시장

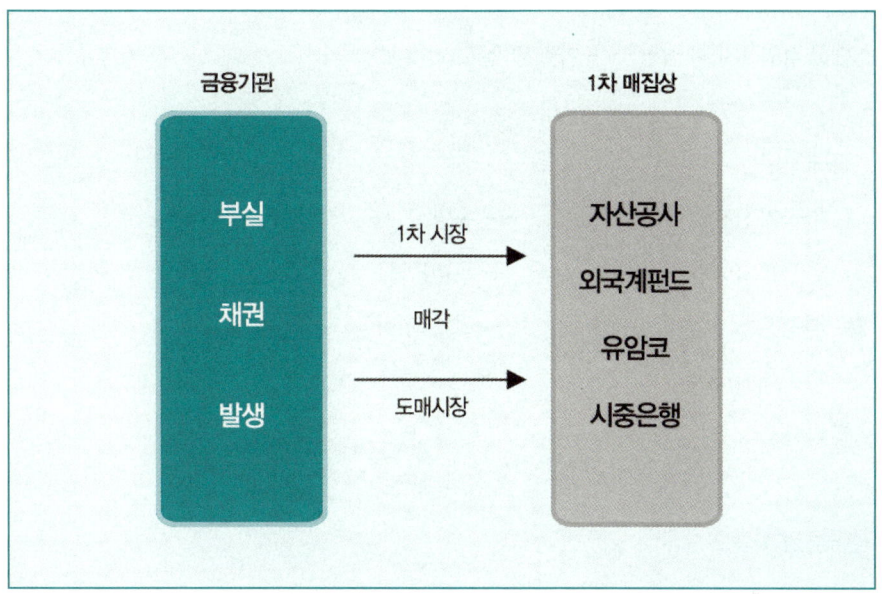

부실채권 1차 도매시장이다. 해당 금융기관이 보유하고 있던 부실채권을 일정한 기준으로 덩어리로 만든 다음 수백 수천 건을 한 덩어리로 매각한다. 매입기관에 해당하는 유동화전문회사는 「수백억 원 ~ 수천억 원」 단위의 채권을 도매로 매입한다.

자금 조달은 유동화채권을 발행하여 매각하는 방식을 주로 사용한다. 개인 투자자는 이 단계에서 매입에 참여할 수 없다. 다른 은행, 우량 저축은행, 보험회사, 증권회사, 사모펀드, 국민연금, 우정사업본부, 재향군인회, 신용정보회사, 대부업계 등 다양한 투자 기관이 응찰에 참여한다. 유동화전문회사는 도매상으로 직접 채권 추심을 하기도 한다.

1차 수집상은 2차 중소형 도매상들에 다시 몇 덩어리로 분할하여 매각하게 된다. 시골 '배추 밭떼기'를 생각하면 쉽다. 시골 농부(부실채권 매각 금융기관)로부터 밭떼기로 산 배추(부실채권)를 현지에서 수집해서 서울 가락동 농산물시장의 도매상(도매상)에게 넘기는 것과 마찬가지 구조다. 자기들 기준의 이윤을 더한다.

대표적인 1차 매집상들은 아래와 같다.

국내 기관
- 한국자산관리공사
- 한국투자금융지주
- 시중은행
- 한국개발금융
- 유암코
- 우리F&I
- 일부 우량 저축은행

등이다.

외국계 기관
- 론스타(미국)
- 메릴린치(미국)
- 안젤로고든(미국)
- 매쿼리(호주)
- 골드만삭스(미국)
- 뉴브릿지캐피털(미국)
- 스탠다드차타드(영국)
- GE캐피털(미국)

등이 대표적이다.

한국자산관리공사(kamco)[23]

한국자산관리공사(KAMCO) 개요

한국자산관리공사 KAMCO는 「금융회사 부실자산 등의 효율적 처리 및 한국자산관리공사의 설립에 관한 법률」에 따라 1962년 설립되어 금융회사 부실채권 인수, 정리 및

기업구조조정업무, 금융소외자의 신용회복지원업무, 국유재산관리 및 체납조세정리 업무를 수행하고 있는 준정부기관입니다.

공사는 상시 구조조정기구로서 국가경제와 금융산업발전에 이바지하고 있으며, 국유재산관리 등 정부위탁업무의 효율적 추진을 통한 국가재정 수입극대화를 도모함은 물론

IMF 외환위기 등 금융위기시 위기극복의 최일선에서 가계, 기업, 금융기관, 더 나아가 정부까지도 지원하는 『국가경제안전망』의 역할을 수행하고 있습니다.

---

23) http://www.kamco.or.kr 홈페이지 초기 화면 캡처.

부실채권을 독식하고 있는 유암코[24]

- 회사명 | 연합자산관리주식회사(UAMCO., Ltd.)
- 설립일 | 2009년 10월 1일
- 대표이사 | 이성규
- 소재지 | 서울 특별시 중구 서소문동 58-7 동화빌딩 13층
- 자본금 | 1.5조원 Capital Call방식(출자금 1조원+대출금 0.5조원)
- 법적형태 | 상법상 주식회사
- 주주구성 | 농협중앙회, 신한은행, 우리은행, 하나은행, 기업은행, 국민은행
- 대표전화 | 02-2179-2400(Fax 2401, 2402)

2012년 현재는 일반 시중 은행들이 부실채권을 매각하는 1차 파트너가 유암코이다. 유암코는 시중 금융기관의 부실채권을 전담하는 목적으로 만들어진 상법상의 주식회사로 주요 시중은행과 농협중앙회가 출자한 법인이다. 유암코는 한국자산관리공사와 함께 우리나라 부실채권 처리의 한 축이 될 것이다.

NPL투자 환경과 투자 방식도 변하고 있다. 그 시작은 막강한 자본금을 바탕으로 시중 은행의 부실채권을 높은 가격에 사들이기 시작한 유암코(UAMCO)가 출현하면서부터다. 유암코는 2012년 상반기 은행권 NPL 입찰 대부분(수의계약 포함)에 참여해 낙찰 받은 규모는 약 1조4770억 원으로 전체 물량(3조3800억 원)의 43.6%에 해당한다.

---

[24] 유암코(UAMCO) 홈페이지에서 인용. 유암코는 2010년도에 설립된 연합자산관리회사로 국민 · 우리 · 신한 · 기업 · 하나 · 농협중앙회 등 6개 금융기관이 1조 5,000억 원(=출자금 1조 원 + 대출금 5,000억 원)을 공동 출연해서 만든 대표적인 배드뱅크이다. KAMCO와 함께 많은 성과를 기대한다.

② 부실채권 2차 유통 시장

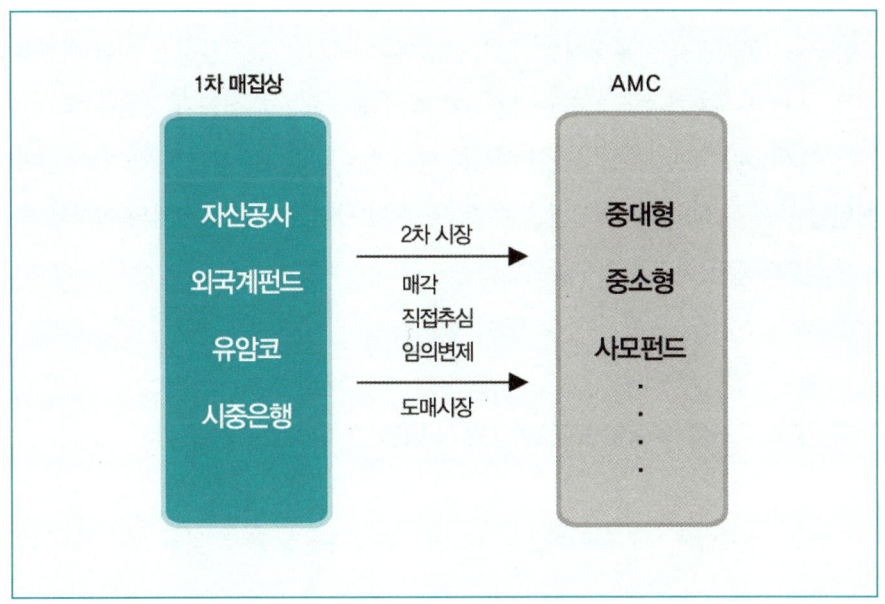

부실채권 1차 중간 유통 과정이다. 이 단계는 대량으로 물건이 거래된다. 수십 수백 건의 물량이 거래되고, 거래 금액도 몇백억 원대가 되기도 한다. 1차 매집상 역시 직접 추심보다는 하위 소매상에게 일정한 마진을 붙이고 대량 매각하는 방식으로 처분한다.

소매상은 신용정보회사 또는 자산관리회사 등이 해당 역할을 담당한다. 우량 저축은행, 사모펀드, 신용정보회사, 자산관리회사, 중대형 AMC 등이다. AMC 몇 개가 컨소시엄을 구성해서 공동으로 응찰하는 경우도 자주 있다. 배추 유통 구조라면 전국의 배추가 가락동 농산물 시장에 1차로 집합된 다음, 각 지역별로 배분되는 과정이다.

자산관리공사(Kamco) 부실채권 매각 방법

한국자산관리공사는 부실채권 매입 후 공매(Onbid.co.kr)로 처분하는 것이 대원칙이다. 일반 투자자가 한국자산관리공사가 경매 진행하는 부실채권 물건을 매입하기는 쉽지 않다. 해당 부실채권의 채무자 당사자는 수의 계약도 가능하지만, 일반 개인이 투자 목적일때는 할인받을 수 없다. 매입 가격과 그 시점까지의 이자를 모두 지불해야 부실채권을 인수할 수 있다.

자산관리공사를 제외한 도매상의 매각 방법

유암코, 우리F&I, 외국계 펀드는 매입한 부실채권을 주로 하위 부실채권 매입기관에 재매각하는 형식으로 처리한다. 알려진 유통 수수료는 매입 가격의 약 3~5%선이다.

유통 마진을 아끼겠다고 개인이 이들 기관에 매입을 타진해도 의미가 없다. 일반인에게 한두 건씩은 매각하지 않는다. 도매상의 부실채권 처분 방식은 주로 공개입찰 방식이다. 입찰시 일정한 정보제공료를 받아 마구잡이식 입찰을 방지한다. 매각 Pool로 묶어서 수백 건, 수백억 원 단위로 중소형 AMC 등에게 입찰 방식으로 매각한다.

일반인들이 이들 기관의 직원들과 개별적인 접촉을 통하여 한두 건씩 입맛에 맞게 부실채권 물건을 빼 올 수 있다고 말하는 사람들이 있다. 그러나 이는 사실과 다른 불가능한 이야기다.

빼 올 수 있다고 하더라도 매각 가격이 높아 원하는 수익을 이루기 어렵다. 일반 투자자들이 이런 말에 현혹되어서 투자를 하게 되면 부실채권 투자 사기에 휘말릴 가능성만 높아진다.

③ 부실채권 3차 유통 시장(소매 시장) – 2차 매집상

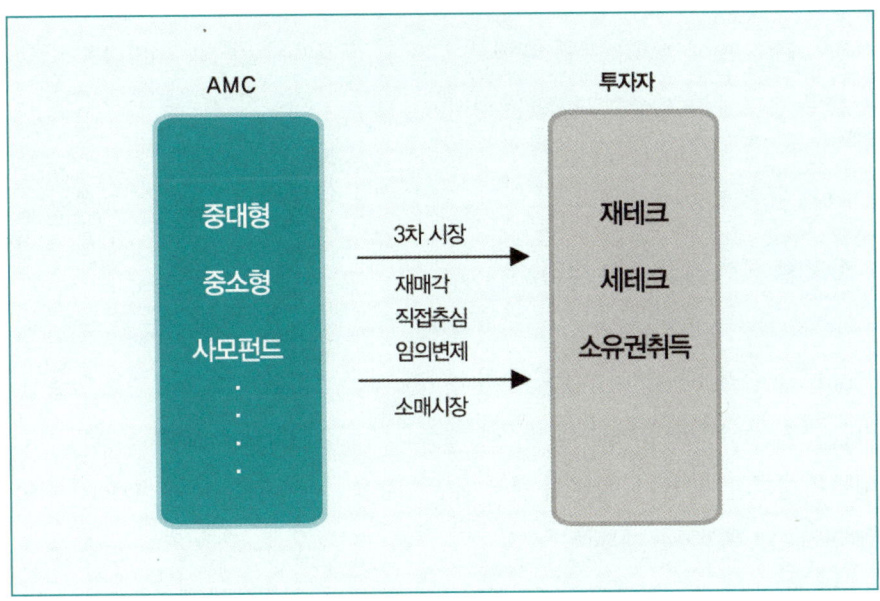

2차 매집상인 중소형 AMC에서 일반 투자자로 부실채권 물건이 매각되는 처분되는 최종 소매 단계다. 일반 투자자는 대체로 소매 시장에 해당하는 이 단계 이후인 3차 시장에서 부실채권을 구입하게 된다.

부실채권을 매입(투자)하는 방법은 크게 두 가지다. 중대(소)형 AMC, 사모펀드가 운용하는 펀드에 투자하는 방법이 있고, 부실채권을 통째로 인수하는 방법이 있다. 투자 형태로는 간접 투자와 직접 투자가 그것이다.

최종 처분 단계에서 중소형 AMC 등은 매입한 부실채권을 다음과 같은 방법으로 처분해서 투자금과 수익을 실현하게 된다.

④ 최종 처분 단계

AMC 명의로 투자자와 투자금을 모집하고 AM이 실무를 처리한다.

AMC를 통한 공동투자의 경우는 일면식도 없는 사람들과 펀드를 구성한다. 부

실채권 투자를 위한 펀드 구성 시 구성원이 10명 단위에서 많게 30~40명씩 지분으로 투자하는 형태다. 투자자는 투자 지분만큼의 권리를 갖는다. AMC가 『모집-운영-처분』 전 과정의 업무를 수행하게 된다. 투자자는 원금과 이익금을 받고, AMC는 운영에 따른 수수료를 받는 형태다.

AMC를 통한 간접 투자 방법

AMC가 주최하는 투자 설명회에 참석하여 해당 물건들의 정보를 얻은 다음 투자를 하면, AMC가 다수로부터 받은 투자금으로 금융회사나 도매상으로부터 부실채권을 할인된 가격에 구매하여 채권 회수 업무를 수행하는 구조다. AMC가 다단계 방식으로 투자자를 모은다.

정상적인 AMC는 설명회를 개최하거나 무료 특강, 부실채권 투자반, 부실채권 투자 동호회 등을 투자자 모집처로 이용하여 투자자를 모은다. AMC가 모집한 자금을 담당 AM이 업무를 수행한다. AMC는 펀드 등으로 매입한 부실채권을 재매각, 직접 낙찰법, 직접 추심, 임의 변제 등을 통해 투자금을 회수하여, 투자자들에게 원금과 이익금을 돌려준다. 간접 투자는 조심해야 할 점들이 많다. 또한 무담보부 부실채권의 처분 과정에는 많은 문제가 도사리고 있다.

어떤 투자든 투자의 최종 책임은 투자자 자신에게 있다.

06
부실채권 과거, 현재, 미래

    1997년 말 외환위기 발발로 부실화된 채권이 넘쳐나자 당시 정부가 이를 처분할 법적 근거인 '자산유동화에 관한 법률(부록편 -295페이지 참고)'을 제정하면서 부실채권이라는 개념이 생겨났다. 이 법에 따라 부실 기준에 해당하는 채권을 도매 가격으로 매각하는 행위는 법적으로 하자가 없어졌고, 이런 채권을 부실채권(NPL)이라고 한다.

    부실채권이 하나의 투자 상품으로 우리에게 모습을 보이기 시작한 것은 2004년 이후부터다. 그때까지는 부실채권이라는 개념 자체가 존재하지 않았다. 2004년부터 외국계 페이퍼 컴퍼니가 부실채권 소매 영업을 시작하면서 알려지기 시작했다. 시기적으로 세 단계로 구분할 수 있다.

부실채권의 도입기(1997년부터 2004년까지)

    외환위기가 발발하자 한보그룹, 대우그룹, 기아자동차 등 굴지의 대기업이 부도 대열에 합류했다. 외환은행, 극동건설, 스타타워 빌딩, 서울파이낸스 빌딩 등이

해외 자본에 헐값에 넘어가던 때가 이 시기였다. 제1금융권의 은행과 후발 은행, 종금사, 신용금고, 수많은 금융기관이 사라졌다. 말 그대로 자고 일어났더니 도미노처럼 쓰러지고 사라지고 없어졌다.

상황이 이 지경에 이르자 정부는 1997년 11월 KAMCO(캠코)를 통해 공적 자금인 부실채권 정리 기금 39조 2,000억 원을 투입해 부실채권 111조 5,000억 원을 인수했다. 부실채권 유동화가 우리나라 금융 역사에 처음으로 등장하는 순간이다.

미국계 투기 펀드 '론스타'가 부실채권 투자를 국내에 처음 도입했다는 것이 정설이다. 1998년 9월 1일 KAMCO는 이 부실채권에 대해 해외 입찰을 실시하여 골드만삭스 등에 매각하였다. 이 매각은 당시에는 성공적이라는 평가를 받았지만, 평가는 얼마든지 다를 수 있다. 지금에 와서 비판받고 있는 자산 헐값 매각의 첫 단추가 이때 끼워졌다는 지적이 있다. 해외 투기 세력들은 모든 정보를 확보하고 매각이 실시되기만을 고대하고 있었다.

당시 국내 금융기관의 재무 구조 악화로 인한 NPL 공급 과잉 및 국내 투자자의 재무 상태 악화 및 투자 기법의 부재로 대부분 우량 물건(매각 대상은 기업, 은행, 빌딩 등)을 해외 투자자들에게 헐값으로 넘기지 않을 수 없었다.

하루가 멀다 하고 부도 소식

이처럼 부도 처리된 「건설사−부실 금융권−재벌그룹」 등이 하루가 멀다 하고 쏟아내는 엄청난 양의 부실채권으로 국가 전체가 휘청거렸다.[25] 상황이 이 지경에 이

---

25) 우리나라 국가 신용 등급 추이(주 : **음영** 부분은 투자 부적격 등급)

평가기관별 \ 시기별	외환위기 이전	외환위기 당시	2005	2012
S&P사	AA−	**B+**	A	AA
무디스사	A1	**Ba1**	A3	A1
피치사	AA−	**B−**	A	A+

르자 국제 신용 평가 기관들은 1997년부터 1998년 사이에 우리나라 신용 등급[26]을 잇따라 하향조정하였고, 금융·외환위기는 본격적으로 진행되었다.

외환 보유고가 최저일 때가 1998년이고, 이때 환율은 전년의 약 2배까지로 폭등했다. 국채 발행도 쉽지 않았다. 외환위기 직후 우리나라 신용 등급이 투자 부적격 단계까지 내려가 우리 정부가 발행한 채권이 정크본드 취급을 받은 적도 있었다.

주석 25)에서 보는 것처럼 당시 우리나라는 『투자 부적격』 등급으로 해외 자본을 유치하기가 어려웠고, 유치하려면 높은 가산 금리를 지불해야 했다. 2004년을 지나면서 금융기관에 대한 기업 부실채권이 어느 정도 정리되어가는 시점에서, 개인 카드 채권의 부실화가 사회적 문제로 부각되기 시작했다. 김대중 정부의 정책 부메랑이 나타나기 시작했다.

또 다른 부실채권 공장

개인 신용카드 남발과 가계 대출 확대 등으로 인해 개인 신용불량자가 급증했다. 대표적인 원인은 길거리 모집책에 의한 무차별 개인 신용카드 발급이었다. 길거리 신용카드 모집책들은 파라솔 좌판을 길에 펼쳐놓고 오고 가는 일반인을 상대로 주민등록번호만 알려주면 개인 신용 정보, 재산 상태, 직장 유무 등은 묻지도 않고 신용카드 발급 신청을 받았다. 그리고는 일상용품의 선물까지 제공하였다.

그 결과 전 국민 1인당 2.6장이던 신용카드가 4장으로 증가하면서 신용카드 회사들은 엄청난 이익을 창출했다. 당시 9개이던 전업카드사(17개의 은행계 카드사들 제외)만 보더라도 카드 이용액 443조 3,674억 원 중 현금서비스가 267조 6,594억 원으로 전체의 60.4%였다.

고객들이 매일 현금지급기에서 7,333억 원의 현금을 뽑아 썼다는 통계가 있다.

---

[26] 국가 신용을 평가하는 기관은 세계적으로 30개 내외가 있지만 무디스사(Moody's Investors Service), S&P사(Standard and Poor's), 피치사(Fitch Ratings) 등이 이른바 '빅 3'로 불리며 대부분의 시장을 점유하고 있다.

무담보 부실채권이 발생하지 않으면 오히려 이상한 상황을 정부가 앞장서 조장했다.

그러나 외상 잔치의 즐거움은 오래가지 못했다. 날아든 청구서를 해결하지 못한 서민이 치른 대가는 혹독했다. 2003년 말 245만여 명이던 개인 신용불량자는 2004년 11월에는 257만여 명으로 12만 명가량 늘었다. 카드사들의 연체율도 급증했다. 9개 전업카드사의 연체율이 5.8%에서 그해 10월 말 10.2%로 2배 정도 급증했다. 무담보 부실채권이 양산되었다. 상황이 이렇게 되자 당시 정부는 개인 워크아웃제도를 도입, 다중 채무자들에 대한 구제에 나섰으나, 여전히 '신용위기 대란'에 대한 우려가 높아졌다.

외환위기 후의 부실채권 매각 실태[27]

매도자	원 장부 가격	매각 시기	매입자
조흥은행	약 4,250억 원	2004년 03월	론스타
기업은행	약 5,679억 원	2004년 04월	KB파트너스
한국투자	약 7,530억 원	2004년 08월	론스타
하나은행	약 1,354억 원	2004년 10월	글로벌 에이엠씨
국민은행	약 9,000억 원	2004년 11월	솔로몬 에이엠씨
산업은행	약 4,450억 원	2004년 11월	도이체방크, 한국개발
조흥은행	약 8,390억 원	2005년 04월	현대스위스저축은행
외환은행	약 3,260억 원	2005년 09월	동양파이낸셜
외환은행	약 2,489억 원	2005년 11월	씨티은행
삼성카드	약16,920억 원	2005년 12월	솔로몬저축은행
삼성카드	약 8,587억 원	2006년 05월	솔로몬저축은행
씨티은행	약 217억 원	2006년 05월	동양종금증권
하나은행	약 1,885억 원	2006년 05월	씨티은행, 나라신용

[27] 4년간 자료이고 이 수치는 정확성이 그다지 높지 않다. 인터넷에서 인용함.

국민은행	약 2,520억 원	2006년 08월	무담보 유찰
기업은행	약 638억 원	2006년 08월	한신저축은행
씨티은행	약 1,198억 원	2006년 08월	솔로몬저축은행
외환카드	약 6,150억 원	2006년 09월	현대스위스외 5곳연합
솔로몬저축	약 3,200억 원	2006년 11월	개인
외환은행	약 3,200억 원	2006년 11월	유찰
기업은행	약 1,470억 원	2007년 03월	현대스위스저축은행
정리금융	약 7,300억 원	2007년 03월	밀양저축은행
하나은행	약 8,200억 원	2007년 04월	진흥저축은행, 우리파인
국민은행	약 4,600억 원	2007년 05월	현대스위스저축은행 등
합 계	약 12조 4,870억 원		

첫 번째 란에 있는 조흥은행 장부 가격 4,250억 원짜리를 매입자 론스타는 장부 가격의 10% 정도인 425억 정도에 인수했다는 말이다.

부실채권을 국내에 도입한 론스타(LONE ★ STAR) 개요

1989년 미국 댈러스에서 창립된 부동산 투자 전문 헤지펀드(HEDGE FUND)다. 현재는 미국 텍사스 주 댈러스에 본사가 있고, 폐쇄형 사모펀드이다. "론스타"라

는 이름은 텍사스 주의 별칭에서 따왔다. 주력 투자 분야는 부실채권 처리와 부동산 운용 등이다.

특히 부실채권 처리 분야에서는 세계적인 투자 은행인 도이체방크나 골드만삭스 등을 능가한다는 평가를 받고 있다. 아시아 시장에 관심이 높아 전체 펀드 자산의 약 75%를 투자하고 있다. 아시아에서는 태국, 일본, 한국에만 투자하고 있다.

외환은행을 론스타에 매각할 당시 정책 결정자들[28]

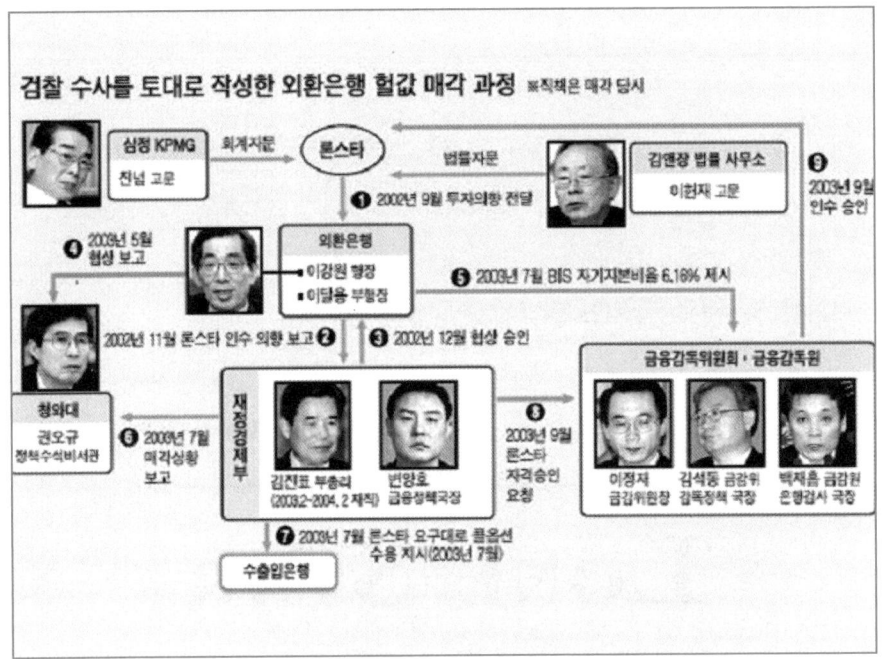

외환은행 매각 당시의 정책 결정 당사자들이다. 외환은행을 론스타 펀드에 헐값에 매각하여 먹튀 논란을 야기하였다.

---

28) blog.naver.com/korea1727/10130508797 인용.

론스타의 주요 투자 실적

⇒ 1998년 한국 진출. 한국자산관리공사와 예금보험공사로부터 5000억 원 이상의 부실채권을 사들임.
⇒ 2001년 강남구 역삼동 스타타워 빌딩 인수.
⇒ 2002년 한빛여신전문㈜ 인수.
⇒ 2003년 극동건설㈜, 한국외환은행㈜ 인수.
⇒ 2006년 5월, 국민은행과 지분 매매 계약.
⇒ 2007년 9월, HSBC와 외환은행 지분 매매 계약.
⇒ 2009년 9월, HSBC가 외환은행 인수 포기.
⇒ 2010년 4월, 외환은행 매각 절차 개시.
⇒ 2010년 11월, 하나금융에 외환은행 매각.

부실채권 잠복기(2005년부터 2008년까지)

부실채권 시장이 외관상 안정된 시기였다. 외환위기 발생으로 인한 IMF 구제금융 신청과 카드 대란을 경험한 이후 신규 NPL은 감소하였다. NPL 물량 감소는 경기 회복에 따른 것이 주원인이었다. NPL 처리 과정에서 설립된 자산유동화회사들의 잔여 재산 매각이 이 시기에 이루어졌을 뿐 전체적으로는 시장에 활력은 없었다. 낮은 금리와 부동산 경기의 활성화에 과도한 차입으로 인한 담보부 채권이 부실채권 시장에 등장하였을 뿐이다.

그러나 이것은 표면적인 현상일 뿐, 내면에서는 부실채권이 급속히 잉태되고 있었다. 역설적이게도 노무현 정부가 부동산 개발에 더 적극적이었다. 일반 국민을 상대로 하는 부동산 정책은 이중 삼중의 규제를 덧씌우면서도 부동산 개발 시행사들에게는 대대적인 규제를 풀었다. 그 구체적인 증거가 노무현 정부 시절 대폭 늘어난 PF 대출이다. 『정책당국 – 시행사 – 시중은행』의 입장이 딱 맞아떨어지면서 급증한 부동산 PF 대출이 이후 부동산 경기 하락에 맞물려 대거 부실화되었다. 그 물량이 부실채권 시장으로 등장할 준비를 하던 시기였다.

계속되는 정부의 방어전

정부가 공적 자금인 '금융안정기금'을 신설해 시중은행, 상호저축은행, 보험사, 캐피털회사 등 건전성이 악화될 우려가 있는 모든 금융회사에 투입하기로 했다. 또 구조조정기금을 40조 원 규모로 조성해 금융회사의 부실채권과 구조조정 대상 기업의 자산을 매입하는 데 쓰기로 했다. 13일 "기업과 가계 대출의 연체율이 높아져 금융회사 부실이 커지는 것을 막기 위해 이 같은 내용을 담은 '금융산업 구조개선에 관한 법'과 '한국자산관리공사 설립에 관한 법' 개정안을 4월 임시 국회에 제출할 계획"이라고 밝혔다. 금융안정기금의 재원은 정책금융공사가 정부 보증 채권을 발행해 조달한다. 기금 규모는 아직 정해지지 않았다.

은행에 투입되는 20조 원 규모의 자본확충펀드가 출범한 데 이어 금융안정기금까지 조성되면 금융권 전반의 자본을 크게 늘릴 수 있어 부실 확산을 사전에 차단할 수 있을 것으로 금융위는 기대하고 있다. 이와 함께 금융위는 40조 원 한도의 구조조정기금을 자산관리공사 안에 만들어 2014년까지 금융회사가 보유한 부실을 정리하는 데 투입할 계획이다.

외환위기 당시 만든 부실채권정리기금 규모가 21조 6000억 원이었다는 점에 비춰보면 정부가 최근 경제위기로 부실 규모가 어느 수준까지 커질 것으로 판단하는지 가늠할 수 있다. 구조조정기금도 정부 보증 채권을 발행해 조성되며 채권 발행 시기 및 규모는 채권시장 상황을 고려해 결정하기로 했다.[29]

---

29) 2009.3.14 한국경제신문 기사.

부실채권 재차 확장기(2009년 ~ 현재)

국내 은행의 부실채권 규모 및 비율 추이 (단위: %, 조 원)

구분	'08년 말	'09년 말	'10년 말	'11년 말	'12년 3월 말
부실채권 잔액	14.7	35.6	50.4	90.9	20.9
부동산 PF 대출	1.4	3.4	10.7	17.2	2.6
부실채권 비율	1.14	2.75	3.84	6.75	1.51

정부의 선제적인 정책에도 불구하고 부실채권 비율이 해가 갈수록 증가하고 있다. 2011년 말 현재 부실채권 비율은 전체 여신 중에서 6.75%이다. 이 중 부동산 PF 대출의 증가 속도는 더 높다. 이 자료는 1금융권 담보 대출 중 부실 비율과 PF 대출의 부실 액수다.

저축은행, 새마을금고, 생명보험사, 신협 등이 실행한 대출 중 부실 비율은 포함되어 있지 않다. 은행에 비해 여신 심사 능력이 상대적으로 떨어진다는 제2금융권의 부실 비율은 더 높다고 여겨진다.

국내 은행의 2011년 말 현재 재고 부실채권액이 90조 9천억 원으로 집계되고 있다. 향후 시장에 미치는 충격을 감안하면서 매각에 나선다고 하더라도 100조 원에 달하는 부실채권 재고 물량의 처분에 주력하지 않을 수 없을 것이다. 누적 재고분까지를 감안한다고 하면 매년 최소한 10조 원~15조 원에 달하는 부실채권 물량이 신규로 공급될 것이다. 파악되지 않고 있는 제2금융권의 물량까지 합산한다면, 매년 20조 원에 육박하는 담보부 부실채권 물량이 공급될 것이다.

부문별 부실채권 비율 (단위: %)

구분	'08년 말	'09년 말	'10년 말	'11년 말	'12년 3월 말
기업 여신	1.41	1.60	5.26	8.91	1.90
중소기업	1.93	1.80	6.61	10.78	2.35
부동산 PF 대출	2.60	2.32	26.04	43.63	9.09
가계 여신	0.54	0.49	1.06	2.42	0.71
주택 담보 대출	0.42	0.38	0.87	2.14	0.64
신용카드 채권	1.16	1.11	2.16	2.28	1.56

※자료 : 금융감독원

2011년 말 현재 부실채권 비율은

① 부동산 PF 대출(43.63%)

② 중소기업(10.78%)

③ 기업 여신(8.91%)

④ 신용카드 채권(2.28%)

⑤ 가계 여신(2.42%)

⑥ 주택 담보 대출(2.14%)로 나타났다.

부실화된 부동산 PF채권은 부실채권시장에 공급될 예비 물량이다. 부실채권 물건의 특징은 단위가 작은 건은 수십억에서부터 큰 건은 2~3천억 원에 이른다. 따라서 일반 개인이 투자하기에는 무리가 있다. 일반 투자자가 주로 매입하게 되는 항목이 가계여신과 주택담보대출이다. 가계여신은 무담보채권일 가능성이 높다. 전체 주택담보대출 중 부실채권 비율도 꾸준히 증가하고 있다.

3년간 NPL 매각 현황

(단위: 억 원)[30]

매각 기관	2009년	2010년	2011년
하나은행	7,375	5,776	5,599
외환은행	5,719	4,688	3,089
신한은행	4,378	11,890	7,575
우리은행	1,150	2,300	7,095
국민은행	1,320	7,465	9,816
중소기업은행		10,570	17,839
산업은행		6,587	6,351
농협중앙회		4,829	9,152
광주은행		557	-
전북은행		132	-
씨티은행		126	95
우리에이엠씨			1,699
SC제일은행			1,569
롯데카드			515
경남은행			436
대구은행			380
삼성화재			210
전북은행			117
합 계	1조 9,942억 원	5조 4,920억 원	7조 1,528억 원

---

30) 장부 가격 기준이고, 수의계약 금액은 제외된 것이고, 수의계약 금액까지를 합하면 2010년보다 2조 8천억 원 많은 29조 8천억 원 규모의 부실채권을 정리했다. 저축은행의 통계치를 확보할 수 없었다.

『2009년~ 현재 부실채권』 유통 현황

2009년~ 2011년의 자료에도 제2금융권 등의 물량은 표시되지 않았다. 부실 상태가 심각하지만 금융당국의 감시 감독의 눈길이 덜 미치는 것으로 알려져 있는 제2금융권의 물량이 빠져 있다. 이들 금융기관의 부실채권 비율은 상대적으로 더 높은 것으로 알려져 있다.

개인 간에 거래되는 상거래채권이나 민사채권 역시 이 자료에는 들어 있지 않다. 이 채권은 규모를 파악할 수 없는 것이 특징이다. 따라서 이 자료보다 훨씬 많은 부실채권이 유통되고 있다고 추정된다.

향후 부실채권 물량 증가에 관한 중요한 요소가 앞에서 본 것처럼 부동산 PF(Project Financing) 대출 부분이다.

2008년 리먼브러더스 사태 이후 국내에 몰아닥친 부동산 불경기의 여파가 건설시장에 직접 영향을 주고 있음을 보여주고 있다. 부동산 불경기에 따른 수익성 악화가 예상되자 금융기관들이 건설사들에 지급 보증 서준 부동산 PF 대출 회수에 적극적으로 나서고 있다.

부실 PF 대출 물량 변동을 보면 제1차 건설사 및 조선사 신용위험평가(2009.1.20 발표) 관련 「자산건전성재분류」로 신규 부실채권이 1조 5,000억 원이 증가하였다. 2012년부터 중소기업의 부실화 및 대기업의 구조조정, 조선사 및 건설업의 구조조정 물량까지 가세할 것으로 예상된다. 이와 같이 기업 채권과 개인(주택 및 개인 신용대출) 물량까지 본격적으로 유통될 것이다.

부실채권 시장은 상당 기간 지속적으로 팽창할 것이다. 그러나 부실채권 물량 증가가 매각 가격 하락으로 연결되지는 않는 기현상이 발생하고 있다. 이는 부동산 경매시장에서 원하는 수익률을 달성하지 못한 경매투자자들이 대거 담보부 부실채권 시장으로 관심을 돌리면서 생긴 현상이다. 일반투자자에게 부실채권을 매각하는 최종 유통 소매상인 중소형AMP가 일반투자자에게 우량 담보부 부실채권 저당권의 할인율을 낮게 책정하기 때문에 매각가격이 낮아지지 않는다.

금융기관별 2011년 부실채권 매각 세부 현황[31]

2011년 부실 채권 매각현황 (단위: 억원)

입찰일	매각은행	풀	매각규모(OPB)	투자자	매각자문
2011-02-17	국민은행 SPC	일반담보부채권	939	우리F&I	삼정KPMG
2011-02-17	국민은행 SPC	무담보채권	1,203	에이원자산관리대부	삼정KPMG
2011-02-28	신한은행	일반담보부채권	1,094	교보증권	안진딜로이트
2011-03-03	기업은행	일반담보부채권	1,750.24	연합자산관리	안진딜로이트
2011-03-03	기업은행	일반담보부채권	601.31	우리F&I	안진딜로이트
2011-03-11	농협중앙회	일반담보부채권	489.2	우리F&I	예일/현대
2011-03-23	씨티은행	개인워크아웃채권	95	남일에셋대부	안진딜로이트
2011-04-12	우리에이엠씨 SPC	일반담보부채권	393	프린서펄인베스트먼트	삼정KPMG
2011-04-12	우리에이엠씨 SPC	무담보채권	1,306	HB어드바이저	삼정KPMG
2011-04-21	하나은행	특별회생채권	649.18	연합자산관리	삼정KPMG
2011-04-21	하나은행	일반담보부채권	677.83	연합자산관리	삼정KPMG
2011-04-21	하나은행	일반담보부채권	1,343.45	메리츠종합금융증권	삼정KPMG
2011-05-03	신한은행	일반담보부채권	1,064	연합자산관리	안진딜로이트
2011-05-03	신한은행	일반담보부채권	524	모아저축은행	안진딜로이트
2011-05-03	신한은행	특별회생채권	785	메리츠종합금융증권	안진딜로이트
2011-05-12	농협중앙회	PF채권	1,111	연합자산관리	삼일PWC
2011-05-12	농협중앙회	PF채권	945	파인트리	삼일PWC
2011-05-12	기업은행 SPC	일반담보부채권	591	연합자산관리	안진딜로이트
2011-05-12	기업은행 SPC	무담보채권	3,099	현대스위스저축은행	안진딜로이트
2011-05-26	외환은행	특별회생채권	437.47	연합자산관리	삼일PWC
2011-05-26	외환은행	일반담보부채권	337.87	나이스F&I	삼일PWC
2011-05-26	외환은행	무담보채권	380.37	베리타스자산대부	삼일PWC
2011-05-26	외환은행	PF채권	319.2	메리츠종합금융증권	삼일PWC
2011-05-26	롯데카드	개인워크아웃채권	515	피엔지에셋대부	안진딜로이트
2011-05-31	우리은행	PF채권	1,005	파인트리 등	삼일PWC
2011-05-31	기업은행	일반담보부채권	559.7	연합자산관리	삼정KPMG
2011-05-31	기업은행	일반담보부채권	560.98	우리F&I	삼정KPMG
2011-05-31	기업은행	일반담보부채권	1198.51	우리F&I	삼정KPMG
2011-05-31	기업은행	특별회생채권	1176.94	우리F&I	삼정KPMG
2011-06-01	농협중앙회	일반담보부채권	295.67	연합자산관리	삼일PWC
2011-06-01	농협중앙회	일반담보부채권	668.77	GE 캐피탈	삼일PWC
2011-06-01	농협중앙회	무담보채권	68	에이치케이에셋대부	삼일PWC
2011-06-02	국민은행	일반담보부채권	688.6	연합자산관리	삼정KPMG
2011-06-02	국민은행	일반담보부채권	707.48	연합자산관리	삼정KPMG
2011-06-02	국민은행	일반담보부채권	1,359.42	우리F&I	삼정KPMG
2011-06-07	농협중앙회	PF채권	739	글로벌시티	언스트앤영
2011-06-07	대구은행	PF채권	380	글로벌시티	언스트앤영
2011-06-17	전북은행	일반담보부채권	117	에이스엔와이대부	안진딜로이트

---

31) 머니투데이 2012.01.26자 인용.

입찰일	매각은행	풀	매각규모(OPB)	투자자	매각지분
2011-07-19	삼성화재	자동차보험구상채권	210	가교AMC	언스트앤영
2011-08-16	우리은행	워크아웃채권	533	메리츠종합금융증권	삼일PWC
2011-08-25	하나은행	일반담보 특별회생채권	834.08	우리 F & I	삼일PWC
2011-08-25	하나은행	일반담보부채권	590.03	GE 캐피탈	삼일PWC
2011-08-25	신한은행	일반담보부채권	466.2	연합자산관리	진일
2011-08-25	신한은행	일반담보 특별회생채권	785.42	우리 F & I	진일
2011-08-30	우리은행	일반담보부채권	843.44	연합자산관리	삼일PWC
2011-08-30	기업은행	특별회생채권	1,195.59	연합자산관리	안진딜로이트
2011-08-30	기업은행	일반담보부채권	529.71	연합자산관리	안진딜로이트
2011-08-30	기업은행	일반담보부채권	1,361.2	신세이뱅크	안진딜로이트
2011-09-06	농협중앙회	특별회생채권	855.95	연합자산관리	삼정KPMG
2011-09-06	농협중앙회	일반담보부채권	589.13	GE 캐피탈	삼정KPMG
2011-10-20	SC제일은행	특별회생채권 무담보채권	1,569	미확인	삼일PWC
2011-10-27	외환은행	PF채권	500	연합자산관리	삼정KPMG
2011-10-27	외환은행	PF채권	433.63	연합자산관리	삼정KPMG
2011-10-27	외환은행	PF채권	30.27	연합자산관리	삼정KPMG
2011-10-27	외환은행	일반담보부채권	378	우리 F & I	삼정KPMG
2011-10-27	외환은행	특별회생채권	272	우리 F & I	삼정KPMG
2011-11-04	경남은행	일반담보부채권	436.31	모아저축은행	예교
2011-11-07	우리은행	일반담보부채권	948.04	연합자산관리	언스트앤영
2011-11-07	우리은행	특별회생채권	1,122.43	연합자산관리	예일
2011-11-17	국민은행	특별회생채권	1,731.19	연합자산관리	안진딜로이트
2011-11-17	국민은행	일반담보부채권	871.03	연합자산관리	안진딜로이트
2011-11-17	국민은행	일반담보부채권	2,316.22	우리 F & I	안진딜로이트
2011-11-22	기업은행	일반담보부채권	2,111.79	연합자산관리	삼정KPMG
2011-11-22	기업은행	일반담보부채권	1,449.56	연합자산관리	삼정KPMG
2011-11-22	기업은행	특별회생채권	1,653.66	우리 F & I	삼정KPMG
2011-11-24	산업은행	일반담보 특별회생채권	4,160.26	한국개발금융	삼일PWC
2011-11-24	산업은행	일반담보부채권	2,190.38	한국개발금융	삼일PWC
2011-11-24	하나은행	일반담보부채권	874	우리 F & I	삼정KPMG
2011-11-24	하나은행	특별회생채권	231	우리 F & I	삼정KPMG
2011-11-24	하나은행	일반담보부채권	399.73	모아저축은행	삼정KPMG
2011-11-29	신한은행	일반담보부채권	1,152.17	연합자산관리	언스트앤영
2011-11-29	신한은행	일반담보부채권	522.37	신라저축은행	언스트앤영
2011-11-29	신한은행	특별회생채권	1,181.84	한국개발금융	언스트앤영
2011-12-01	우리은행	일반담보부채권	456	연합자산관리	삼일PWC
2011-12-01	우리은행	일반담보부채권	86	메리츠종합금융증권	삼일PWC
2011-12-01	우리은행	워크아웃채권	740	파인트리	삼일PWC
2011-12-01	우리은행	워크아웃채권	200	브로션	삼일PWC
2011-12-06	우리은행	일반담보부채권	1,161	연합자산관리	삼일PWC
2011-12-06	농협중앙회	일반담보 특별회생채권	798.11	연합자산관리	삼일PWC
2011-12-06	농협중앙회	일반담보부채권	358.71	연합자산관리	삼일PWC
2011-12-06	농협중앙회	PF채권	571	연합자산관리	삼일PWC
2011-12-06	농협중앙회	PF채권	1,112.62	연합자산관리	언스트앤영
2011-12-06	농협중앙회	PF채권	550	미확인	언스트앤영

07
부실채권 규모와 시장 전망

부실채권 시장의 미래

부실 PF 대출 관련 부실채권 물량에서 본 것처럼 앞으로 부실채권 시장은 양적으로 증가할 것이다. 기존의 금융권이 매년 기본적으로 발생하고 있는 물량과 함께 최근 부도난 저축은행이 보유하고 있던 물건도 가세하기 때문이다. 일반투자자 입장에서는 우량한 담보부 부실채권을 접할 수 있는 물건이 최근 부도가 나 퇴출된 "부실 저축은행"이 보유했던 담보부 부실채권이다. "부실 저축은행"의 부실채권 물건은 옥석이 섞여있다.

또한 언급한 대로 국제회계기준(IFRS)을 준수해야 할 금융기관들은 기회가 생길 때마다 부실채권을 적극적으로 떨어낼 것이다. 채권자 입장에서는 가지고 있어봐야 『관리-유지비』만 증가하고, 오래된 부실채권일수록 회수 가능성이 낮기 때문이다. 부실채권은 가계 부분과 기업 부분에서 발생한다. 다음 그림에서 보는 것처럼 가계 부분의 부실채권 역시 급속히 상승하고 있다.

만기도래 담보 대출 규모와 연도별 부실 비율

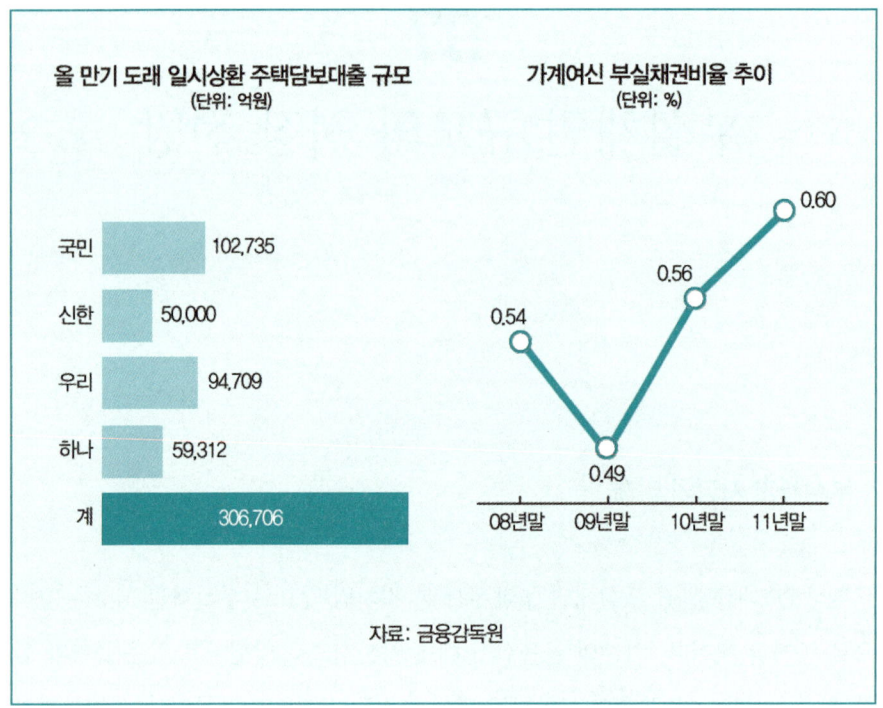

 2012년에 도래하는 부동산 관련 담보 대출 만기 도래 금액이 30조 6천억 원이다. 대출 연장 등으로 전액 상환을 요구하지는 않겠지만 금융당국은 부동산 시장 침체와 고용 불안 등으로 대출 만기 연장이 리스크를 키우는 결과를 가져올 수 있다고 판단한다. 문제는 가계 부분의 여신에 대한 부실 비율이 2009년을 기점으로 급속히 증가하고 있다는 점이다.

 부실화되었거나 부실 징후가 보이는 주택 담보 대출에 대해서는 금융기관이 만기 연장에 소극적이다. 또는 일부 상환을 요구하거나, 더 높은 금리를 요구한다. 가계대출 부실을 더욱 재촉하는 결과로 이어진다. 이와 같은 내적인 요인과 함께 경제지표 등 외부 요인도 부실채권 물량이 증가할 것으로 판단하게 한다.

부동산 경매서 틈새였던 '부실채권' 주류 되나[32]

지난 3년간 NPL 평균 낙찰가율과 건별 낙찰가

구 분	2009년	2010년	2011년
법원경매 평균 낙찰가율	69.83%	68.36%	71.10%
부실채권 평균 낙찰가율	65.75%	63.70%	67.27%
부실채권 건별 평균 낙찰가	3.6억원	4.0억원	4.7억원

담보부 부실채권 유통이 부동산 경매 시장에서 저당권을 사고팔 수 있는 공식적인 제도로 자리 잡고 있다. 경매 시장에서 흔히 볼 수 없었던 일종의 파생상품 시장이 활발해지고 있다.

2011년 낙찰된 경매 물건 중 담보 채권이 자산유동화전문회사로 양도된 물건은 전체 경매 사건의 11%에 이른다. 경매 물건의 변화가 크지 않은 부동산 경매 시장에서 부실채권이 차지하는 비중이 상대적으로 높아지고 있다.

2009년 이후 3년간 낙찰된 부동산 경매는 모두 24만 9,687건이며 채권자가 회수한 낙찰 금액은 44조 4392억 원에 달한다. 이 중에서 금융권이 부실채권으로 이전한 경매 물건은 모두 19,235건으로 7.2%이다.

이들 부실채권 물건의 낙찰 금액은 8조 575억 원으로 감정가 대비 평균 낙찰가율은 65.8%이며, 일반 경매 물건의 평균 낙찰가인 69.7%보다 약 4% 낮은 가격이다.

평균 낙찰가율이 4% 낮다는 것은 담보부 부실채권 경매물건의 투자가 일반 경매물건보다 투자가치가 우수하다는 것을 반증하는 것이다. 또한 부실채권의 평균 낙찰가격이 비싸지는 것은 채권회수비율이 높아지는 것을 보여주는 것이다.

---

32) CNB뉴스 2012.01.25 인용

부동산 경매 물건 중 부실채권 물건 현황

앞 페이지 그림의 부실채권 낙찰 물건의 연도별 변화 추이를 보면 2009년 4,486건(4.77%), 2010년 6,466건(8.03%), 2011년 8,283건(11.02%)이다. 부동산 경매에서 차지하는 부실채권의 비중이 큰 폭으로 상승하고 있다. 은행의 리스크 관리를 위한 자체 노력과 금융 감독기관의 관리 감독 강화와 부실채권에 대한 정책 강화가 원인이다.

담보부 부실채권 가격 변동 현황

담보부 부실채권 평균 매각 가격이 상승으로 반전됐으며, 건별 평균 낙찰 가격도 상승하였다. 원인을 크게 3가지에서 찾을 수 있다.

첫째, 부실채권에 대한 일반인의 관심이 증가함에 따라, 매입 경쟁이 치열해지고 있다. 매도자가 제시하는 협상 가격이 상승했다. 현재 1순위 저당권의 부실채권 매각비율(=매각가격/저당권설정채권최고액)은 주거용 부동산의 경우 90~95% 선으로 알려지고 있다. 부실채권시장의 과열양상을 보여주는 결과이다.

둘째, 경매 입찰 과정에서 채권 금액을 지렛대 삼아 직접 낙찰법을 구사하는 투자자가 증가하고 있다. 즉, 부실채권에 투자하는 이들은 채권 투자액에 대한 경매기간 중 발생하는 이자 수익을 얻기보다는 물건 유입 사례가 뚜렷하다.

끝으로 부실채권 매입자가 직접 응찰하는 경우 상계를 통해 자금 동원 부담이 작아지는 한편 고가 낙찰로 인한 양도소득세 절세 효과를 기대할 수 있다. 낙찰 받은 물건은 대출을 통해 레버리지를 발생시키기 위해서 고가 낙찰을 활용하고 있는 점에 기인하는 것으로 판단된다.

부동산 경매 투자 중심축 이동

부동산 경매를 통해 수익을 올렸던 이들은 외환위기 이후를 기억에 떠올린다. 불경기로 인해 경매 물건은 급속히 증가했지만 부동산 경매 투자에 대한 부정적인 인식이 있었다. 이런 사회 분위기와 일반인들이 쉽게 경매 투자를 시작하기 어려운 환경 등이 맞물려 경매 참여자가 많지 않았다. 따라서 시장 참여자들은 상대적으로 높은 수익을 올릴 수 있었다. 그러나 지금은 경매 투자 시장 환경이 급변했다. 법원 경매 시장의 대중화로 이전과 같은 고수익을 경험하기가 어려워졌다. 투자 수익의 한계를 느낀 경매 투자자들이 아직은 덜 알려져 있는 부실채권 투자 시장으로 관심을 옮기고 있다.

부동산 경매 시장에 관한 소고

일반 매매 시장은 극심한 불황에 시달리는 반면, 경매 시장은 그나마 명맥을 이어가고 있다. 담보부 부실채권 시장만 홀로 뜨겁다. 2~3년 전부터는 정상적이라고 볼 수 없는 매각 가격이 형성되고 있다. 높은 가격에 매입해서는 원하는 수익을 달성하기가 쉽지 않다. 투자 원금 회수나 수익(율) 산정에서 부동산 투자나 경매투자에 비해 담보부 부실채권이 불리하다는 점에는 눈을 감고 비싸게 매입하는 투자자들이 늘고 있다. 부실채권 전문가들 사이에서는 부실채권 시장의 과열양상을 우려하는 목소리가 높아지고 있다. 이해하기 어려운 고가 매각 사례가 속출하고 있다.

2011년 부실채권 매각 현황 및 구성 비율

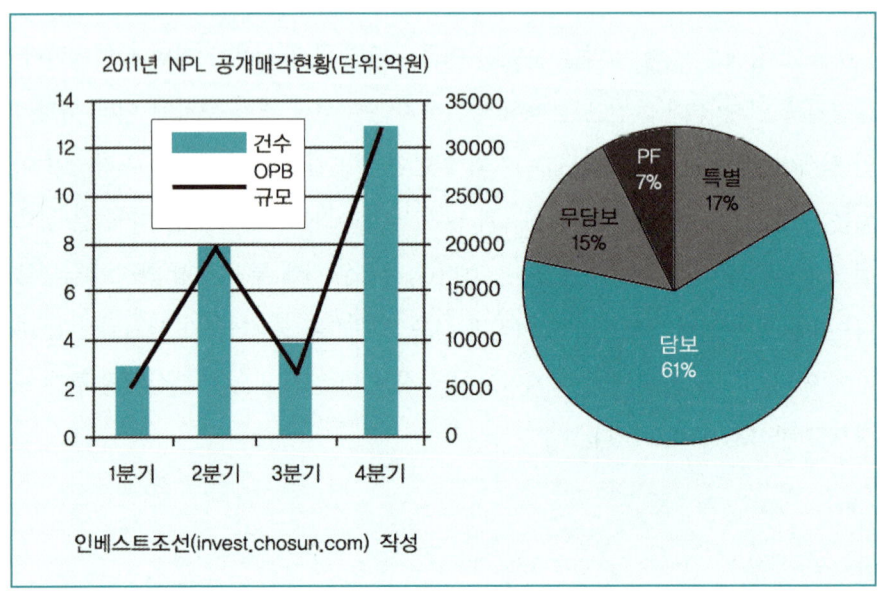

부실채권 매각 방식이 변하고 있다. 금융기관은 국제회계기준(IFRS)[33] 적용 이후 부실채권의 외부 매각을 꾸준히 추진하고 있다.[34] 국제회계기준을 도입한 시중은행이 NPL을 자산유동화증권(ABS) 방식으로 처분하더라도, 연동재무제표에 의해 SPC 자산 보유자인 금융기관으로 연결되어 여전히 부채로 잡히기 때문이다.

시중은행이 보유 중인 NPL 매각이 꾸준하게 이어지는 가운데 2010년에도 작년 규모의 NPL 시장이 형성되었다. NPL 시장 업계에 따르면 2011년 상반기 공개 매각(Auction) 물량은 3조 5,000억 원 수준에서 형성될 전망이다. 지난해 상반기 은행

---

[33] 국제회계기준(國際會計基準 : International Financial Reporting Standards, IFRS)는 국제회계기준위원회가 제정하는 회계기준으로, 현재 110여 개 국가에서 채택되었거나 도입 예정에 있다. 미국 등 IFRS를 도입하지 않고 자국의 GAAP를 적용하는 국가도 IFRS와의 호환을 계획하고 있으며, 대한민국은 2011년부터 IFRS를 한국어로 번역한 한국채택국제회계기준(K-IFRS)을 전면 도입하였다.

[34] 조선일보 2012. 3. 30자 기사 인용

권 NPL 매각 규모(2조 5,427억 원)보다 다소 높은 수치다. 1분기 NPL 매각 규모는 지난해(5,383억 원)보다 많은 6,571억 원을 기록했다.

부실채권 매각 구성 비율

2011년 매각된 21건의 구성 내용을 보면 담보부 부실채권이 61%, 특별 채권(17%), 무담보 채권(15%), PF 채권(7%) 등이 그 뒤를 이었다.

ABS를 통해 NPL 규모를 축소해왔던 은행이 진성 매각(true sale)을 진행하고 있으며, 앞으로도 꾸준한 매각이 이어질 것이다. NPL 매각 방식은 "공개 매각" 이외에도 "수의 계약(private)" 방식도 가능하다. 수의 계약 거래는 빠른 NPL 처리를 위해 진행된다.

따라서 지금까지의 자료, 표, 기사 등을 통해 확인한 것처럼 부실채권 물건이 증가할 것이다. 「물량 증가 ⇒ 투자 저변 확대 ⇒ 수익률 저하」가 예상된다. 투자 저변 확대에 따라 시장이 활성화될수록 수익률은 낮아질 것이다.

부실채권 투자자 입장

부실채권 물량이 증가할 것은 살펴보았다. 「양」의 증가도 중요하지만, 소비자인 투자자 입장에서 보면 「질」적인 문제도 중요하다.

"알짜배기가 어떤 것인가",
"어떻게 찾아내서",
"어떻게 평가해서",
"어떤 전략으로 임하고",

"얼마에 인수하고",

"자금은 어떻게 조달할까",

"배당금 수령이 목적인가, 소유권 취득까지 할 것인가",

"추가 비용은 얼마가 더 소요되고",

"낙찰가율이 어떨까",

"소유권 취득 후 어떻게 요리할까",

"얼마에 언제 어떤 방식으로 처분할까",

"세전 수익률은 얼마일까",

"수익에 따른 납부 세금은 얼마일까",

"세후 최종 수익액과 수익률은 얼마나 될까" 등이다.

여기에 『일반 경기 – 부동산 경기』가 부실채권 투자의 성패를 가르는 핵심 요소이다. 담보부 부실채권은 배당 투자보다는 『채권 투자 ⇒ 직접 응찰 ⇒ 소유권 투자』로 연결하면 수익률이 높아진다.

가치 있는 부동산 담보부 부실채권을 싸게 매입하는 것이 부실채권 투자의 일차적인 성공 요인이며, 거시적인 투자 환경도 살펴봐야 한다. 저당권을 품고 있는 해당 부동산의 가치가 어떤지도 투자수익률을 결정짓는 중요 사항이다. 즉 저당권의 질과 낙찰가격을 예측하여 투자수익률을 온전히 예측하려면 해당 부동산에 대한 분석과 경기전반에 대한 공부도 게을리 해서는 안 된다.

「일반경기 ≥ 부동산경기(종류별 지역별 시장) ≥ 경매시장 ≥ 부실채권시장」의 현재와 미래를 충분히 이해하고 있어야 한다.

무담보부 부실채권(카드채, 리스할부채, 상거래채권, 민사채권)에 투자하는 경우에는 채무자의 상태 파악이 중요하다. 무담보 부실채권을 매입할 때 가장 중요시해야 할 항목이 "회수" 가능 여부다.

◆ "年 20조 NPL 시장 잡아라" 대부업체·외국계도 눈독

국내 부실채권 시장 규모는 연간 20조 원대로 추정된다. 특히 올해 경기 전망이 악화되면서 은행, 보험, 저축은행 등 금융회사의 부실채권(NPL) 매각이 봇물을 이루고 있다. 지난해 은행권에서만 12조 원 넘게 매각했고, 신용카드나 캐피털 등 여신금융업종에서도 연체율 상승으로 물량이 잇따르고 있다. NPL이 이처럼 늘어나는 가장 큰 이유는 경기 전망이 어둡기 때문이다. 이 시장은 경기가 나쁠수록 팽창하는 소위 '불황산업'의 대표 격이다. 지난해 은행들은 올해 경기가 악화될 것으로 내다보고 NPL을 대거 정리했다. 보유하는 것보다 차라리 싼값에 매각하는 게 낫다고 판단했기 때문이다.

또 금융사들이 지난해 새로운 국제회계기준(IFRS)을 도입하면서 국제결제은행(BIS) 기준 자기자본비율을 높이기 위해 대거 부실채권 정리에 나섰다.

금융당국이 은행권에 부실채권 비율을 1.5%대로 유지할 것을 지시하면서 은행들은 싫어도 줄여야만 하는 상황에 놓였다. 최근 쏟아지는 NPL은 건설업과 조선업 불황 영향이 크다. 2006~2007년 호황을 누릴 당시 대거 집행됐던 대출이 2008년 미국발 금융위기 이후 급격히 부실화했다. 업계 관계자는 "지난해 은행들이 NPL을 대거 매각하긴 했지만 최근 들어 또다시 회수가 안 되는 채권이 잇따라 나타나면서 올해 들어서도 1조 원대 물량이 나오고 있다"고 했다.
이렇게 나온 NPL은 시장에서 할인가에 매각된다. 싸게 사들인 업체나 개인은 채권을 재매각하거나 추심 등 과정을 거쳐 수익을 올리게 된다. 'NPL이 돈 된다'는 인식이 번지면서 자금력을 갖춘 전문 투자업체들까지 속속 뛰어들고 있다.

2010년까지만 해도 유암코(연합자산관리)나 우리F&I 정도가 전부였지만 지난해부터 메리츠·미래에셋 등 제2금융권과 저축은행, 대부업체 등도 앞다퉈 진출했다.
업계 관계자는 "외국계 등을 포함해 NPL 시장에 참여하는 업체들이 10여 군데로 늘었다"며 "최근에는 보험사 등도 시장에 진입하고 있다"고 설명했다.

NPL 중 대부분은 부동산 프로젝트파이낸싱(PF) 부실에서 나온 물량이다. 대부분 기관이 이를 인수하지만 최근에는 개인 투자자들이 펀드를 구성해 투자에 나서는 사례도 종종 있다. 시중은행 관계자는 "NPL 매각 입찰 공고를 내면 여러 업체가 뛰어들지만 간혹 개인들이 펀드를 구성해 입찰에 들어오기도 한다"며 "최근 들어 이 같은 사례도 어렵지 않게 찾아볼 수 있다"고 말했다.

업계 관계자는 "은행들은 NPL을 묶어 주로 대형 기관에 매각하고, 기관은 NPL에 포함된 담보 부동산을 떼어내 일반 투자자들에게 다시 매각하는 사례가 많다"고 말했다.
[최승진 기자] - 매일경제 2012. 02. 09

2장
부실채권 공부하고 물건 찾기

2장 부실채권 공부하고 물건 찾기

상식선에서 생각해보자. 누구라도 당장 돈 되는 담보부 부실채권을 매각하겠는가. 또 돈 되는 물건을 남들이 추천해주리라고는 꿈에도 생각하지 말자. 이 장에서는 독자 여러분 스스로가 돈 되는 물건을 찾는 방법을 보여드리겠다. 그물 짜고 치고 끌어올려 잡아낸 물고기를 요리하는 방법을 적나라하게 살펴보자. 투자의 기본이자 핵심은 이 부분이라고 굳게 믿는다.

일반 투자자가 AMC나 대부업체를 통하지 않고도 담보부 부실채권 물건을 찾는 방법이 있다. NPL 물건 정보를 제공하는 경매회사 사이트를 통해 담보부 부실채권부 경매 물건을 찾아보면 된다. 경매 전용 인터넷 사이트에 접속해서 관할 법원과 해당 사건번호로 검색하면 된다. 이 사이트를 통해 확인할 내용은 경매 신청자, 신청 일자, 법원의 송달 내역, 채권자, 임차인, 관청 등 이해관계인의 권리 신고 내역, 경매 진행 일자, 경매 진행 내역, 채권 청구액, 채권자 변경 여부, 경매 진행 항고 여부, 유찰 및 낙찰 결과, 매각 가격, 최고가매수결정 허부 내역, 잔금 납부일, 잔금 납부 내역, 배당일 등이다.

최근 시장 상황을 보면 하자 없는 담보부 부실채권의 매각 가격이 채권최고액에 육박하는 가격까지 호가하고 있다. 하자없는 정상물건의 매입 과정에서 일반 투자자가 매도자와 가격 협상을 벌인다는 것은 현실적인 이야기가 아니다. 개인 투자자는 중소형 AMC나 저축은행 등에서 부실채권을 매입하는 것이 보통이다. 가격 결정권은 매도자가 쥐지만, 가격이 맞지 않는 경우 미련 없이 포기할 줄 알아야 한다. 매수자 입장에서는 매입 가격은 최대한 보수적으로 낮게 제시하여야 한다. 담보부 부실채권과 무담보부 부실채권은 인수 가격 결정 구조가 다르다.

무담보부 부실채권은 가격 결정 요인이 상대적으로 복잡하다. 담보부 부실채권의 적정 매입 가격을 결정할 때는 해당 물건의 경제적 가치, 지리적 특성, 부동산 자체의 질적 수준, 지역적 가치 등을 따져야 한다. 부동산 경기와 일반 경기가 경기 순환 사이클에서 「회복-호황」인 경기 확장 국면이라면 (담보부)부실채권 매입 가격이 다소 높아도 될 것이고, 「후퇴-불황」인 경기 수축 국면이라면 매입 가격을 낮추어서 매입해야 할 것이다. 무담보부 부실채권 투자는 투자금을 회수하기까지 상당한 시간이 걸리는 반면, 담보부 부실채권은 투자에서 자금회수까지 6개월 이내에 마무리 되는 것이 일반적이다.

부실채권 투자의 핵심은 낙찰 가격 알아맞히기다. 담보부 부실채권 경매 물건의 투자가 어려운 점이 이 대목이다. 매입 가격 결정은 현재에서 하지만, 회수 가격의 기준이 되는 낙찰 가격은 미래에서 결정된다는 점이다. 유치권 신고나 법정지상권 성립 여지 등이 있어 특수물건으로 분류되는 경매 물건의 낙찰 가격은 평균보다 더 낮게 형성된다. 배당 투자에서는 유찰이 잦아질수록 투자 손실이 발생할 가능성이 높아진다. 역발상이 필요해진다.

『부실채권 투자!! 돈 벌어도 세금 한푼 안 내는 투자의 블루오션이다』

01
부동산 경매와 NPL의 개념 조합

일반 투자자가 AMC나 대부업체를 통하지 않고도 담보부 부실채권 물건을 찾는 방법이 있다. 현재는 2~3군데 경매정보제공 회사가 경매진행 중인 『담보부 부실채권』 물건에 대한 정보를 제공하고 있다. 향후에는 더 많은 경매정보회사들이 담보부 부실채권 경매물건의 정보를 제공할 것으로 판단된다. NPL 물건 정보를 제공하는 경매회사 사이트를 통해 담보부 부실채권부 경매 물건을 찾아보면 된다. 경매사건번호는 2011-19924번이다.

당초 저당권자였던 중소기업은행의 저당권을 인수한 「엔에스제일차유동화전문유한회사」로 그 권리 전부가 이전되었다. 2011년 11월 22일에 경매 진행은 「변경」되어 경매 진행이 일시 중지되고 있다.

이 경매 물건의 저당권을 매입하여 부실채권 투자를 하고 싶다면 「엔에스제일차유동화전문유한회사」와 접촉하여 매입하면 된다.

이 경매 사건을 통해 부실채권과 경매 내역의 기본적인 사항을 파악해보자.

2011타경 19924 담보부 부실채권 경매 물건 개요

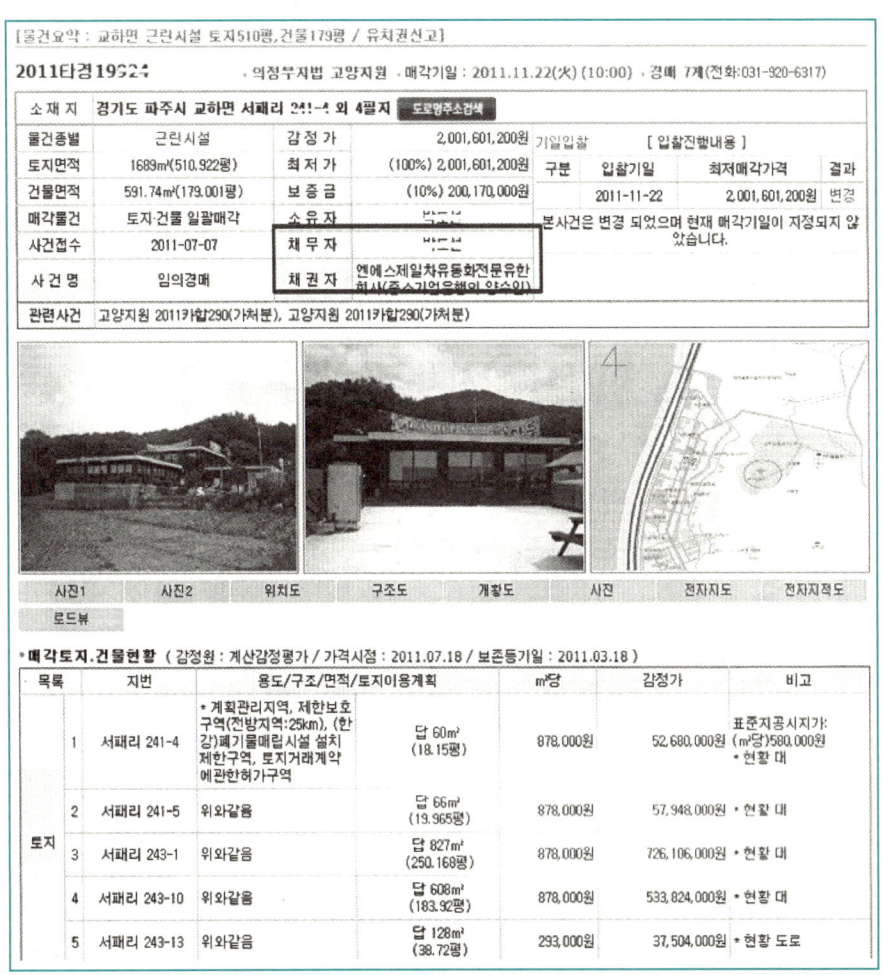

- **사건번호**[1]: 2011타경 19924이다. 채권자(중소기업은행)가 자신의 채권을 회수하기 위해 담보로 확보했던 채무자(박도*) 소유의 부동산을 경매 신청하자 법

---

1) 경매 정보 제공회사 「지지옥션」과 「태인」에서 NPL 경매 물건 정보를 독자적으로 제공하고 있다. 차후 다른 경매 정보 제공 업체도 담보부 부실채권 정보를 제공할 것으로 예상된다.

원이 부여한「경매사건번호」다.

경매 물건의 기본 개요를 파악하기 위해서는 이 사건번호로 인터넷 대법원 사이트(http://www.scourt.go.kr ⇒ http://www.courtauction.go.kr)에 접속하면 해당 경매 사건 전반에 대한 기본적인 정보를 얻게 된다. 유료 경매 정보지를 통한 정보 습득 역시 이 사건번호를 알고 있으면 된다.

- **관할법원** : 의정부지방법원 고양지원(경매 7계 031-920-6317)이 해당 경매 물건의 경매를 진행하고 있는 담당 경매법원이다. 기본적인 사항에 관한 문의에는 응답을 해준다.

- **매각기일** : 의정부지방법원 고양지원 2011. 11. 22(화) 10:00이 매각(입찰) 기일이다. 해당 물건에 응찰하고자 하는 때에는 입찰법정에 도착하여 입찰 마감 시간까지 입찰 서류를 제출해야 한다.

- **소재지** : 경기도 파주시 교화면 서패리 241-4 외 4필지는 해당 경매 물건의 소재지이다.「2011타경 19924」로 총 5필지가 일괄 경매가 진행되고 있다. 따라서 이 물건에 입찰해서 낙찰받아 잔금을 납부하게 되면 총 5필지 소유권을 취득하게 된다. 물건 번호 없는 경매 사건이다.

- **물건종별** : 근린시설이다. 해당 부동산의 쓰임새에 따른 구별에서 근린생활 시설로 분류된 부동산이다.

- **토지 면적** : 1,689㎡(510.92평)로 5필지 전체 면적이다.

- **건물 면적** : 591.74㎡(179.00평)로 본 건물과 제시 외 건물로 이루어져 있다. 제

시 외 건물의 소유권도 낙찰로 인하여 함께 취득한다.

- **경매 개시일** : 2011. 07. 07은 채권자가 경매를 신청하자, 법원이 경매 신청 타당성을 검토하여, 경매 신청이 이유 있다고 결정, 경매 개시 사실을 해당 부동산 등기부에 기재한 날이다.

- **감정 가격** : 2,001,601,200원은 토지와 건물 전체의 감정 가격을 합산한 가격이고, 이 가격이 최초 입찰일에 최저입찰가격으로 결정되는 것이 보통이다. 법원 경매 감정 가격과 시세가 일치하는 것은 아니다.

- **최저 가격** : 2,001,601,200원은 해당 입찰일에 응찰해야 할 최저입찰가격의 기준 가격이다. 해당일에 이 가격과 동일하거나 이 가격 이상으로 응찰해야 유효 입찰이 된다. 단독응찰도 유효한 입찰이다.

- **채무자** : 박**은 해당 부동산의 소유자 겸 채무자다. 간혹 채무자와 소유자가 다를 수도 있다. 이 경우는 채무자는 해당 담보 대출을 받은 사람이고, 소유자는 채무자가 금융기관에서 대출을 받을 때 자신이 소유한 부동산을 담보로 제공한 사람이다. 즉 담보 제공자다. 또한 채무자란에 두 사람 이상의 이름이 올라갈 수 있다. 이 경우는 상속이나 공동등기로 공동소유인 경매 물건일 때이다.

- **채권자** : 「중소기업은행 ⇒ 엔에스제일차유동화전문유한회사」는 경매 신청 권리를 가진 채권자다. 채권자가 반드시 제1저당권자일 필요는 없다. 제1저당권의 등기부 상 설정일과 접수 번호가 해당 경매 물건의 말소기준이 된다. 말소기준권리를 기준으로 인수주의와 말소주의가 적용된다.

매각 후 잔금 납부로 인해 소유권을 취득한 소유자는 인수주의가 적용되는 선순위 권리자에게는 추가로 그의 권리를 인수하게 되고, 말소주의가 적용되는 후순위 권리자의 권리는 추가 부담하지 않는다.

- **입찰 기일** : 2011. 11. 22은 해당 경매 물건의 입찰일이다. 이 물건에 응찰하고자 하는 사람은 당일 9시 이전에 대법원 경매 사이트에 접속하여 연기·변경·취하 등의 일정 변경 여부를 확인한 다음 법원으로 가는 것이 옳다. 해당 입찰 기일 당일에 경매가 진행되는 도중에도 경매 진행이 중지되는 경우도 있다.
경매 진행이 중지된 사건에 입찰한 경우에는 개찰 즉시 무효 처리된다. 개찰 절차를 거치지 않고 미개봉 상태로 입찰 서류 일체를 돌려준다. 입찰보증금은 응찰자에게 즉석에서 돌려주고 마무리한다.

- **현재 상태** : 「기일변경」이라는 표현을 볼 수 있다. 당초에 잡혔던 일찰(매각) 기일에 경매집행법의 모법(母法)인 민사집행법과 시행령 등이 규정하고 있는 절차를 준수할 수 없는 경우이거나, 채권자 또는 채무자의 연기 요청 등을 경매법원이 받아들여 매각 기일을 변경하는 경우다.

- **특이사항** : 유치권 등「특별매각조건」이 있어 낙찰로도 소멸되지 않는 권리가 있는 경우다. 「유치권 신고 있음」이라는 문구는 해당 경매 물건에 경매 사건과는 무관하게 유치권을 신고하고, 그 권리를 주장하는 권리자가 있음을 경매법원이 공시하고 있다.
대법원 경매 사이트, 경매 정보지 등에는「토지별도등기 있음」, 「유치권 신고 있음」, 「법정지상권 성립 여지 있음」, 「입찰 외 건물 있음」, 「맹지」, 「분묘기지권」, 「인수되는 전세권 있음」, 「매각으로도 소멸되지 않는 권리 있음」등으로 표시된다.

2011타경 19924 담보부 부실채권 등기부

순위	등기목적	접수일자	권리자	청구액(6,447,808,050)	소멸 여부
1	소유권보전	2011.03.18	박**		
2	근저당	2011.03.18	중소기업은행	1,200,000,000원	말소기준
3	근저당	2011.03.18	중소기업은행	728,000,000원	소멸
4	근저당	2011.05.30	홍기욱	500,000,000원	소멸
5	근저당	2011.05.31	연합지류유통	850,000,000원	소멸
6	근저당	2011.05.31	박상남	1,000,000,000원	소멸
7	근저당	2011.06.03	정성미	150,000,000원	소멸
8	가압류	2011.06.09	(주)희망	16,608,050원	소멸
9	가압류	2011.06.14	신용보증기금	480,000,000원	소멸
10	가압류	2011.06.16	중소기업은행	1,360,000,000원	소멸
18	임의경매	2011.07.07	중소기업은행	1,928,000,000원	소멸

① **소유권 보전** : 2011. 03. 18 ⇒ 소유자 박도*으로 2011. 03. 18에 해당 부동산을 매입하면서 중소기업은행으로부터 담보 대출을 받았다.

② **근저당권 설정** : 2011. 03. 18 ⇒ 저당권자는 중소기업은행이고, 채무자는 박도*, 설정액 1,200,000,000원이다. 이 저당권이 말소기준권리다. 이 저당권 설정 이후에 설정된 모든 권리는 경매로 인해 촉탁 말소 과정을 통해 말소된다. 낙찰자의 추가 부담은 없는 말소주의가 적용된다.

③ ~ ⑦ **근저당권 설정** : 「중소기업은행 ~ 정성미」가 각각 근저당권을 설정하고 있다. 총 설정 금액은 3,228,000,000원이다. 물권자인 저당권자는 배당 과정에서 "순위배당"을 통해 배당에 참여하게 된다.

⑧ ~ ⑰ **가압류 설정** : ㈜희망 가압류 ~ 총 10건이고, 채권 총액 2,003,200,000원이다. 채권인 가압류는 배당 과정에서 "안분배당"에 참여하게 된다. 즉 가압류 채권자는 동순위이다. 가압류 설정 순위에 상관없이 동순위로 배당에 참여하게 된다. 다만 주의해야 할 점은 "가압류" 권자들이 배당에 참여하게 된다는 말이 배당을 실제로 받는다는 말은 아닐 수도 있다.

⑱ **임의경매** : 중소기업은행이 경매를 신청하였다. 2011년 3월 18일에 채권최고액 12억 원을 설정했던 1순위 저당권자인 중소기업은행이다. 2011년 7월 7일에 채무 불이행되고 있는 채권 금액을 회수하고자 경매 신청하였다.
경매사건번호 2011타경 19924이고, 경매 신청 당시 채권자가 신청한 채권청구액 1,928,000,000원이다. 이 금액은 경매 종료 시까지 증가하게 된다. 다만 채권최고액을 넘을 수는 없다. 채권최고액을 넘은 금액은 일반 채권이 된다.

⑲ **총 채무액** : 15건, 채무 총액 6,447,808,050원이다.

⑳ **채무비율** : 310.43%(=감정 가격/채무총액)이다. 부동산 가격 대비 150% 이상이라면 경매로 정리될 수밖에 없다. 감정 가격 대비 채무액이 1.5배 이내라면 경매가 진행되는 도중에 채무자의 변제 등으로 경매가 취하되는 경우도 있다. 이런 경우라도 부실채권 투자라면 투자 가치가 있다. 채무자가 임의 변제 등으로 경매를 취하시키려면 밀렸던 연체 이자까지 변제해야 하기 때문이다. 이 부동산에는 감정 가격의 3배 이상의 채무가 걸려 있다. 3배의 채무액이라면 경매로 마무리될 수밖에 없다. 채무자 입장에서 보면 해당 부동산에 더 이상 미련을 가질 이유가 없기 때문이다.

2011타경 19924 담보부 부실채권 경매 진행 기록

2011.08.05	배당요구권자 서울보증보험 주식회사 권리신고및배당요구신청 제출
2011.09.22	근저당권자 신용보증기금 권리신고및배당요구신청 제출
2011.10.13	채권자 중소기업은행 기일연기신청 제출
2011.10.20	채권자 엔에스제일차유동화전문 유한회사 채권변경신고서 제출
2011.10.24	근저당권자 주식회사신한은행 열람및복사신청 제출
2011.10.24	채권자 중소기업은행의 양수인 엔에스제일차유동화전문유한회사 법원보관금포괄계좌압금신청서 제출
2012.01.25	최고가매수신고인 복사신청 제출
2012.02.10	가압류권자 신용보증기금 채권계산서 제출
2012.02.15	채권자 유에스제육차유동화전문유한회사 채권계산서 제출
2012.02.15	채권자 엔에스제일차유동화전문유한회사(변경후:중소기업은행) 채권계산서 제출
2012.02.21	근저당권자 신용보증기금 배당합의서 제출
2012.02.21	근저당권자 유에스제육장동화전문유한회사 배당의견서 제출
2012.02.24	채권자 엔에스제일차유동화전문유한회사(변경후:중소기업은행) 배당배제요서 제출
2012.02.24	근저당권자 기술신용보증기금 배당의견서 제출
2012.02.24	근저당권자 기술신용보증기금 채권계산서 제출

해당 경매 물건의 경매 진행 사항에 관한 대법원 사이트에서 더 확인할 수 있다. 경매 진행 전체 과정을 한눈에 파악할 수 있다. 경매 전용 인터넷 사이트에 접속해서 관할 법원과 해당 사건번호로 검색하면 된다. 이 사이트를 통해 확인할 내용은 경매 신청자, 신청일자, 법원의 송달 내역, 채권자, 임차인, 관청 등 이해관계인의

권리 신고 내역, 경매 진행 일자, 경매 진행 내역, 채권자 변경 여부, 경매 진행 항고 여부, 유찰 및 낙찰 결과, 매각 가격, 최고가매수결정 허부 내역, 잔금 납부일, 잔금 납부 내역, 배당일 등이다.

2011타경 19924 담보부 부실채권 경매 진행 기록 일부

① 2011. 10. 13에 채권자이자 경매신청권자인 중소기업은행이 경매 기일을 연기 신청하였다. 이는 중소기업은행이 자신의 담보부 채권을 「엔에스제일차유동화전문유한회사」에 매각하고, 이를 정리하기 위한 시간이 필요해서 취한 조치이다(채무자 박도*의 중소기업은행 저당권이 ⇒ 엔에스제일차유동화전문유한회사로 이전).

② 2011. 10. 20에 중소기업은행 저당권으로부터 저당권을 인수한 엔에스제일차유동화전문유한회사가 경매법원에 채권자 변경신고서를 제출하였다.

③ 2012. 02. 24에 담보부 부실채권을 인수하여 저당권자의 지위를 인수한 엔에스제일차유동화전문유한회사가 권리를 행사하고 있다.

2011타경 19924 부실채권 매입 가격 결정하기

- **경매 감정 가격** : 2,001,601,200원

- **제1저당권 실채권액** : 1,928,000,000원(중소기업은행 1, 2저당권 합계액)

- **경매 진행 예상**
  1차 입찰일 : 2,001,601,200원(최저응찰가격) —유찰

2차 입찰일 : 1,601,280,960원(20% 저감) – 유찰

3차 입찰일 : 1,281,024,768원(20% 저감) – 낙찰(예상 낙찰 가격 : 13억 원 – 감정 가격 대비 64.10%)이라고 해보자.

- **엔에스제일차유동화전문유한회사 매입액** : AMC가 담보부 저당권을 어느 가격대에 매입하는지 일반 투자자는 알 길이 없다.

- **엔에스제일차유동화전문유한회사 처분액** : 이 가격이 일반 투자자가 AMC로부터 매입하는 가격이다. AMC는 재매각 시 일정한 자기 마진을 붙여 일반 투자자에게 처분한다. 담보부 부실채권 매입 과정에서 AMC가 일방적으로 제시하는 가격에 매입하거나 포기하거나 할 뿐이다.

- **일반 투자자** : AMC로부터 매입액이 12억 원을 넘어서면 안 된다. 원하는 최소한의 수익률도 달성할 수 없기 때문이다. 그러나 이 가격 비율로 일반 투자자가 AMC로부터 부실채권을 매입할 가능성은 거의 없다. 일반 투자자들이 AMC를 통한 부실채권 매입 투자가 별 의미가 없다는 것이다.

  최근 시장 상황을 보면 하자 없는 담보부 부실채권은 채권최고액에 육박하는 가격까지 호가하고 있다. 매입 과정에서도 일반 투자자가 매도자와 가격 협상을 벌인다는 것도 현실적이지 않다.

전체적인 개요 파악

이 물건의 감정 가격은 약 20억 원이고, 등기부상 채무 총액은 64억여 원이다. 이 금액에는 세금 체납으로 인한 압류 채권이나 국민연금공단의 압류 채권은 포함

되어 있지 않다. 감정 가격 대비 70%선에서 낙찰된다고 가정하면 제1, 2순위 저당권자인 "중소기업은행" 저당권에서 배당은 종료되게 된다. 부실채권 매입 가격을 결정할 때 참고해야 할 중요한 자료가 된다.

2차 유찰 후 13억 원선에서 낙찰된다면 1, 2저당권자는 배당을 통해 회수할 수 있는 채권액이 13억 원을 넘을 수 없다. 이 가격(채권회수액)이 담보부 부실채권 경매 물건의 저당권을 인수하는 매입 가격의 절대 기준이 되어야 한다.

매입 대상 1, 2저당권을 실 채권액 대비 75%인 14억 4,600만 원에 매입했다고 가정하자. 14억 5천여만 원을 투자해서 13억여 원만이 회수되게 된다. 약 1억 5,000만 원 정도의 투자 손실이 발생하는 결과가 된다.

담보부 부실채권 투자의 어려운 점

담보부 부실채권 경매 물건의 투자가 어려운 점이 이 대목이다. 매입 가격 결정은 현재에 하지만, 회수 가격의 기준이 되는 낙찰 가격은 미래에 결정된다는 점이다. 유치권이나 법정지상권 성립 여지 등이 있어 특수물건으로 분류되는 경매 물건의 낙찰 가격은 평균보다 더 낮게 형성된다.

배당 투자에서는 유찰이 잦아질수록 투자 손실이 발생할 가능성이 높아진다.

02
부실채권 매각 리스트 및 수익 계산

다음 페이지 목록은 일반 투자자가 담보부 부실채권을 매입하기 위해 AMC와 접촉하면 맨 처음 만나게 되는 매각 리스트다.

AMC가 일반 투자자들을 상대로 자신들 회사가 보유하고 있는 물건을 매각하기 위해 투자자를 상대로 정리 배포한 것이다. 물건마다 장부가격이나 매각가격이 다르다. AMC로부터 사전에 제공받은 매각 리스트를 통해 물건을 선정하는 경우 해당 부동산과 저당권의 질에 대해서 충분히 알고 있어야 한다. 물건번호란을 보면 1~21번까지다.

차주명(채무자)에서부터 선순위 임차인(임대) 여부에 관한 사항까지를 볼 수 있다. 이 물건 목록은 개별 물건의 개요만을 표시하고 있어 투자 여부를 판가름하기 어렵다. 개별 물건에 관한 세부 자료를 통해 해당 물건의 투자 가치를 판단하면 된다. 담당 직원과의 면담과 현장 조사를 통해 해당 물건의 투자 가치를 파악한 다음 투자 여부를 결정하게 된다.

AMC가 투자자들에게 배포한 매각 목록 리스트

일련번호	차주명	대출잔액	만기일	최종이수일	연체이자율	연체금액 계 (대출잔액+여기 <연체고지기준>)	담보내용							
							담보소재지	소유자	보증인	설정일	결금액	감정가	설정 (천순위)	소액보증금	선순위 기득 (임차 등)
1	차민진월	277000	2012-05-30	2011-08-30	23.0%	296465	경기 용인 수지구 풍덕천동	정경희	허승희 정경희	2008-05-30	377000	390000		16000	
2	호성헬러롬	290000	2012-05-11	2011-06-11	23.5%	326653	송파구 풍납동	이태훈		2010-05-11	377000	405000		20000	
3	대한해수교 장로총회	1100000	2011-08-02	2010-10-01	24.0%	1425543	인천 남구 도화동	대한해수교 총회산학연구원		2010-08-02	1690000	3080000	1313000	11700	
		190364	2013-08-02	2010-10-01	24.0%	246702									
	소 계	1290364				1672245									
4	이명길	1000000	2011-10-30	2010-11-30	23.0%	1245049	경기도 용인시 기흥구 영덕동	김월자		2009-10-30	1300000	760000		42000	
							경기도 용인시 기흥구 공세동	이나영				665000		28000	
							경기도 용인시 기흥구 공세동	이효정				665000		28000	
		600000	2011-01-29	2010-11-29	23.0%	747217	경기도 용인시 기흥구 영덕동	김월자		2010-01-29	1040000				
							경기도 용인시 기흥구 공세동	이나영							
		400000	2011-08-16	2010-12-16	23.0%	493987	경기도 용인시 기흥구 공세동	이효정							
							경기도 용인시 기흥구 공세동	이동구				665000		28000	
	소 계	2000000				2486212					2340000	2755000		126000	
5	김종현	600000	2011-10-12	2011-01-27	24.5%	827221	서울 종로구 창신동	안번용		2009-12-11	780000	868462		23500	
6	유현방	273779	2011-03-28	2010-11-01	25.0%	354891	서울 종로구 창신동	유준호		2008-06-10	312000	500000		10000	
20	유수정	70000	2010-09-14	2011-09-19	23.5%	74178	인천 강화군 내가면 고천리	유수정	이성희	2009-09-14	91000	182000			44000
21	김규순	40000	2011-06-30	2011-05-28	23.5%	45842	인천 계양구 효성동	김귀순		2010-06-30	52000	80000		20000	
	합계	7436212				9385186									

담보부 부실채권 매각 물건 세부 현황

NO	차주/매수인/권유인	담보물 주소	예상법사가 / 예상낙찰가 / 예상낙찰가율	예상회수금 / 예상회수시기	예상투자금 / 예상수익 / 예상수익율	법사가 / 낙찰가 / 낙찰가율	회수금 / 회수시기	실투자금 / 수익 / 연환산수익율	판매금액 / 질권대출금 / 판매일자	사건번호 / 경매개시일 / 배당종기일	낙찰일 / 잔금납부일 / 배당일	양도통지 / 채권자변경 / 채권계산서	상태
1	김영O	화성시 우정읍 호곡리	548,741	290,000	73,263	548,741	331,255	73,258	260,000	2011타경 1223	9/20	O	종결
	남제O		330,000	2011/11	16,737	360,710	2011/11	57,997	200,000	2011.01.11		O	
	남제O		60.14%	9.5/0.5	39%	65.70%		158.34%	5/27	2011.03.28	11/23	O	
2	이성O	서울 성북구 돈암동 한진아파트	400,000	378,011	91,854	400,000	338,656	94,618	320,000	2011타경 2884	8/11	O	종결
	김장O		350,000	2011/10	18,146	335,550	2011/10	4,038	240,000	2011.01.31		O	
	김장O		87.50%	9.5/0.5	47%	83.90%		9.31%	5/27	2011.04.29	10/7	O	
3	김성O	경기도 시흥시 거모동	149,981	89,916	25,910	149,981	90,113	28,525	79,640	2011타경 6024	11/14	O	종결
	강영O		105,000	2011/12	7,006	123,700	2012/01	5,588	56,000	2011.03.29	12/12	O	
	이재O		70.01%	9.5/0.5	45%	82.50%		31.34%	5/27	2011.06.30	1/5	O	
	김매O		540,000	537,981	141,122	540,000	471,447	457,650	455,000	2011타경 2993	2/6	O	

개별 물건의 총정리 자료인 「담보부 부실채권 매각 물건 세부 현황」은 AMC가 투자 완료 후 내부 기밀로 분류한 자료다. 개별 물건에 대한 각각의 진행 내역과 수익 현황을 한눈에 알 수 있다.

표를 해석해보자.

No. 1 : 2011타경 1223 담보부 부실채권 내역

① 담보부 부실채권 물건 관리 : 차주(채무자)는 김원*이다.

② 담보부 부실채권 세부 내역

- **담보물 주소** : 경기도 화성시 우정읍 호곡리 **-**

- **예상 법사가** : 548,741,000원 ⇐ 법원 경매 감정 가격이다.

- **예상 낙찰가** : 330,000,000원 ⇐ AMC가 예상한 낙찰 가격으로 일반 투자자에게 해당 채권을 매각하는 가격의 기준이 된다.

- **예상 낙찰가율** : 60.14% ⇐ 「예상 낙찰가/예상 법사가」다.

- **예상 회수금** : 290,000,000원 ⇐ 3억 3천만 원에 낙찰된 것을 전제로 실제 회수할 수 있을 것으로 예상한 금액이다.

- **예상 회수 시기** : 2011/11 ⇐ 배당을 통해 투자금 회수할 시기.

- **예상 투자금** : 73,263,000원 ⇐ 부실채권 매입 금액 + 금융 비용 등으로 부실채권 투자를 통해 실제 동원해야 할 것으로 예상하는 총 투자 금액.

- **예상 수익** : 16,737,000원 ⇐ 3억 3천만 원에 낙찰된 것을 전제로 실현할 것으로 예상한 금액이다.

- **예상 수익률** : 39% ⇐ 「예상 수익/ 예상 투자금」으로 이 투자로 인해서 실현할 것으로 예상한 수익률.

- **법사가** : 548,741,000원 ⇐ 법원 경매 감정 가격이다.

- **낙찰가** : 360,710,000원 ⇐ 실제 매각(낙찰)가격이다.

- **낙찰가율** : 65.70% ⇐ 「낙찰가 / 법사가」다.

- **회수금** : 331,255,000 ⇐ 「낙찰 가격 − 공제 총액」으로 저당권 소유자는 최고 3억 6천만 원까지 배당받을 수 있다.

- **회수 시기** : 2011/11 ⇐ 배당을 통해 투자금 실제 회수한 시기.

- **실투자금** : 73,258,000원 ⇐ 투자 종료 시점에서 계산해봤을 때 실제 동원된 자금 총액이다.

- **수익** : 57,997,000원 ⇐ 「회수금 − (실투자금 + 질권 대출금)」으로 투자에 소요된 제 비용을 제외하고 실제 손에 쥔 금액.

- **연 환산 수익률** : 158.34% ⇐ 「수익/ 실투자금」/2 이다. 투자 기간이 6개월이었다. 따라서 연으로 환산하면 2번의 투자를 실행한 것으로 보면 된다.

- **판매 금액** : 260,000,000원 ⇐ 안양상호저축은행의 저당권 2건을 부실채권으로 매각한 가격이다. 장부 가격 3억 6천만 원짜리 1, 2순위 저당권을 2억 6천

만 원에 매각했다는 것이다. 경매 신청 당시 실 채권액은 2억 6,100만 원 정도였고, 4개월 후에 저당권을 매각한 가격이다.

- **질권 대출금** : 200,000,000원 ⇐ 저당권을 매각하면서 2억 원은 질권 설정 조건으로 대출을 해주고, 6,000만 원은 현금을 받았다.

- **판매일자** : 2011/05/27 ⇐ 저당권을 부실채권 투자자에게 매각한 날짜다. 투자자는 2011년 5월에 저당권을 매입해서, 2011년 11월에 배당을 받아 투자를 완료했다.

투자에서 자금 회수까지 약 6개월이 소요된 것을 볼 수 있다. 일반 투자자들이 주목해 살펴볼 것은 매입 가격과 수익률, 질권 대출금 부분이다.

법원 경매만으로 투자할 때와의 차이점이다. 투자 전 예상 수익률은 39%였지만, 투자 후 실현 수익률은 연 환산 158.34%였다.

우수 물건 선정 테크닉

당초 채권자였던 안양상호저축은행의 채권최고액은 3억 5,000만 원이었고, 경매법원에 청구한 실채권액은 261,038,300원이다. 이같이 채권최고액(저당권 설정 금액)과 실채권액의 차이가 클수록 높은 수익을 올릴 수 있는 물건이다. 또한 제1저당권과 감정 가격의 차이가 클수록 우수한 물건이다.

실채권액 261,038,300원짜리 담보부 부실채권을 2011. 05. 27에 AMC가 일반 투자자에게 260,000,000원에 매각하고, 매각하는 저당권에 질권을 설정하는 조건으로 2억 원을 대출 알선했다. 따라서 투자자는 수수료와 제반 추가 경비를 포함해서 약 6,300만 원 투자로 저당권을 매입했다. 실투자 금액이 73,258,000원인 것은 배당받을 때까지의 융자받은 2억 원의 금융 비용과 추가 비용이다.

2011년 5월에 투자를 해서 2011년 11월에 배당받았다. 투자에서 자금 회수까지 약 6개월이 소요되었다. 73,258,000원 6개월 투자로 57,997,000원의 수익이 발생했다.

연 환산 수익률은 158.34%(= 57,997,000원 × 2/ 73,258,000원)이다.

③ 담보부 경매 부분 세부 내역
- 사건번호 : 수원7계 2011-1223
- 경매 개시일 : 2011. 01. 11
- 배당 종기일 : 2011. 03. 28
- 낙찰일 : 2011. 09. 20
- 잔금 납부일 :   -
- 배당일 : 2011. 11. 11
- 양도 통지 : ○
- 채권자 변경 : ○
- 채권 계산서 : ○
- 상 태 : 종 결

「경매 신청 ⇒ 저당권 유통 ⇒ 낙찰 ⇒ 잔금 납부 ⇒ 배당 종료」로 담보부 부실채권 투자가 종료되었다.

이 사례는 배당금 수령법을 기준으로 하였다. 직접 투자법을 염두에 두고 투자를 했다면, 낙찰 후 경락 잔금 부분, 소유권 이전 부분, 소유권 취득 후 용도 변경 또는 리모델링, 임대 또는 처분, 부과 세금에 관한 부분도 고려해야 한다. 그렇다면 수익률은 달라지게 된다.

No. 1. 2011타경 1223 경매 정보지 실물

106페이지 담보부 부실채권 매각물건 리스트 No. 1이다. 연 환산 수익률 158.34%이라는 수익을 달성한 담보부 부실채권 물건의 경매 정보지 실물이다.

No. 2 : 담보부 부실채권 내역

중앙21계 2011-2884 상세정보

소 재 지	서울 성북구 돈암동 609-1 한진 204동 15층 1505호 도로명주소				
경매구분	임의(기일)	채 권 자	안양저축은행	낙찰일시	11.08.11 (종결:11.10.0)
용 도	아파트	채무/소유자	이성기	낙찰가격	335,550,000
감 정 가	400,000,000	청 구 액	319,790,653	경매개시일	11.01.31
최 저 가	320,000,000 (80%)	토지총면적	35.36 m² (10.7평)	배당종기일	11.04.29
입찰보증금	10% (32,000,000)	건물총면적	84.87 m² (25.67평)[33평형]	조회수 조회통계	금일1 공고후160 누적23

우편번호및주소/감정서	물건번호/면 적(m²)	감정가/최저가/과정	임차조사	등기권리
136-060 서울 성북구 돈암동 609-1 한진 204동 15층 1505호 ●감정평가서정리 -우촌초등교북서측인근 -부근단독및공동주택 밀집된주택지대 -차량출입용이 -인근버스(정)및지하철4호선성신여대입구역소재 -대중교통사정보통 -완경사지내부저형등고평탄지 -남동측16m내외및동측6m내외도로각각접함 -도로접함 -중앙난방 -1종일반주거지역 -3종일반주거지역 -가축사육제한구역 -대공방어협조구역 (위탁고도:77-257m) -제한보호구역 (후방지역:500m) -과밀억제권역 -상대정화구역 -절대정화구역 2011.02.21 삼일감정	물건번호: 단독물건 대 지 35.36/180604.3 (10.7평) 건물 84.87 (25.67평) 방3,욕실겸화장실2,반침 20층-99.07.27보존	감정가 400,000,000 • 대지 120,000,000 (30%) (평당 11,214,953) • 건물 280,000,000 (70%) (평당 10,907,674) 최저가 320,000,000 (80.0%) ●경매진행과정 400,000,000 ① 유찰 2011-07-07 20%↓ 320,000,000 ② 낙찰 2011-08-11 335,550,000 (83.9%) - 응찰 : 3명 - 낙찰자: - 2위응찰액: 325,110,000 허가 2011-08-18 종결 2011-10-07	●법원임차조사 *소유자점유, 목적물 소유자 이성기 진술은 목적물에는 소유자 가족만 거주하고 있고, 임대차 관계 없다고 함. ●지지옥션세대조사 ■ 95.10.24 동사무소확인:2011.06.23	소유권 이성기 2006.12.21 전소유자:정무 저당권 안양상호저축 2010.06.28 420,000,000 임 의 안양저축은행 2011.01.31 *청구액:319,790,6 등기부채권 420,000,0 열람일자 : 2011.04.

106페이지 부실채권 매각 물건 리스트 No. 2 물건이다. 이 경매 정보지를 보고 108페이지부터 110페이지까지처럼 추정해보면 된다.

담보부 부실채권 경매 물건 권리분석 및 배당표 작성 연습

중앙8계 2011-17367 상세정보

소재지	서울 성북구 정릉동 070 도로명주소			매각기일	12.07.19 (10:00) [19일]
경매구분	임의(기일)	채권자	진전*	다음예정	12.08.23 (91,095,200원)
용도	대지	채무/소유자	스스지	경매개시일	11.06.17
감정가	222,400,000	청구액	26,000,000	배당종기일	11.10.28
최저가	113,869,000 (51%)	토지총면적	139 m² (42.05평)	조회수	금일6 공고후94 누적313
입찰보증금	10% (11,386,900)	건물총면적	0 m² (0평)		

주의사항
- 법정지상권·입찰외
- 본 건 지상에 조적조 판넬지붕 2층 (주택) 약202.1m² 건물소재, 법정지상권 성립여지 있음.
- 지상 건물을 제한 토지만의 가격은 175,000,000원이라 함.
- 2011.07.14 전세권자 장하염 권리신고및배당요구신청 제출

우편번호및주소/감정서	물건번호/면적(m²)	감정가/최저가/과정	임차조사	등기권리
136-100 서울 성북구 정릉동 070 ●감정평가서정리 -국민대학교남측인근 소재 -주위단독및다세대주택,임야등혼재한지역 -제반차량진출입불가능 -제반교통사정보통 -인근버스(정)소재 -북동측하향완경사부정형토지 -북동측약2m도로접함 -도시지역 -자연녹지지역 -자연경관지구 -가축사육제한구역 -개발제한구역 -대공방어협조구역 (위탁고도:77-257m) -제한보호구역 (후방지역:500m) -과밀억제권역 -상대정화구역 2011.06.24 심창감정 표준공시지가: 1,040,000 감정지가:1,600,000	물건번호: 단독물건 대지 139 (42.05평) 입찰외제시외 ・1층주택 115 (34.79평) 일부타지상 ・2층주택 80.3 (24.29평) 일부타지상 ・보일러실 6.3 (2.06평) 일부타지상 (감정:125,706,200) 법정지상권성립여지있음	감정가 222,400,000 ・토지 222,400,000 (100%) (평당 5,288,942) 최저가 113,869,000 (51.2%) ●경매진행과정 222,400,000 ① 유찰 2012-04-05 20%↓ 177,920,000 ② 유찰 2012-05-10 20%↓ 142,336,000 ③ 유찰 2012-06-14 20%↓ 113,869,000 ④ 진행 2012-07-19	●법원임차조사 정*수 전입 2008.05.23 확정 2008.05.23 배당 2011.08.23 (보) 35,000,000 주거/205호방1 점유기간 2008.5.23- 김*칠 전입 2009.04.03 확정 2011.05.23 배당 2011.09.01 (보) 35,000,000 주거/105호 점유기간 2009.2.24- 이*서 전입 2010.02.23 확정 2010.02.23 배당 2011.10.17 (보) 40,000,000 주거/202호방1 점유기간 2010.2.20- 문*현 전입 2010.03.29 배당 2011.08.31 (보) 30,000,000 주거/103호 점유기간 2010.3.29- 이* 전입 2010.04.07 확정 2010.04.07 배당 2012.04.04 (보) 30,000,000 주거/102호방1 점유기간 2010.4.19-	소유권 스스지 1977.08.04 저당권 조** 2007.01.23 135,000,000 저당권 ***** 2010.06.09 26,000,000 압류 성북구 2010.11.12 가압류 진*계 2011.01.06 40,000,000 저당권 이**치 2011.01.21 15,330,000 가압류 ***** 2011.02.24 10,064,290 가압류 ***** 2011.02.25 40,000,000 가압류 ***** 2011.04.04 30,000,000 가압류 르진현 2011.05.30 30,000,000 임의 건전** 2011.06.17 *청구액:26,000,000 등기부채권 326,394,2** 열람일자:2012.03..

아직 낙찰이 되지 않은 상태의 경매 물건이다. 저당권자 조**의 1억 3,500만 원 짜리 등기부 상 제1저당권을 얼마에 인수할까를 직접 결정해보기 바란다.

2011타경 17367 담보부 부실채권 내역

① 담보부 부실채권 경매 물건 내역

차주(채무자) :

저당권자 :

투자자 :

② 담보부 부실채권 세부 내역

담보물 주소 :   시   구(군)   동   번지

면적(토지/건물) :

법 사 가 :

예상 낙찰가 :

예상 낙찰가율 :

예상 회수금 :

예상 투자금 :

자금 동원 방법 :

예상 수익 :

예상 수익률 :

예상 회수 시기 :

예상 실투자금 :

예상 연 환산 수익률 :

예상 매입 가격 :

예상 질권 대출금 :

예상 매입일자 :

③ 2011타경 17367 담보부 부실채권 경매 부분 세부 내역

사건번호 :

경매 개시일 :

배당 종기일 :

낙찰일 :

잔금납부일 :

배당일 :

양도 통지 :

채권자 변경 :

채권 계산서 :

상 태 :

기본 권리분석 :

말소기준권리 :

인수/소멸주의 :

법정지상권 분석 :

④ 2011타경 17367 배당표 작성 연습

순위	채권자	채권액	배당금액	배당이유	잔액	결과
1						
2						
3						
4						
5						
6						
7						
8						
9						
10						
11						
12						
13						
14						
15						
16						

03
부실채권 매입 협상부터 종료까지

부실채권 투자 흐름도

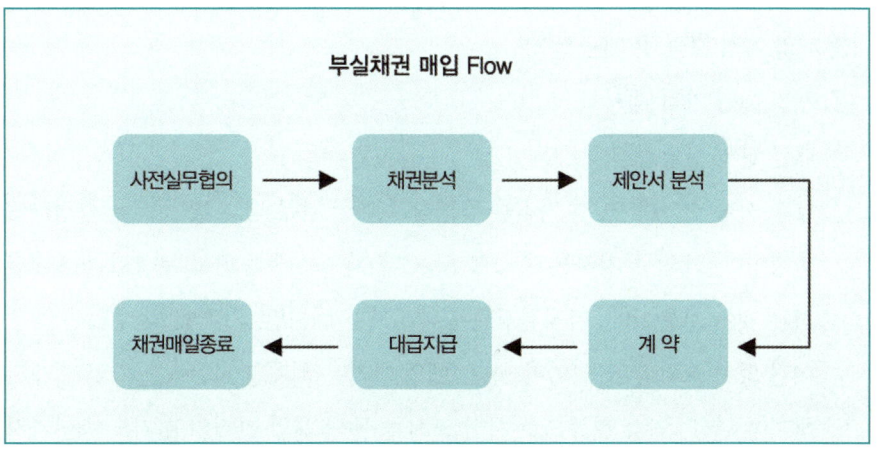

1. 사전 실무 협의

① 사전에 받았던 매각 목록 리스트를 통해 매입 물건을 일단 확정한 후 담당자와 면담 일정 협의(120페이지 입찰참가 제안서 및 주요일정표 참고).

② 물건 매입 조건 피력

③ 매각-매입 의사 타진이다. 일반 투자자가 부실채권을 매입하는 경우 저축은행의 담당자, AMC라면 담당 AM을 통해서 이루어진다. 매각 리스트를 통해, 물건별 특징, 수익률, 매각 규모, 할인율 등을 확인, 조율하게 된다.

2. 매각 물건 물권 채권 분석
① 매각 리스트 제공(경매 정보지를 통한 물건 검색)
② 매각 물건 특징 확인
③ 매각 물건 수익률, 향후 발전 가능성 검토
④ 매각 물건 현장 실사다. 소개받은 물건의 물권과 채권을 분석하여 해당 부실채권의 리스크를 점검하는 과정이다. 담보부 부실채권의 경우 현장 방문도 중요하다. 현장 방문을 통해 해당 물건의 전반적인 상황을 점검해야 한다.

3. 매입 가격 결정 및 대금 납입
① 채권 매입 가격 제시
② 대금 납입 방법 협의
③ 부수 사항 합의다. 매입 가격을 결정하고 대금 납부 방법 및 조건을 확정하는 과정이다. 개인 투자자는 중소형 AMC나 저축은행 등에서 부실채권을 매입하는 것이 보통이다. 가격결정권은 매도자가 쥐지만, 가격이 맞지 않는 경우 미련 없이 포기할 줄 알아야 한다. 매입 가격은 최대한 보수적으로 낮게 제시하여야 한다. 임장 활동으로 사전 조사를 통해 매입 가격의 마지노선을 가지고 있어야 한다.

4. 매매 계약(121페이지 부실채권 매매(양수도) 계약서 참고)
① 채권 양도-양수 계약서 작성
② 채권 양수도 서류 인수

5. 대금 지급(124페이지 부실채권 매입대금 지급 방식)
① 채권 매매 대금 지급
② 채무자에게 채권 양도 통지
③ 저당권이전등기 신청

6. 부실채권 매입 완료
등기부에 저당권이 이전되면 담보부 부실채권 투자는 일단 완료된다. 다음 단계로는 경매 진행 과정을 지켜보면서 배당금 수령법 또는 직접 낙찰법 중 어느 쪽이 더 높은 수익을 올릴 수 있을까에 따라 투자 방법을 선택하면 된다.

7. 투자금과 이익금 회수방법
투자금 회수 방법은 채권이 담보부 채권인가 무담보부 채권인가에 따라 회수기간, 방법, 회수율이 달라진다. 담보부 채권일 때 배당금 수령이 목적이라면 투자로부터 6개월 이내에 투자금과 이익금을 회수하게 되고, 직접낙찰법이라면 채권투자에서 소유권투자로 일이 진행된다. 소유권을 취득한 다음 매각/임대 등으로 투자금을 회수하면 된다.
무담보부 채권은 추심을 통하여 투자금을 회수하게 되는데 채권추심은 법 테두리 내에서만 작업을 해야 한다. 채권자라 하더라도 채권추심을 반복적으로 하는 경우와 불법인 경우에는 형사 처벌을 받게 되는 경우가 있다.

입찰 참가 제안서 및 주요 일정표

스타 펀드 부실채권 제차 입찰 제안서

1. 발신 : **스타 펀드 2. 매각자문기관 : (주) ☆☆☆☆인베스트
3. 매각 자산 내역 : 별첨 참조 4. 입찰일정 안내 : 다음 참조

1. 매각 대상 자산 확정일(Cut-Off Date) – 2009.8.15(토)
2. 입찰 참가 제안서(Invitation Letter) 발송 – 2009.8.25(화)
3. 입찰 등록(입찰 등록 서류 제출, 매각 자산 정보 이용료 납부)
   – 2009.9.1(화) 오후 4:00까지 ☞ 1천 5백만 원 납부
4. 매각 자산 정보 이용료를 납부하고, 입찰 참가 승인을 받은 입찰자에게
   다음의 매각 자산 정보 배부 – 2009.9.2(수)
   ① 입찰 안내서(Information Memorandum)
   ② Data Disk (Excel File), ③ 자산 양수도 계약서 초안
   ④ Investor Review Files("IRFs") 발송
   ⑤ 채권 회수율 분석 자료 배부
5. 자산 양수도 계약서에 대한 예비 입찰자 의견 수집 마감일 – 2009.9.15(화)
6. 최종 자산 양수도 계약서 및 입찰 관계 서류(Bid Materials) 배부
7. 입찰 기일 – 2009.9.24(목) : ① 입찰 보증금 납부 : 정오(12:00)까지
   ② 최종 자산 양수도 계약서 서명(기명날인)본 2부 등
   ☞ 입찰 서류 제출 : 오후 2:00까지
10. 낙찰자 발표 – 2009.9.25(금)
11. 이행 보증금의 납부 – 2009.9.30(수)
12. 잔금 납부 및 자산 양도일 – 2009.10.29(목)

2차 도매상인 중대형 AMC가 매각을 위해 최종 소매상인 중소형 AMC에게 보낸 입찰 제안서다. 이 제안을 받은 다수의 중소형 AMC들이 소정의 절차를 거쳐 매각 목록 리스트를 받게 된다.

부실채권 매매(양수도) 계약서

★ 부실채권 매매(양수도) 계약서 ★

부실채권 양도인(파는 사람) (주) ☆☆☆☆인베스트(이하 "갑"이라 한다)와 부실채권 양수인(이하 "을"이라 한다)은 부실채권 매매(양수도)와 관련하여 다음과 같이 계약(이하 "본 계약"이라 한다)을 체결한다.

- 다 음 -

제1조 (부실채권의 기준일) "부실채권의 기준일"이라 함은 본 계약의 "매매대상 부실채권 자료작성기준일"로서 계약 자료 및 본 계약에 의하여 매매(양수도)할 채권(이하 "대상채권"이라 한다) 결정, 부실채권 매매대금(이하 "매매대금"이라 함) 산정 등의 기준이 되는 날로서, 201*년 12월 31일로 정한다. 단, 기준일 이후 입금된 회수 금액은 "을"에게 귀속된다.

제2조 (매매 대상 부실채권 등) "갑"과 "을"이 매매(양수도)할 대상 부실채권은 기준일 현재 별첨『부실채권 리스트』상에 명시된 채권 잔액을 기준으로 한다.

제3조 (매매대금의 산정) 가. 채권의 매매(양수도)대금은 다음 각 호에 따라 산정하였음을 확인한다.

① "갑"이 "을"에게 제공한 채권의 데이터를 제공한 후 "을"의 자체 분석 작업을 통하여 대상 채권의 자산 가치를 평가하였다

② "을"의 자산 가치 평가 결과에 대하여 "갑"이 매각 여부를 최종 결정하여 본 계약은 체결되었다.

나. 본 계약에 의하여 "갑"이 "을"에게 매각하는 채권은 총 68건으로, 채권 잔액의 총액은 一金이백이십칠億사천삼백구십오萬이천일백칠십원(₩21,743,952,270)이고, 에 대한 매매(양수도)대금은 채권총액의 12%인 一金이십육億구백이십칠萬사천이백칠십원(₩2,609,274,270)으로 결정하였다.

※ 각 채권별 세부 현황 및 매각대금은『부실채권 리스트』에 기재된 것으로 정한다.

제4조 (매매대금의 지급 방법) "을"은 본 계약 체결과 동시에 매매대금의 10%인 일금**********원을 계약금조로 "갑"에게 계약과 동시에 현금 또는 당일 결제가 가능한 시중은행 발행 자기앞 수표로 지급하고, 잔금 90%는 201*년 **월 **일까지 "갑"이 지정

하는 은행 계좌로 송금한다. 단, "을"이 잔금 마련을 위해 본 계약의 대상인 "대상채권"을 통해 금융기관으로부터 융자를 받는 데 "갑"은 동의하고, 이때 총 대출한도는 매매대금의 1/2를 넘지 않는 조건이다.

제5조 (부실채권 매매에 따른 대항요건 구비 등)
가. "을"은 "갑"의 협조를 얻어 "갑"의 명의로 주 채무자, 연대보증인 추기 납부의무자에 대하여 계약 체결일로부터 1주일 이내에 확정일자부 채권양도 통지서를 발송하여 채권양도의 대항요건을 구비할 수 있도록 한다. 이때 소요 비용은 "을"의 부담으로 한다.
나. "가"항의 채권양도통지에는 "갑"이 채무자에 대하여 가지는 채권자로서의 모든 권리가 "을"에게 이전됨을 명시하여야 한다.
다. "가"항의 규정에 의한 대항요건을 구비한 경우 이에 관한 증빙서류는 "을"이 보관하는 것으로 한다.

제6조 (원인서류 등의 인계 의무)
가. "을"은 계약 체결일로부터 1주일 이내에 채권 원인서류를 수령할 수 있도록 조치하며, "갑"은 사전에 채권서류를 정리하여 "을"이 채권을 인수하는 데 차질이 없도록 준비한다.
나. 채권서류는 원인서류 이외에 채권 회수 절차상 추가 확보된 모든 서류 일체를 인계해야 한다.

제7조 (부실채권의 관리책임)
가. "갑"은 본 계약 제8조에 의한 원인서류 인계 완료 시까지 양도한 채권의 보전·관리에 관한 일체의 업무(이하 "관리업무"라 한다)를 수행해야 한다.
나. 위 "관리업무"는 다음의 각 호와 같으며, 관리와 관련한 근거 서류는 채권 서류에 편철하여야 한다.
  ① 원인서류 등의 보관·관리
  ② 담보물건의 보전·관리 등 채권 보전 업무
  ③ 진행 중인 소송의 응소 등 소송업무
다. "갑"은 "을"의 동의 없이 다음 각 호의 행위를 할 수 없다
  ① 대물변제, 담보 및 보증인의 교체 등 양도한 채권의 동일성을 변경하는 행위
  ② 채권의 일부 변제 등의 사유로 인한 경매 취하, 소송 취하·화해 등 권리관계에 영향을 미치는 행위
  ③ 상환 계획 변경에 관한 행위
  ④ 기타 채권 회수에 중대한 영향을 미치는 행위

라. 계약 체결일로부터 채권서류 인계 전까지 매각 대상 채권 및 담보물건의 보전·관리, 법원 업무, 관리 등을 위하여 "갑"이 직접 지출하고 영수증으로 증빙하는 비용은 "을"이 채권서류 인수 즉시 "갑"에게 지급하기로 한다. 단, 등기부 등본 발급비용 등 선순위채권 조사 비용은 제외하기로 한다.

제8조 (부실채권 건별 환매)

가. "을"은 다음 각 호의 사유가 발생한 경우 당해 채권에 대하여 계약을 해제하고 환매할 수 있다.
  ① 본 계약이 제3조에서 명시한 해당 채권이 "을'에게 양도되기 전 제3자에게 양도된 경우
  ② "갑"이 제8조를 위반하여 채권의 소멸 또는 원인관계상 하자를 발생시킨 경우

나. "가"항에 의하여 건별 계약 해제 및 환매 시에 "을"은 각 건별 계약 해제 사유를 명시하여 "갑"에게 통보하여야 하며, "갑"이 통보 접수일로부터 10일이 경과한 때까지 이의를 제기하지 아니한 경우에는 계약이 해제되어 환매를 승인한 것으로 본다.

다. "가"항에 의해 환매를 할 경우 "갑"은 "을"이 지급한 매매(양수도)대금을 즉시 "을"에게 반환하여야 한다.

라. 본조에 의한 계약 해제 및 환매는 계약 체결일로부터 3개월 이내에 적용하는 것으로 하며, 3개월이 경과된 이후에는 건별 계약 계약 해제 및 환매는 할 수 없다.

제9조 (사후 협조) "갑"은 "을"의 매매 대상 부실채권 관리 시 발생할 수 있는 여러 사유에 대하여 "을"의 요청 시 채권의 발생 경위 설명, 추가 서류의 전달 등 신의성실하게 협조할 수 있다.

제10조 (계약의 해제)

가. 본 계약은 다음 각 호의 사유가 발생되었을 경우 구두 또는 서면 통보에 의하여 해제할 수 있다.
  ① "갑" 또는 "을"의 파산 절차, 회사 정리 절차 개시, 합병, 본 계약 사항의 중요 내용 위반 등 본 계약이 유효하게 지속될 수 없는 중대한 사유가 발생한 경우.

나. "갑" 또는 "을"의 중대한 사정 변경에 의하여 계약을 해제하기로 쌍방이 합의한 경우
  ② 상기 가항의 제①에 해당하는 사항에 의해 계약이 해제된 경우에는 그 귀책 사유를 발생시킨 회사에서 상대방에게 원상 회복의 책임을 진다.

제11조 (준용규정) 본 계약의 해석에 관한 이견이 있거나 본 계약에 규정되지 않은 사항에 대해서는 자료 작성 기준, "을"의 업무방법서, 본 계약의 취지, 법의 일반 원칙에 따라 해결하기로 한다.
제12조 (전속관할) "갑"과 "을" 사이에 법적인 분쟁이 발생하였을 경우에는 서울중앙지방법원에 전속한다.

위 계약을 증명하기 위하여 계약서 2부를 작성, 서명·날인하여 각 책임 있는 자의 인감증명서를 첨부하여 각각 1부씩 보관하기로 한다.
붙임 : 부실채권 매각 리스트

201*년 **월 ** 일
부실채권 양도인 "갑" : (주) ☆☆☆☆인베스트
대표이사 홍 길동 (인)
서울특별시 강남구 역삼동 ***번지 **빌딩 2112호
사업자 번호 : *** - ** -*********

부실채권 인수인 "을" : 이 길동 (인)
서울특별시 광진구 광장동 ***번지 ****아파트 ** 동 *****호
주민번호 : ****** -*******

『부실채권 매매 계약서』 실물이다.

부실채권 매입 대금 지급 방식

부실채권 매입 대금을 지급하는 방식은 대강 다음과 같다.

① 계약금과 잔금 전액을 현금으로 지불하는 방법이다. 현실적으로 일반적인 방법은 아니다.

② 계약금만 지급하고 잔금은 채무 인수 방식으로 융자받는 형식이다. 계약을 체결할 때 통상 20% 정도의 계약금을 지불하는 것으로 알려져 있다. 매입 가격 1억 원짜리 부실채권을 매입한다면 계약 당시 2,000만 원 정도를 현금이나 자기앞 수표로 지불하고, 나머지 잔금은 매입하는 부실채권에 질권을 설정하고, 부실채권의 명의를 양수인에게 인수하는 방식이다.

③ 계약금의 일부를 지불하고 나머지는 융자로 계약을 체결한 다음, 잔금은 전부 지불하는 방법이다.

④ 계약금의 일부를 지급하고, 일부는 부실채권 계약금 융자를 통해 해결하고, 잔금의 일부는 지불하고 일부는 채무 인수 방식으로 해결하는 방법이다. ②의 경우처럼 계약 당시 계약금으로 2,000만 원을 지불할 때 이 중 일부를 융자를 통해 해결하는 방식이다.

이 같은 4가지 부실채권 매입 대금 지불 방식은 담보부 부실채권의 경우다. 무담보부 부실채권의 경우에는 매입 가격의 전부를 계약 완료 시점까지 납부하는 것이 원칙이다. 매입 자금이 부족한 경우 다른 담보를 제공할 것을 요구받게 된다.

채권 투자 완료와 채권 양도 통지서

채권 양도 통지서

받는 사람 : 서울시 광진구 구의동 ***번지, 홍길동 귀하

귀하의 가정과 하시는 모든 일에 발전이 항상 함께하시기를 기원드립니다. 드릴 말씀은 다름이 아니오라
 당사(본인)는 귀하에게 서울시 광진구 자양동 38-31번지 소재 토지 – 건물에 대해 등기순위 제1순위 저당권, 채권최고액 3억 9천만을 가지고 있습니다. 이 저당권을 별지 목록 표시의 저당권 인수자에게 해당 저당권의 권리 전부를 양도하고자 하오니, 적극 협조하여 주시면 감사하겠습니다. 해당 저당권 양수인 ***에게 대금을 지급하여 주시기 바랍니다.

2012년   월   일.

채권 양도인 : 서울시 서초구 방배동 ****번지
김 길동 (인)

"채권 양도 통지서"다. 이것으로 부실채권 매입에 관한 실무적인 절차는 완료된다.

04
부실채권 매입 가격 결정하기

담보부 부실채권 및 무담보부 부실채권은 인수 가격 결정 구조가 다르다. 부동산 담보부 부실채권의 매입 가격 결정 구조는 비교적 단순하다. 예상 낙찰 가격이 어느 정도 형성되어 있기 때문이다. 무담보부 부실채권은 가격 결정 요인이 상대적으로 복잡하다. 담보부 부실채권은 매각단위가 한 건이 기준이고, 매각금액과 할인율이 건 별로 각각 책정되어 있다. 무담보부 부실채권은 Pool(작은 단위는 몇 백 건에서부터 큰 단위는 수 만 건으로 구성되어 있다)로 매각되고, 매각되는 장부가격도 수백억 원에서 심지어는 조(兆) 단위로 매각된다. 담보부 부실채권 물건과 무담보부 부실채권 물건이 섞여 있는 Pool도 흔하다.

따라서 채무자(보증인 포함)가 수천~수만 명에 달하게 되고, 건당 채권액도 수십만 원짜리 개인 카드 채권에서부터, 수십~수백 억 원짜리 공사 채권까지 다양하다. 일반투자자가 무담보부 부실채권의 질을 파악하기 어려운 점이다. 채무자의 소재지도 전국에 걸쳐 산재해 있다. 무담보부 부실채권 추심이 어려울 수밖에 없는 이유다. 무담보부 부실채권은 장부가격 기준으로 일반투자자들이 매입할 때 약 2%내외의 가격으로 매입하게(떠 오게) 된다.

공급(매각)하는 측은 자신의 비용과 수익을 산입하여 예상 매각 공급 가격을 책정하고, 수요(매입)하는 쪽은 매입 가격에 다시 자기 기대 수익을 산정한 시장 가격(세부 내역은 단순화하여 수요와 공급이 만난다는 의미)에서 거래 가격이 성립된다.

이와 같은 시장 가격을 결정하는 몇 가지 모델이 있다. 기대 수익(률), 기회 비용, 관리 비용, 적정 할인율, 회수율, 리스크율 등을 고려하여 성립된 수리적 모델이나 모형에 의해 매각-매입 가격 결정을 추출하게 된다.

대표적인 담보부 부실채권 평가 방식으로는 "청산 접근법[2]"이, 무담보부 부실채권 평가 방식은 "회수율 기준법[3]"이 있다.

부실채권 적정 매입 가격을 결정할 때는 해당 물건의 경제적 가치, 지리적 특성, 부동산 자체의 질적 수준, 지역적 가치 등을 따져야 한다.

그러나 중요한 점은 담보부 부실채권의 수익은 부동산 시장과 해당 물건에 따라 좌우된다고 할 수 있다. 이는 담보부 부실채권의 기본적인 특성에서 기인하는 것이다. 해당 물건의 자체 특성도 수익률 결정에 영향을 주지만, 부동산 전체 경기 상황이나 일반 경기 등 외적 요인에 따라 수익(률)에 차이가 발생한다.

해당 물건의 자체 특성과 외적인 요소를 종합적으로 고려하면서 부실채권 매입 가격을 신축적으로 결정해야 한다.

① 청산 접근법을 통한 담보부 부실채권 매입 가격 산정식

---

[2] 담보 자산의 경매 배당을 통한 청산 가치 및 잔존 가치의 평가를 통해 해당 채권의 가치를 평가하는 방식이다. 담보 부동산의 기초가액을 산정한 후, 예상 낙찰가율 추정을 통해 회수 가능 금액을 산정하는 방식으로 투자에서 배당금 수령까지의 기간을 산정하고, 배당 후 잔존 채권에 대한 현금 흐름에 대한 관리 비용을 차감한 순(net:純)현금 흐름을 산정한 후 여기에 적정 할인율을 적용하여 가격을 결정하는 방식.

[3] 무담보부 채권 가격을 평가하는 대표적인 방식이다. 무담보부 채권의 종류별 과거 회수율을 분석하여 이를 바탕으로 미래 회수할 부실채권에 대한 가격을 현재에서 추출하는 방법이다.

개별항목		금액	참고내역		비고
부동산 감정 가격			임대·매매 시세 파악		중개사, 포털 인터넷
채권최고액			실채무액 파악		
예상 낙찰 가격					
선순위배당자공제내역	경매 비용		최우선 공제		경매 집행 실비용
	당해세		최우선배당	동순위 주택 1/2 상가 1/3 이내	해당 부동산 자체 세금
	임금채권				3개월 임금과 3년 퇴직금
	소액임차인				보호 대상 이내 임차인
	순위배당		저당-확정일자 순위배당		전입-확정일 중 늦은 날 기준
	일반 지방세		체납 세금 발생일		발생일 기준 순위배당
	일반 국세				
	선저당권[4]		등기부 설정일		실채권액 배당
	기타				
	합계				
NPL 투자자 실 배당		실배당액 = 예상 낙찰가액 - 합계			
예상 수익액		예상 수익액 = 예상 실배당액 - 부실채권 매입가			
예상 수익률		예상 수익률 = 예상 실배당액/부실채권 매입가 × 100.			
부실채권 적정 매입 가격		투자 기간, 기회 비용, 매입 규모, 금융 비용 고려, 리스크 감안 등			

부실채권의 담보 부동산이 주택이라면 주택 임차인에 대한 권리분석과 배당표를 작성해보아야 한다. 소액최우선배당을 통해 저당권자보다 우선해서 배당에 참여하는 임차인이 있는지, 임차인에게 배당되는 금액은 얼마인지를 파악해야 한다. 또한 당해세, 임금 채권자의 배당 참여 여부도 파악해야 한다.

순위배당으로 배당에 참여하는 확정일자부 임차인의 존재도 정확히 따져야 한

---

[4] 제2저당권을 매입하여, 부실채권 투자자보다 선순위 저당권이 먼저 배당에 참여하는 경우에만 해당한다.

다. 이들에게 배당되는 금액에 따라 담보부 부실채권에 투자한 투자자에게 배당되는 금액이 줄어들게 되기 때문이다. 순위배당에 참여하게 되는 일반세는 법정기일에 따른 배당 순위와 세액도 부실채권 매입 전에 확인해야 한다.

상가 건물이라면 상가 임차인에 대한 권리분석을, 근린상가(근린주택 포함)는 주택임대차보호법과 상가건물임대차보호법 두 법을 알고 있어야 한다. 1순위 저당권이라고 하더라도 해당 물건이 열악하거나, 주택 상가일 때 임차인이 존재하면 당초 예상하지 못한 권리자들로 인해 배당받을 금액이 줄어줄게 된다. 공장이라면 공장부동산이 가지는 특성, 임야라면 임야가 가지는 부동산 특성도 살펴서 매입 가격에 반영해야 한다.

해당 부동산에 긍정적인 요인은 매입 가격을 높이게 될 것이고, 부정적인 요인이 우세하다면 매입 가격을 낮추어서 결정하게 될 것이다. 해낭 부동산의 종류니 질, 규모, 위치 역시 낙찰가격에 결정적인 영향을 미친다.

부동산 경기와 일반 경기가 경기 순환 사이클에서 「회복-호황」인 경기 확장 국면이라면 (담보부)부실채권 매입 가격이 다소 높아도 될 것이고, 「후퇴-불황」인 경기 수축 국면이라면 매입 가격을 낮추어서 매입해야 할 것이다. 이러해야 함에도 불구하고 현재 담보부 부실채권시장에서는 개미투자자들에 의한 소위 『묻지 마식』 매입이 성행하고 있다.

담보부 부실채권 투자 시 사전에 고려해야 하는 공통된 사항이다.

② 청산 접근법을 통한 담보부 부실채권 매입 가격식(단위 : 천 원)

개별항목		금액	비고
부동산 감정 가격		500,000(5억 원)	
채권최고액		300,000(3억 원)	
예상 낙찰 가격		450,000(4억 5,000만 원)	
선순위배당자공제내역	경매 비용	5,000(5백만 원)	예정 수치임
	당해세	1,000(1백만 원)	
	임금채권	-	
	소액임차인	100,000(1억 원)	
	순위배당	100,000(1억 원)	
	일반 지방세	-	
	일반 국세	-	
	선저당권	90,000(9천만 원)	
	기 타	4,000(4백만 원)	
	합 계	300,000(3억 원)	
NPL 투자자 실배당 [150,000(1억 5천만 원)]		실 배당액 = 예상 낙찰가액 – 합계 1억 5천만 원 = 4억 5,000만 원 – 3억 원	
예 상 수 익 액		5천만 원 = 1억 5천만 원 – 1억 원	
예상 수익률	25% 기대수익	8,750만 원 = 1억 원 – 5천만 원×0.25	
	50% 기대수익	7,500만 원 = 1억 원 – 5천만 원×0.5	
	75% 기대수익	6,250만 원 = 1억 원 – 5천만 원×0.75	
	100% 기대수익	5,000만 원 = 1억 원 – 5천만 원×1	
부실채권 적정 매입가[5]		기대 수익률 올라가면 매입 가격은 낮아진다	

---

[5] 만약 AMC를 통한 펀드 투자라면 적정 수수료를 감안해야 한다. 정상적인 AMC는 수익의 평균 5~8% 정도의 수수료를 받는 것으로 알려져 있다.

무담보부 부실채권 매각 제안서

* 소유자 : **캐피털 주식회사
* 지 역 : 전국(제주도 제외)
* 장부 가격(원금 : opb) : 67억 7천만 원
* 건수 및 보증인 : 총 1,250건에 보증인 345명
* 소멸 시효 유무 : 전건 집행권원 및 공증 완료
* 원 채권자 : **골든캐슬캐피털
* 특이사항 : 사망자 및 파산자 물건 없으며, 개인회생 물건 포함.
* 매각율 : 5.5%
* 대출 가능 여부 : 당사로는 불가능
* 매입 연락처 : 010-2564-****(정본부장)에게 연락 요망
* 실 매입하실 분만 연락 바랍니다.

* 인터넷 무담보부 부실채권 동호회 매물 안내 코너에 나온 매각 의뢰다.

① 부실채권의 현재가치 산출법

무담보부 부실채권(민사채권) 매입 시 채권 회수의 중요한 사항은 이행률이다. 즉 변제 계획의 변제 기간 완료 시점까지 회수 이행률이 몇 %인가가 중요하다. 이행률이 높을수록 부실채권 회수율이 높다.

변제 계획상의 원금과 이행률을 곱한 금액이 사실상의 매입 원금이다. 이것이 해당 무담보부 부실채권의 미래가치다.

* 미래가치 산출식 = 변제 계획상 원금 × 이행률 ⇒ 미래가치

* 현재가치 = $\dfrac{\text{미래가치}}{(1+r)^n}$

* 미래가치(FV : future value) : n년 후 확정 채권액

* r : 이자율 또는 할인율

이 계산식은 초보 부실채권 투자자들에게 유용한 부실채권 매입 가격 추출식으로 알려져 있다.

* 매입 가격 결정식 : 원금이 1,000만 원이고, 기간은 5년, 은행권 평균 부실채권 이행율 60%, 시중은행 3개월 정기예금 이자율을 5%라고 하자.

현재가치 = $\dfrac{600만 원}{(1+0.05(5\%))^5}$

= 447.7만 원 정도

장부 가격 1,000만 원짜리 부실채권의 매입 가격이 약 447만 7천 원 정도다. 여기에 채무자의 상황, 변제 의지, 경제 상황, 자금 조달 금리, 채권 회수 비용 등을 감안하면 매입 가격이 산출된다.

이 계산식에는 매년 회수되는 이자와 원금은 누락되어 있다. 현재에서 매입하는 가격이 이 추출 방법으로 산출된 가격 이상으로 매입해서는 안 된다는 의미다.

무담보부 부실채권을 1~2개 단위로 구입할 수 없는 것이 이 계산 방식을 적용하는 데 한계점으로 지적된다. 이와 같은 한계점이 있지만 현재가치를 추출하는 방식으로는 유용하다.

만약 장부 가격을 전액 회수할 수 있는 채권이라고 하면

현재가치 = $\dfrac{1,000만 원}{(1+5\%)^5}$

= 746.3만 원 정도가 최대 회수 가능 금액이다

따라서 부실채권 실매입액은 이 금액 이하가 되어야 한다.

② 부실채권 순현재가치 환산법

순현재가치(NPV : net present value = 純現在價値)는 장래 발생할 소득의 총합계와 현재 매입 비용을 비교하는 방법이다. 즉,

회수 총액≧매입 비용일 때 투자가 이루어진다.
회수 총액 ≦ 매입 비용일 때 투자는 기각된다.

③ 순현재가치(NPV) 계산식

[현금 유입 총액(미래 회수 총액) − 현금 유출 총액(총 투입 금액)]≧0 이상이어야 한다. CFn은 해당 채권의 총 가치, I_o는 투자 금액 총액이다.

계산식 모델은

$$\sum_{n-1}^{t} \frac{CFn}{(1+r)^n} - I.$$

이다.

예를 들어 위 사례에서 본래 채권액은 1,250만 원이었고, 5년으로 나누어 매년 250만 원씩 변제되어 원금은 1,000만 원, 기간은 4년 남은 채권이라고 해보자.

이 채권의 순현재가치(=매입 가격)를 산출해보면

$$순현재가치(NPV) = \frac{250만 원}{(1+5\%)} + \frac{250만 원}{(1+5\%)^2} + \frac{250만 원}{(1+5\%)^3} + \frac{250만 원}{(1+5\%)^4}$$

$$= 238만 원 + 226.7만 원 + 215.9만 원 + 205.6만 원$$

$$= 886만 2천 원이다.$$

이 채권의 현재가치는 최대가 886만 원이다.

따라서 이 채권을 제반 비용을 고려하여 500만 원에 매입했다고 하자. 현재 시점에서 500만 원(L)을 투자하여 이 부실채권을 매입한다면 386만 2,000원의 수익이 장래 4년에 걸쳐서 발생한다는 것이다.

연 수익률 = 886만 2천 원 − 500만 원 ⇒ 386만 2,000원/500만 원/4년 = 19.3%이다.

◆ **무담보부 부실채권 회수율 7요소**

① 채권 종류 : 개인 채권이 법인 채권보다 회수율이 높다. 따라서 할인율은 낮고 매입 가격(률)은 높다.
② 채권 금액 : 채권 금액이 소액일수록 회수율이 높다.
③ 채무자 연령 : 채무자의 연령이 낮을수록 회수율이 높다.
④ 보증인 여부 : 보증인부 부실채권이 회수율이 높다.
⑤ 채무 발생 기간 : 부실채권 발생 시기가 오래될수록 회수율이 낮다.
⑥ 상환 의지 : 상환 의지가 강할수록 회수율이 높다.
⑦ 상환 능력 : 채무자의 상환 능력이 클수록 회수율이 높다.

◆ 부실채권 투자의 핵심 요소

1. 물건 탐색 및 물건 선정

2. 권리 분석

3. 배당표 작성

4. 수익성 분석

5. 현장 확인—관계 (공)법규 확인

6. 매입 가격 산출

7. 매입 협상

8. 매입 완료 및 권리 이전

9. 운용 및 처분

채무자의 상환 능력이 클수록 회수율이 높다.

05
저당권 이전 방법과 질권 설정 방법

담보부 부실채권을 인수하는 경우 처리 방식은 다음과 같은 두 가지다.

① 등기부 상 저당권을 매입자 명의로 이전하는 방식이다. 앞에서도 살펴본 것처럼 「채권 양도 방식」이라고도 한다. 매각 대상 채권을 매입자에게 양도하는 방식이다. 자주 사용되는 방식은 아니다. 이유는 매입하는 저당권에 『질권』을 설정하는 것만으로도 채권확보가 충분하기 때문이다. 저당권에 질권을 설정하는 방법에 비해 비용과 수고가 더 든다.

② 저당권에 질권을 설정하는 방법이다. 부실채권을 인수해서 해당 부동산을 직접 유입하고자(낙찰 받고자) 하는 경우에 주로 사용된다. 매입하는 저당권에 투자자 명의로『질권』을 설정하는 것만으로 채권확보가 충분하고 비용과 절차도 유리하다.

먼저 저당권 이전 방법이다. 부실채권 매매 계약의 완료로 등기부 상의 저당권 권리가 투자자 앞으로 이전 완료된 부동산 등기부를 보도록 하자.

저당권 이전(인수) 방식

> **근저당권양도 계약서**
>
> 제1조 : 양도인과 채무자가 아래 기본계약상의 양도인의 지위를 양수인에게 양도하고 양도인은 이 기본계약에서 탈퇴하며 이 기본계약상 채무자의 양도인에 대한 채무를 담보하기 위하여 뒷면에 쓴 부동산에 대하여 근저당권설정계약을 체결하고 아래와 같은 근저당권부질권 설정등기를 경료한 바 근저당권설정계약상의 채권자의 지위를 양도인이 양수인에게 양도한다.
>
> 1) 근저당권설정계약의 표시
> 20○○년 7월 ○○일 설정계약에 의해 채권최고액 금 이억칠천만원으로 하여
> 20○○년 7월 ○○일 접수 제 17083호로 경료한 근저당권설정등기
>
> 단, 근저당권은 채권과 함께 질권 설정하며 질권설정금액은 동순위로 7인의 채권자에 대하여 총 합 설정 금액 금 이억오천만원으로 하며 개별 질권 설정금액은 각 채권액으로 한다.
>
> 제2조 : 근저당권설정계약의 각 조항은 그대로 계속하여 효력을 가진다.
>
> 위 계약을 명확히 하기 위하여 아래 당사자들이 기명날인한다.
>
> 2011 년 ○○월 ○일
>
> 양 도 인 :
>
> 양 수 인 :

저당권을 양수받는 경우에 가장 흔하게 사용되는 권리 확보 방법이다. 등기부에 등재된 모든 권리는 인수 대상이다. 물권인 저당권을 비롯해서 전세권, 담보가등기와 채권적 권리인 가압류 등도 이전 가능하다.

등기부 상 근저당권 이전

순위번호	등기목적	접수번호	등기원인	권리자 및 기타 사항
1	근저당권 설정	2008년5월3일 제*****호	2008년5월2일 설정계약	채권최고액 금360,000,000원 채무자 홍길동 　서울 동대문구 이문동 **-** 근저당권자 (주)한국외환은행 　서울 중구 을지로2가 181
1-1	1번근저당권 이전	2009년7월2일 제******호	2009년7월2일 확정채권양도	근저당권자 　(주)한국투자에이엠씨 　10010*-25*******
1-2	1번근저당권 이전	2010년7월2일 제******호	2010년7월2일 확정채권양도	근저당권자 　(주)우리유동에이엠씨 　10010*-50*******
1-3	1번근저당권 이전	2011년3월7일 제******호	2011년3월7일 확정채권양도	근저당권자 　(주)미래에셋에이엠씨 　10010*-13*******
1-4	1번근저당권 이전	2012년3월7일 제******호	2012년3월7일 확정채권양도	근저당권자 김길동 　서울시 광진구 구의동 **-**

　저당권 양도-양수로 저당권이 이전된 등기부등본이다. 순위번호란 1번의 2008년 5월 3일 자 채권자 한국외환은행, 채무자 홍길동, 채권최고액 3억 6,000만 원짜리 근저당권이 2009년 7월 2일 (주)한국투자에이엠씨에게 매각되어 저당권 권리가 이전(순위번호 1-1)되었다.

　한국외환은행으로부터 저당권을 인수한 (주)한국투자에이엠씨는 이 저당권을 2010년 7월 2일에 (주)우리유동에이엠씨에게 매각하고, 저당권을 이전(순위번호 1-2) 설정하였다. 이 저당권에 관한 모든 권리는 (주)우리유동에이엠씨로 이전되었다.

　(주)한국투자에이엠로부터 저당권을 매입하였던 (주)우리유동에이엠씨는 이를 다시 2011년 3월 7일에 (주)미래에셋에이엠씨에 매각하였다.

　(주)우리유동에이엠씨로부터 저당권을 매입한 (주)미래에셋에이엠씨 역시 등기부 상에 저당권 이전(순위번호 1-3)을 하였다.

㈜미래에셋에이엠씨는 이 저당권을 2012년 3월 7일에 김길동에게 매각하고, 저당권 명의를 김길동에게 이전(순위번호 1-4)하였다.

이 경우에서 외환은행은 부실채권 생산자, ㈜한국투자에이엠씨는 1차 도매상, ㈜우리유동에이엠씨는 중간 도매상, ㈜미래에셋에이엠씨는 소매상, 김길동은 최종 소비자로 볼 수 있다.

순위번호란을 보면 「1(외환은행 저당권 설정 번호 : 이후 저당권 권리가 이전되어도 이 저당권이 설정된 날자가 권리기준일) ⇒ 1-1㈜한국투자에이엠씨 ⇒ 1-2㈜우리유동에이엠씨 ⇒ 1-3㈜미래에셋에이엠씨 ⇒ 1-4 김길동」으로 저당권 권리가 이전되고 있다.

최초 근저당권 설정일자 「1-*」에서 앞부분 1이 설정된 날이 권리기준이 된다. 앞의 1은 주등기번호이고, 뒤의 -1, -2, -3, -4는 부기번호다.

등기부 상 권리는 주등기번호 성립일이 권리기준일이다.

◆ tip

순위번호	등기목적	접수번호	등기원인	권리자 및 기타 사항

1	근저당권 설정	2008년5월3일 제****호	2008년5월2일 설정계약	채권최고액 금360,000,000원
				채무자 홍길동
				  서울 동대문구 이문동 **-**
				근저당권자 ㈜한국외환은행
				  서울 중구 을지로2가 181

1-1	1번근저당권 이전	2009년7월2일 제******호	2009년7월2일 확정채권양도	근저당권자
				  ㈜한국투자에이엠씨
				  10010* - 25********

1-2	1번근저당권 이전	2010년7월2일 제******호	2010년7월2일 확정채권양도	근저당권자
				  ㈜우리유동에이엠씨
				  10010* - 50********

1-3	1번근저당권 이전	2011년3월7일 제******호	2011년3월7일 확정채권양도	근저당권자
				  ㈜미래에셋에이엠씨
				  10010* - 13********

1-4	1번근저당권 이전	2012년3월7일 제******호	2012년3월7일 확정채권양도	근저당권자 김길동 서울시 광진구 구의동 **-**

1순위 저당권이 이전(1-1)된 다음 순위번호 2번의 저당권이 설정되고, 1순위 저당권이 다시 이전(1-2)된 다음 추가로 순위번호 3번의 저당권이 설정된 다음, 또다시 순위번호 1번 저당권이 이전(1-3)된다고 하더라도, 제1순위 저당권을 최종적으로 소유하고 있는 김길동은 2번, 3번 저당권자보다 먼저 배당에 참가하게 된다.

저당권 질권 설정 방식

채권질권설정계약서

제1조 채무자 주식회사 ◼◼◼◼은 질권자 ◼◼◼◼으로부터 금30,000,000원을 차용할 것을 약속하고 이를 수령한다.

제2조 제1조의 대여금의 변제장소는 변제시 질권자의 주소로 한다.

제3조 채무자는 채무의 이행을 담보하기 위하여 2011년 12월 08일자 금전소비대차계약에 의하여 채무자 주식회사 ◼◼◼◼ 부동산에 관한 ◼◼◼◼ 대하여 질권을 설정하고 질권자는 당해 채권증서의 교부를 받았다.

제4조 질권자는 저당물건이 공매처분에 붙여지거나 또는 수용되었을 때 및 근저당 해제가 있을 때에는 변제기 전이라도 질권의 목적인 채권을 징수, 채무의 변제에 충당 할 수 있다.

2011년 ◼◼월 ◼◼일

채무자
채권자

저당권을 매입한 다음 저당권자 명의는 그대로 둔 다음, 해당 저당권에 질권을 설정하여 권리를 확보하는 방법이다. 저당권 인수 방법에 비해서 비용과 절차가 상대적으로 간편하다는 장점이 있다.

근저당권부 질권 설정 방식

순위번호	등기목적	접수번호	등기원인	권리자 및 기타 사항
1	근저당권 설정	2008년5월3일 제****호	2008년5월2일 설정계약	채권최고액 금360,000,000원 채무자 홍길동 서울 동대문구 이문동 **-** 근저당권자 (주)한국외환은행 서울 중구 을지로2가 181
1-4	1번근저당권부 질권	2011년3월7일 제******호	2011년3월7일 설정계약	채권액 금360,000,000원 변제기 2012년 3월6일 이자 년15퍼센트 채무자 한국투자에이엠씨 10010* - 25******** 서울 강남구 역삼동 **-** 채권자 (주)우리유동에이엠씨 10011* - 21******** 서울 강남구 역삼동 **-**

등기부상 저당권에 질권이 설정된 사례다.

순위번호란 1번의 2008년 5월 3일 자 채권자 한국외환은행, 채무자 홍길동, 채권최고액 3억 6,000만 원짜리 근저당권이 2010년 7월 2일 ㈜한국투자에이엠씨에게 매각되어 저당권에 질권이 설정(순위번호 1-1)되었다. 한국외환은행으로부터 저당권을 인수한 ㈜한국투자에이엠씨는 만약 이 상태로 경매로 낙찰이 되면 배당에 참가할 권리를 가진다. 배당에 참가하여 채권을 회수하게 된다. 그러나 최종 배당금 수령 권리는 질권자인 ㈜우리유동에이엠씨에게 돌아간다.

06
부실채권 투자로 번 돈은 비과세

양도소득세[6] 비교

양도차익	주 택(세율)	토 지(세율)	일반펀드	부실채권
1억 원	50%	50%	14.4%	언제나 비과세
3억 원				
5억 원				
7억 원				
10억 원				
20억 원				

부실채권 투자에서 빼놓을 수 없는 또 다른 매력이 투자에서 발생하는 수익에 대한 세금 부분이다.

부동산의 경우 보유 기간 1년 미만 처분으로 발생하는 차익에 대해서는 현행 세

---

6) 구입 후 1년 이내에 처분한 것을 기준으로 했다. 토지 등은 1년 이내에 매각처분하기가 쉽지 않다는 현실적인 상황은 편의상 무시했다. 일반 펀드나 부실채권은 양도 차익이라는 표현은 조금 어색하지만 사용했다.

율로는 50% 단일세율이다. 표에서 보는 것처럼 보유 후 1년 이내에 처분해서 그 차익이 1억 원이라면 5,000만 원을 세금으로 납부해야 한다[7].

일반 펀드로 얻는 수익에 대해서도 14.4%의 소득세를 납부해야 한다. 펀드 투자로 발생한 소득이 1,000만 원이라고 하자. 주민세와는 별도로 144만 원의 소득세를 원천징수 당한다.

부실채권 투자 수익은 「비과세」

그러나 부실채권에 투자해서 얻은 차익은 기간, 차익의 크기를 따지 않고 세금 부과 대상이 아니다.

4억 8,000만 원짜리 근저당권의 실채권액이 4억 원이었다고 하자. 4억 원짜리 저당권이 담보부 부실채권으로 유통되고 있다. 이 저당권을 25% 할인을 받아 실제 매입 가격은 3억 원이었다고 하자. 그 후 이 저당권이 경매에 참여해서 배당으로 4억 8,000만 원을 받았다고 하자.

매입 가격과 배당 금액의 차이가 1억 8,000만 원이다. 쟁점은 여기서 발생한 차액 1억 8,000만 원이 종합소득세 과세대상이 되는가이다.

결론은 종합소득세 부과 대상이 아니다. 부실채권 투자로 발생하는 양도 차익에 대해서는 완전 비과세 대상이다.

「소득이 있는 곳에 세금이 있다」라는 원칙의 예외다.

론스타 등 해외 투기 펀드가 외환위기 이후에 국내 시장에 진출하여 막대한 투자 차익을 올리고도 세금을 납부하지 않을 수 있었던 근거다.

---

[7] 2012. 9월 기준이고, 여러 공제 등에서 대해서는 무시했다.

부실채권 처분 소득은 비과세라는 판례를 낳은 원 사건

대구12계 1998-143112 상세정보

병합/중복	병합:2003-13161				
소 재 지	대구 달서구 진천동 ○○○-○ 도로명주소				
경매구분	임의(기일)	채 권 자	중앙○○○	낙찰일시	03.09.16 (종결:03.11.04)
용 도	전	채무/소유자	배○○/○○○	낙 찰 가	238,900,000
감 정 가	320,860,000	청 구 액	300,000,000	경매개시일	98.12.30
최 저 가	224,602,000 (70%)	토지총면적	263 m² (79.56평)	배당종기일	
입찰보증금	용찰가의 10%	건물총면적	0 m² (0평)	조 회 수 조회통계	금일1 공고후5 누적74
주 의 사 항	・법정지상권 ・선순위가등기 ・입찰외				

다음 페이지 서울행정법원, 2006구합 32702(2007.1.10) 사건의 원 사건이다.

1) 부실채권 투자에 따른 이익분이 과세 대상이 아닌 요지[8]

---

8) 서울행정법원 2006구합 32702 인용하였다.
  이 사건의 원인이 되는 경매 사건은 대구12계 1998-143112번이다.

『종합소득세부과처분취소소송』

서울행정법원2006구합32702(2007.1.10)

원 고 : 이 춘*
피 고 : 서울 삼성세무서
[제 목] 부실채권 담보 부동산 경락 대금에 포함된 이자에 대하여 과세할 수 있는지 여부
[요 지] 부실채권 매매를 업으로 하지 아니하는 개인이 민법상 채권 양도의 방식으로 부실채권을 매수하였다가 매각함에 따라 발생한 처분 이익은 과세 대상 소득에 해당되지 아니함.

[주 문]

1. 피고가 2004. 12. 1. 원고에 대하여 한 2003년 귀속 종합소득세 43,178,110원의 부과 처분을 취소한다.
2. 소송 비용은 피고가 부담한다.

[인정사실] (3) 성업공사는 2001. 11. 23. 이 사건 대출금 채권의 원금을 9,000만 원으로 감액하여 근저당권과 함께 유동화전문회사인 ★★에게 양도하였고, 위 유동화전문회사는 2002. 10. 29. 원고에게 이 사건 대출금 채권 및 근저당권을 9,000만 원에 양도하였다.

(4) 원고는 2003. 10. 10. 이 사건 토지에 관하여 대구지방법원 98타경143112 부동산임의경매 사건에서 근저당권자로서 원금 명목으로 90,000,000원과 이자로 130,676,711원을 합해서 모두 220,676,711원을 배당받았다.

[판 단] (2) 이 사건에 관하여 보건대, 위 인정사실에서 본 바와 같이

① 원고가 당초 대출 원금액이 2억 원이었으나 그 후 채권의 회수 가능성이 불확실해진 이 사건의 근저당권부 채권을 유동화전문회사로부터 9,000만 원에 양수하였는바 이는 부동산의 기타의 재산권으로서 자산유동화에 관한 법률 제2조 제1호의 가. 및 제3호에서 말하는 유동화자산에 해당하고,

② 자산유동화에 관한 법률 제13조 제4호는 '유동화자산의 양수인은 양도된 자산에 관한 위험을 인수할 것'이라고 규정하고 있는바, 여기서의 '위험'에는 양도된 자산의 멸실, 훼손, 노후화 및 유동화자산의 가치 하락 위험 등이 포함된다고 해석되므로 유동화자산의 가치가 상승하는 경우 가치 상승분 역시 유동화자산의 양수인에게 귀속된다고 할 것인데 유동화자산의 가치 하락으로 인한 양수인의 손해를 '금전 기타 대체물의 사용 대가로서 원금액과 사용 기간에 비례하여 지급되는 금전의 기타

타 대체물'인 '이자'의 상실로 볼 수 없는 것과 마찬가지로 유동화자산의 가치 상승으로 인하여 양수인에게 발생하는 이익 또한 이자의 획득으로 볼 수 없는 점,

③ 유동화자산의 매매 계약의 당사자인 유동화전문회사와 원고가 이 사건 대출금 채권의 대금을 9,000만 원에 결정하기에 이른 것은 이미 부실화되어 채무자로부터의 임의 변제를 기대할 수 없게 된 위 대출금 채권의 원금 및 이자의 획득 가능성 그 자체에 대한 평가에 기초한 것이 아니라 위 매매 계약 당시를 기준으로 하여 근저당권의 목적물인 이 사건 토지가 장차 경매 과정에서 낙찰될 경우 그 평가액, 그로부터의 투자 금액 회수 및 장래 수익 창출 가능성 또는 그 위험성을 각자 나름대로 평가하여 그와 같은 금액에 관한 의사 합치가 이루어진 것이고, 그 후 현실적으로 유동화자산 평가 가치가 상승 또는 하락할 경우로 그로 인한 이익 또는 손해는 원고가 부담하기로 하는 내용의 의사가 상호 합치하였다고 해석하는 것이 거래 관념에 부합한다고 보이는 점,

④ 그러나 저당권이 우선변제를 받을 수 있는 범위가 원본, 이자, 위약금, 채무 불이행으로 인한 손해 배상, 저당권의 실행 비용(민법 제360조)이므로 근저당권자로서 배당 절차에 참가하여야 하는 원고로서는 탕감된 채권 원금 혹은 유동화자산의 매매 대금을 초과하는 부분에 대하여는 기술적으로 이자 항목에 포함시켜 채권 계산서를 작성, 제출할 수밖에 없고, 배당법원은 근저당권자인 원고에게 채권 계산서상 원금액을 초과하는 부분을 배당함에 있어 배당표상 이자로 기재할 수밖에 없는 점,

⑤ 소득세법 및 같은 법 시행령이 채권 또는 증권의 환매조건부 매매 차익에 대해서만 이자 소득으로 규정하고 있어 일반적인 채권의 매매 차익은 이자소득으로 보지 않고 있는 점(소득세법 제16조 제1항 제9호, 같은 법 시행령 제24조 참조) 등을 종합하여 볼 때, 원고가 부동산 저당 채권을 유동화전문회사로부터 매수하여 그 부동산에 관한 경매 절차에서 매매 대금을 초과하여 지급받은 배당금의 본질은 유동화자산에 대한 투자 수익 또는 매매 차익이라 할 것이지 소득세법 제16조 제1항 제12호 소정의 비영업 대금으로서 이자 소득에 해당된다고 볼 수 없다.

따라서 원고의 배당금액 중 9,000만 원을 초과한 부분을 소득세법상 비영업 대금으로서의 이자 소득으로 본 피고의 이 사건 부과 처분은 위법하다.

3. [결론]

그렇다면 원고의 이 사건 청구는 이유 있어 인용하기로 하여 주문과 같이 판결한다.

2) 『[문서번호] 국심2006서2319』(2006.12.04)

[제 목] 경락 대금 중 배당표 상의 이자를 이자 소득으로 보아 과세한 처분의 당부
[요 지]
부실채권 매매를 업으로 하지 아니하는 개인이 민법상 채권 양도의 방식으로 부실채권을 매수하였다가 매각함에 따라 발생한 처분 이익은 과세 대상 소득에 해당되지 아니함.
[관련 법령] 소득세법 제3조【과세소득의 범위】

[주 문]
○○세무서장이 2006.7.10. 청구인에게 한 2004년 귀속 종합소득세 84,350,410원의 부과 처분은 이를 취소한다.

[이 유]
1. 처분 개요
 청구인은 주식회사 ○○은행(이하 "○○은행"이라 한다)이 김○○에 대한 대출 원금과 연체 이자 773,009,176원(이하 "쟁점대출금"이라 한다)을 부실채권으로 분류하여 자산유동화에 관한 법률에 따라 2003.6.30. 유동화전문회사인 ○○○○○유동화전문유한회사(이하 "유동화전문회사"라 한다)에게 양도한 쟁점대출금에 대한 원리금 및 채권 추심에 관한 권리(이하 "쟁점채권"이라 한다)를 2004.7.5. 주식회사 ○○상호저축은행(이하 "○○상호저축은행"이라 한다)으로부터 570백만 원에 취득한 후 2004.11.29. 인천지방법원으로부터 김○○가 쟁점대출금의 담보로 제공한 ○○시 ○○구 ○○동 ○○번지 잡종지 916㎡ 외 4필지 토지 및 건물 등의 김○○ 지분(이하 "담보부동산"이라 한다)의 경락에 따른 배당금으로 1,008,609,100원을 지급받았다.
처분청은 인천지방법원이 청구인에게 배당한 1,008,609,100원에는 쟁점대출금 773,009,176원과 이자소득 235,599,927원(이하 "쟁점이자"라 한다)이 포함된 금액이고, 쟁점이자는 법원에서 쟁점대출금에 대한 이자로 배당한 것이라 하여 이자 소득으로 보아 2006.7.10. 청구인에게 2004년 귀속 종합소득세 84,350,411원을 결정 고지하였다.
청구인은 이에 불복하여 2006.7.10. 이 건 심판청구를 제기하였다.

3. [판 단]
따라서 부실채권을 취득하여 양도한 청구인에게 금전소비대차로 보아 종합소득세를

> 과세한 당초 처분은 잘못이 있는 것으로 판단된다.
>
> 4. [결 론]
> 이 건 심판청구는 심리 결과 청구인의 주장이 이유 있으므로 국세기본법 제81조 및 제65조 제1항 제3호의 규정에 의하여 주문과 같이 결정한다.
>
> 지금 보는 바와 같이 부실채권 투자에 따른 이익분에 대해서는 종합소득세 부과 처분 대상이 아니다.

3) 론스타 계열사 세금 소송 4연승[9]

론스타펀드 계열사들이 국내 법정에서 세무당국을 상대로 한 소송은 4연승을 기록하게 됐다. 론스타펀드가 스타타워를 매각해 2,450억 원의 차익을 남기면서 사회적으로 해외 펀드의 '먹튀' 논란이 일자 세무당국은 대대적인 세무 조사를 통해 1000억 원대의 양도소득세를 매겼다.

론스타의 청구로 시작된 소송에서 서울고법은 '론스타펀드Ⅲ 버뮤다 L.P.의 양도소득세 388억 원은 부당하다'고 판결했으며, 2월에도 서울고법에서 '양도소득세 613억 원이 부당하다'는 론스타펀드Ⅲ의 손을 들어준 바 있다.

서울행정법원도 9월에 론스타펀드 계열의 자산 관리 업체인 허드슨바이저코리아에 대한 7억 6000만 원의 법인세 부과를 취소하라고 판결했다. 부실채권에 투자하여 발생한 소득에 대해서는 과세할 근거가 없다는 것이 법원의 판단이다. 투자의 본질이 부동산이 아니라 채권 투자라는 것이 법원의 결정 이유다.

론스타는 2001년 스타타워를 매입했고, 2003년 외환은행을 사들이는 등 우리나라에서 부동산 투자의 맹위를 떨쳤다. 이때 사들인 해당 부동산과 은행 등을 처분하면서 발생한 수익에 대한 과세로 수십 건에 달하는 소송이 과세당국과 진행 중이다.

---

9) 2010. 09. 27. 인터넷 뉴스 인용

결론을 대신해서

법원 경매를 통한 이익으로 1억 4,000만 원을 실현했다고 하자. 즉 5억 원에 낙찰 받아서 6억 4,000만 원에 매각했다고 하자. 1년 미만 단기 양도 세율이 50%이다. 따라서 7,000만 원을 양도소득세로 납부해야 한다.

낙찰 받은 사람이 1가구 1주택에 해당하고, 3년 이상을 보유한 경우라면, 현행 세법에서는 공시가격 9억 원 이하인 주택에 대해서는 양도세가 비과세된다. 거래 가격이 12억 원이라면 9억 원에 대해서는 비과세이고, 나머지 3억 원에 대해서만 과세 대상이 된다.[10]

4억 8,000만 원짜리 근저당권 매입 투자에서, 부실채권과 경매 투자의 혼합 투자를 통해 3억 6,000만 원의 이익을 실현했다고 하자. 이 경우 양도세 납부 세금은 부동산 단기 매도라면 낙찰 가격과 매각 가격의 차이인 8,000만 원이다. 1주택 2년 이상 보유 후 처분이라면 이마저도 비과세 대상이다.

---

[10] 부동산 투자를 개인 명의로 할 때와 법인 명의로 할 때 양도에 따른 적용 세목과 납부세율이 다르다. 참고로 필자는 '세무사나 회계사'가 아니어서 세금 관련된 부분에는 전문적인 지식이 부족하다. 따라서 세금 관련 부분에 대해서는 실력 있는 부동산 전문 세무사의 자문을 받는 것이 투자자들에게 더 많은 이익을 가져다줄 것이다.

3장

부실채권과 경매는 수레의 양축

3장 부실채권과 경매는 수레의 양축

담보부 부실채권과 부동산 경매는 수레의 양축이자 일란성 쌍둥이다. 따라서 담보부 부실채권과 경매와의 관계를 모르고서 성공 투자는 불가능하다. 담보부 부실채권 투자에 관심을 가지는 경우 부동산 경매에 관한 기본 지식을 확실히 갖추어야 한다. 이 장에서는 부동산 경매 권리분석에 관한 기본적인 사항을 살펴보자.

경매 투자의 기본은 "말소기준" 파악하기다. 부동산 등기부 상 항상 말소기준이 되는 권리가 있고, 한정적으로 말소기준이 되는 권리가 있다. 등기부에 가장 먼저 설정된 '저당권'과 '근저당권', '담보가등기', '경매개시결정기입등기' 등은 언제나 말소기준권리가 된다.

배당 투자를 목적으로 담보부 부실채권을 매입한 투자자가 특히 신경 써야 하는 부분이 배당이다. 낮은 가격의 응찰로 저당권 매입 가격 이하로 낙찰 가격이 떨어질 수도 있다. 손해가 날 수도 있는 부분이지만, 의외로 등한시하는 분들이 있다. 부실채권 투자에서 배당받는 것을 목적으로 투자할 때나, 직접 낙찰 받는 것을 염두에 두고 투자할 때도 등기부에는 등재되지 않은 임차인의 권리를 정확히 파악할 수 있어야 한다. 소액최우선배당, 순위배당으로 저당권 등에게 돌아갈 몫이 줄어들 수 있기 때문이다.

배당표 작성과 임차인 분석은 수익률 분석의 핵심이다. 배당표 작성이 중요한 이유는 권리가 성립한 순서로 채권(돈)을 돌려주기 때문이다. 배당표 공부를 대강 넘어가 버리면 부실채권의 수익과 수익률을 산정할 수가 없고, 매입할 수도, 응찰할 수도 없다. 담보부 부실채권 투자는 경매 투자보다 배당 관계 파악이 중요하다. 경매 투자라면 낙찰자의 수익률에 영향을 주지 않는 후순위 임차인도 부실채권 투자자의 수익률에는 부정적인 영향을 미치게 되기 때문이다.

높은 수익을 올릴 수 있는 담보부 부실채권 찾는 노하우
① 경매사건 번호가 오래된 물건
② 1순위 저당권 설정 금액이 큰 물건
③ 저당권 설정이 오래된 물건
④ 경매 감정 가격과 저당권 설정액의 차이가 큰 물건
⑤ 저당권 설정 금액과 실채권 청구액의 차이가 큰 물건
⑥ 선순위 임차인이 배당 요구를 안 한 주택, 상가 물건
⑦ 임차인이 전액 배당받는 주택, 상가 물건
⑧ 특수권리가 있어 유찰이 많이 된 물건
⑨ 임차인 전입이 오래된 주택, 상가 건물
⑩ 임대 수요가 많은 지역의 임차인이 많은 다가구주택 물건
중에 보석이 숨어 있다.

『담보부 부실채권 투자는 경매 투자보다 배당 관계 파악이 더 중요하다』

01
부실채권 경매 물건 권리분석 기본

부실채권 구조를 모르고 경매를 안다고 할 수 없다. 또한 경매를 모르고 담보부 부실채권을 안다고 하는 것도 말이 안 된다.

담보부 부실채권 투자에 관심을 가지는 경우 먼저 부동산 경매에 관한 기본 지식을 가져야 한다. 이 책에서는 부동산 경매 권리분석에 관한 기본적인 사항만을 점검한다.

말소기준권리 개념 이해하기

말소기준권리를 기준으로 시간상 등기부에 먼저 이름을 올린 권리를 '선순위 권리'라 하고, 나중에 등재시킨 권리를 '후순위 권리'라고 한다. 한자인 무리 群(군) 자를 사용하는 이유는 말소기준권리가 하나가 아니라 복수라는 의미다.

A군의 권리자는 말소기준권리보다 시간상 등기부에 먼저 권리를 등기(확보)해서 선순위 권리자라 하고, B군의 권리자는 말소기준권리보다 시간상으로 나중에 권리를 확보했기 때문에 후순위라고 한다.

경매로 부동산을 취득하는 경우 낙찰자는 말소기준권리보다 나중에 등기부에 권리를 확보한 후순위자(B군 권리자)에 대해서는 금전적인 추가 부담을 하지 않는 것이 원칙이다. 그러나 선순위자(A군 권리자) 중 일부는 그들이 배당을 받지 못하거나 일부만 받는 경우 나머지 금액을 낙찰 대금과는 별도로 추가로 물어줘야 하는 권리자가 있게 된다.

유동적인 말소기준도 있다

말소기준권리에는 부동산 등기부 상 항상 말소기준이 되는 권리가 있고, 어떤 때에만 한정적으로 말소기준이 되는 권리가 있다.

등기부에 가장 먼저 설정된 '저당권'과 '근저당권', '담보가등기', '경매개시결정기입등기' 등은 언제나 말소기준권리가 된다.

'전세권'과 '압류', '가압류' 등기는 경우에 따라 말소기준권리가 되는 경우도 있고, 되지 않는 경우도 있어 주의가 필요하다.

말소기준권리보다 나중에 설정된 후순위 전세권은 언제나 말소 대상이 되어 낙찰자는 추가 부담이 없다. 전세권이 선순위인 경우에는 2가지 경우로 나누어 생각해야 한다. 건물 전체를 전세권 설정 범위로 하고 있는 선순위 전세권자가 배당 요구를 하는 경우에는 말소권리가 되어 이 권리 이후의 권리들은 말소 대상이 된다.

그러나 선순위 전세권이라 할지라도 배당 요구를 하지 않은 전세권이나 건물 일부를 범위로 하는 전세권은 말소기준이 되지 않는다. 부동산의 일부를 목적으로 하는 선순위 전세권이 말소기준이 된다면 다른 임차인들의 권리를 침해할 수 있다. 때문에 말소기준권리가 되지 않는다는 것이 확립된 견해다.

말소기준권리를 기준으로 선순위 권리가 설정되어 있는 경우라면 일단은 낙찰자가 인수해야 한다는 판단으로 권리분석에 임해야 한다.

배당과 담보부 부실채권 투자

배당 투자를 목적으로 담보부 부실채권을 매입한 투자자가 특히 신경 써야 하는 부분이 배당이다. 인수를 감안하여 낮은 가격의 응찰로 저당권 매입 가격 이하로 낙찰 가격이 떨어질 수도 있다.

후순위 권리가 설정되어 있는 경우라면 경매 결과로 말소된다. 낙찰자 추가 부담이 아니다. 후순위 임차인은 인수주의가 적용되지 않아 법적인 추가 부담 책임은 없지만, 명도 과정에서 예기치 못한 비용이 발생할 가능성이 있다. 직접 낙찰법일 때는 명도까지 완료해야 비로소 완전한 소유권 행사가 가능하게 된다.

인수주의와 말소주의

선·후순위 여부	권리 종류	등기부 등재 여부	말소 여부
선순위 권리 (인수주의 적용)	소유권이전청구권가등기	O	X
	처분금지가처분	O	X
	전 소유자의 가압류	O	△
	전 소유자의 압류	O	△
	건물 일부의 전세권	O	X
	선순위임차인임차권등기	O	X
	지상권	O	X
	지역권	O	X
	선순위 임차인	X	인수주의

	말소권리를 기준으로 ⇑ 선순위, ⇓후순위		
후순위 권리 (소제주의 적용)	소유권이전청구권가등기	O	O
	담보가등기	O	O
	저당권	O	O
	근저당권	O	O
	압류	O	O
	가압류	O	O
	지역권	O	O
	전세권	O	O
	임차인임차권등기	O	O
	처분금지가처분등기	O	O
	경매개시결정기입등기	O	O
	지상권	O	O
	후순위 임차인	X	소제주의

(O 등재됨, 말소됨 △ 유동적, X 말소 안 됨)

인수주의 적용 원칙

『인수주의 원칙』이란 말소기준이 되는 권리(대개는 1순위 저당권 등)보다 먼저 등기부에 등재된 권리를 말한다. 이들 권리는 경매가 완료되어 촉탁등기의 결과로도 말소되지 않는다. 낙찰자가 추가로 인수해야 하는 권리를 말한다.

주택이나 상가 건물의 선순위 임차인이 배당받지 못한 잔여 임차보증금이나 배당 요구하지 않은 임차인의 임차보증금도 인수 대상이다. 이를 인수주의 원칙에 따른 것이라고 한다. 담보부 부실채권 경매 물건의 저가 낙찰의 주된 원인이다. 근린주택처럼 주거용 건물과 상가용으로 혼재된 부동산은 권리분석에 더 주의해야 한다. 주거용은 주택임대차보호법, 상가 부분은 상가건물임대차보호법을 각각 적용해서 임차인 권리분석을 해야 한다.

말소주의 적용 원칙

『말소주의 원칙』이란 인수주의와 정반대로 경매가 완료되면 등기부에서 말소되는 권리를 말한다. 말소기준을 기준으로 낙찰로 인해 말소되는 것을 말한다. 주택이나 상가 건물의 후순위 임차인 역시 낙찰자의 추가 부담이 아니다.

말소되는 권리는 민법 또는 상법 등이 정하는 순서에 따라 부동산의 매각 대금 중 배당에 참여하게 된다. 등기부 상 소제주의(말소주의)가 적용되면 배당 여부에 상관없이 경료되었던 모든 권리들은 말소된다. 낙찰자는 낙찰 대금 이외의 추가 부담이 없다.

말소기준권리 여부

선·후순위 여부	권리 종류	말소 여부
① (근)저당권	최선순위일 때	후순위일 때
② 압류	최선순위일 때	후순위일 때
③ 담보가등기	최선순위일 때	
④ 경매개시 결정기입등기	다른 말소권리가 없을 때 말소권리가 됨	
⑤ 가압류	선순위로 말소될 때	후순위일 때
⑥ 전세권	건물 전체에 최선순위로 설정되고 배당 요구한 전세권	설정 범위가 건물 일부이거나, 선순위 전세권 중 배당 요구 안 한 전세권

①부터 ④까지는 항상 말소기준이고, ⑤ 가압류와 ⑥ 전세권은 경우에 따라서 말소기준이 되는 경우와 되지 않는 경우가 있다.

성립 순위 여부에 상관없이 언제나 말소되지 않는 특수권리

	권리 종류	등기부 등재 여부	말소 여부	결 과
선·후순위 상관없음	유치권	안 됨	–	항상 인수
	법정지상권	안 됨	–	항상 인수
	예고등기	됨	X	항상 인수
	분묘기지권	안 됨	–	항상 인수

다음 페이지 표(인수주의와 말소주의의 차이)에서는 나타나지 않지만 법원 경매에서 중요한 권리가 바로 성립 순위에 상관없이 말소되지 않는 특수한 권리들이다.

인수주의와 말소주의 기본 도표

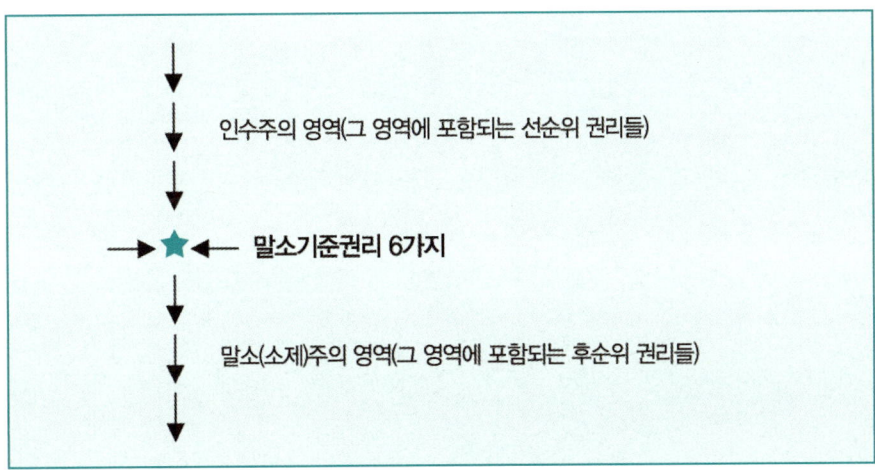

해당 등기부의 말소기준권리를 중심으로 하는 권리분석에서 제1순위 저당권 등 말소기준의 설정(경료) 일자에 따라 낙찰자의 추가 부담이 없을 수도, 떠안을 수도 있다. 제1순위 저당권 등 설정 일자(=말소기준 또는 소멸기준)는 투자의 성패를 가늠하

는 중요한 잣대가 된다. 이것이 등기부 상 선·후순위를 가르는 본질적인 의미다.

한편 경매 주택의 임차인은 채권자의 지위를 지니는데 제3자에게 자신의 임대차 관계를 주장할 수 있는 권리를 '대항력'이라고 한다. 대항력을 가진 선순위 임차인은 전 주인과 맺은 계약 기간을 인정받는다. 전 주인에게 지불한 임대차보증금을 법원 배당이나 새 주인(낙찰자)에게 전액 반환받을 때까지 비워주지 않을 권리를 가진다.

따라서 배당받는 것을 목적으로 투자할 때나, 직접 낙찰 받는 것을 염두에 두고 투자할 때도 등기부에는 등재되지 않은 임차인의 권리 행방은 담보부 부실채권 투자자에게 중요하다.

02
부동산 경매와 부실채권 배당표 작성

    민법, 민사집행법, 주택임대차보호법, 상가건물임대차보호법, 근로기준법, 국세기본법 등에서 규정하고 있는 배당순위를 보면 다음과 같다. 0~2순위까지가 최우선배당이고, 3순위가 법정기일, 요건 구비, 등기기입일, 확정일자 선후에 따른 우선(순위)배당이다.

- 0순위 : 경매 집행 비용, 민법상 비용 상환청구권
- 1순위 : 임대차보호법상 소액최우선변제 채권
- 2순위 : 근로기준법상의 임금채권 중 일정 금액(최종 3개월분의 임금과 최종 3년간의 퇴직금 및 재해보상금)
- 3순위 : 집행 목적물에 부과된 국세 및 지방세와 그 가산금(당해세)
- 4순위 : 당해세를 제외한 국세 및 지방세, 저당권·전세권·담보가등기에 의해 담보된 채권, 대항 요건과 확정일자를 갖춘 임차인의 임차보증채권
- 5순위 : 위 임금채권을 제외한 임금채권
- 6순위 : 법정기일이 전세권·저당권·질권 설정일보다 늦은 국세·지방세 등 지방자치단체의 징수금
- 7순위 : 의료보험법·산업재해보상법 및 국민연금법에 의한 보험료 등 공과금

- 8순위 : 집행력 있는 일반 채권
- 9순위 : 일반 가압류채권

배당표[1]에 관해서 근저당권자는 배당 이의를 제기할 수 있다. 주석에서 보는 것처럼 배당 사건에서 낙찰자(=부실채권 인수로 저당권자)는 이해관계인이기 때문이다.

배당표가 정상적으로 짜지지 않은 경우에는 그 손해는 낙찰자에게 돌아가게 된다. 주거용 부동산이나 상가·건물 부동산에서 배당표와 관계있는 사람들은 다음과 같다. 점유자만을 기준으로 했다.

각 권리자 배당 순서

1. 주택(상가) 경매 시 배당 순서

① 경매 비용
② 필요비/유익비 상환청구채권
③ 주택임대차보호법/상가건물임대차보호법상 소액보증금 중 일정액 15페이지 소액임차인에 대한 최우선배당표 참고
④ 근로기준법상 최우선변제권 있는 임금채권
⑤ 당해세
⑥ 일반우선채권 중 효력 발생일의 순위가 빠른 채권
⑦ 공과금은 일반우선채권 중 순위에 관계없이 가장 후순위
⑧ 일반 채권
⑨ 채권평등주의

---

1) 민사집행법 제149조(배당표의 확정) 제①항은 법원은 채권자와 채무자에게 보여주기 위하여 배당기일의 3일 전에 배당표원안(配當表原案)을 작성하여 법원에 비치하여야 한다. 제②항은 법원은 출석한 이해관계인과 배당을 요구한 채권자를 심문하여 배당표를 확정하여야 한다고 규정하고 있지만, 실무에서는 배당기일 당일에야 이해관계인이 배당표와 배당 내역을 확인할 수 있을 뿐이다. 저당권자는 배당 사건에서 이해관계인이다. 더 상세한 내용은 이 책의 범위를 벗어나기 때문에 설명을 하지 않는다. 배당 관련 서적을 통해 확실하게 공부할 필요가 있다.

2. 확정일자부 임차인 순위배당

1) 자격 요건
① 임대인 또는 임대인의 대리인과 체결한 유상계약이어야 한다.
② 전입 신고를 완료하여야 한다.
③ 임대차계약서 원본에 확정일자인을 받아야 한다.
④ 해당 주택에 입주하여 주거를 하여야 한다.
⑤ 위 ②④의 대항 요건을 계속해서 유지해야 한다.

2) 효력 발생일 : 전입일/계약일/입주일 중 제일 늦은 날 중 전입일이 가장 나중인 경우에는 익일과 비교를, 확정일자가 가장 나중인 경우에는 당일과 비교하여 늦은 날.

부실채권 배당 사건에서 이해관계인

① 채무자(소유자) : 배당에 관계없음(잉여 있는 경매에서는 자동배당).
② 보증인(소유자) : 배당에 관계없음(잉여 있는 경매에서는 자동배당).
③ 배당 요구한 선순위 임차인 : 배당 요구한 경우에 배당에 관계있음.
④ 배당 요구하지 않은 선순위 임차인 : 배당에 관계없음.
⑤ 배당 요구한 후순위 임차인 : 배당 요구한 경우에 배당에 관계있음. 경우에 따라 배당금 없음.
⑥ 배당 요구하지 않은 후순위 임차인 : 배당에 관계없음.
⑦ 경매개시결정일 이후 전입자 : 배당에 관계없음.
⑧ 주민등록(사업자등록) 없는 점유자 : 배당에 관계없음.
⑨ 낙찰자 : 배당에 관계없음.
⑩ 저당권자 : 당연 배당자로 배당에 관계있음.

이 중에서 신경을 써서 배당에 참여할 수 있게 해야 하는 사람이 『③ 배당 요구한 선순위 임차인』이다. 선순위 임차인이 배당 요구를 했다고 해서 전액 배당받는다고 할 수는 없기 때문이다. ④는 낙찰자 인수다.

배당표가 잘못 작성되는 바람에 정당하게 배당에 참여해야 할 선순위 임차인이 배당에서 누락되는 경우도 있을 수 있다.

선순위 임차인이 어떤 이유로든 배당에서 제외되는 경우에는 그 금액만큼이 낙찰자의 추가 부담으로 귀결된다. 낙찰자는 배당 현장에서 그 피해를 구제받을 수 없다. 낙찰자는 배당 사건에서 이해관계인이 아니기 때문이다.

배당 이의 순서

① 배당법정에서 배당표 수령 후 배당 내용 확인
② 배당에 이의가 있으면 즉석에서 바로 구두로 이의 제기
③ 배당 이의 대상자만을 상대로 이의 제기
④ 구두로 이의를 제기한 1주일 내에 배당 이의 소송을 제기해야 함.
⑤ 1주일 내에 배당 이의 소송을 제기하지 않으면 당초 원안대로 배당표는 확정되고 배당은 종료된다.

배당의 종류와 순서

① 최우선배당 : 주택(상가)임차인 소액보증금, 임금채권, 당해세.
② 우선(순위)배당 : 전입일자(상가는 사업자등록일), 확정일자 중 늦은 날 기준.
③ 안분배당 : 배당 가능 금액×각자 채권/채권 전체.
④ 흡수배당 : 안분배당 후 흡수배당해야 할 물권 등이 있을 때는 흡수배당까지.
⑤ 소액이동배당 : 소액최우선보호 기준 변동에 따라 소액배당금 증가.
⑥ 동시배당 · 이시배당 : 원칙은 이시(異時)배당이지만, 실무에서는 동시(同時)배당.

낙찰자도 배당에서 이해관계인이 아니다

배당에 이의가 있는 당사자에게는 배당 이의 소송 등을 통해 배당표를 바로잡게 된다. 배당장에서 잘못된 배당표를 바로잡지 못하면, 배당 이의 소송을 통해 피해를 줄여야 하는데 이 과정이 쉽지 않다. 배당 이의는 정식 소송이다. 시간과 비용이 발생하게 된다. 재판에서 이기고도 돈은 돌려받지 못하는 일도 발생한다. 따라서 배당 현장에서 마무리하는 것이 바람직하다.

낙찰자가 법원에 잔금 납부를 완료하면 법원은 배당에 참가할 수 있는 권리자들을 대상으로 배당 기일 3일 전까지 배당표를 작성해 이해관계인에게 열람할 수 있게 한다. 그러나 이는 문헌상의 규정이고, 실무에서는 배당 당일에 배당법정에서 배당표를 처음 보는 것이 일반적이다. 배당 관계 전체를 숙지하지 못하고 있으면 배당표를 받아보고도 잘못된 부분을 지적해내지 못할 가능성도 있다.

배당은 각 권리자들에게 『최우선배당[2] ⇒ 우선배당 ⇒ 안분배당』을 실시한다. 안분배당 결과 흡수배당이 필요하면 『흡수배당』까지 가게 된다.

---

[2] 최우선변제권의 배당 적용 범위 : 주택임대차보호법 및 상가건물임대차보호법상 대항력을 가진 소액임차인의 소액최우선변제 권리는 다른 물권자들보다 설령 나중에 성립했다 해도 법에 규정된 일정 금액까지 언제나 우선으로 배당한다. 또한 임대차특별법에 의해 대항요건(주택의 경우 전입·점유·채권계약, 상가 건물의 경우 사업자등록·인도·점유·채권계약)을 갖춘 소액임차인은 근로기준법에 의한 일정 기간 이하의 임금채권과 국세·지방세 등의 조세채권자와 함께 우선해 배당된다.
경매 주택의 최우선변제권자 총액이 실제 배당 가능 금액의 각 1/2를 초과하는 경우 최우선변제 대상자들의 총액을 각자의 채권 비율만큼 나눠 배당한다(국세기본법 제35조, 지방세법 제31조). 다만 소액최우선배당에서 각 채권자끼리는 동순위로 보아 흡수배당은 하지 않는다. 소액최우선임차인들은 주민등록 전입 시기의 전후에 상관없이 항상 동순위다. 즉 권리 순위에 우열이 없다. 따라서 동순위 권리자들끼리 자신의 채권을 모두 만족하지 못하는 상황이 되면 소액최우선보증금 비율에 따라 안분 배당한다.
상가 건물은 최우선변제권자 총액이 실제 배당 가능 금액의 각 1/3를 초과하는 경우 최우선변제 대상자들의 총액을 각자의 채권 비율만큼 나누어 배당하는 안분배당을 실시한다.

주택임대차보호법상의 소액최우선변제 변천 〈단위 : 만원〉

지역	구간 설정일 보호범위	구간⑤ 2001.09.15 ↕ 2008.08.20	구간⑥ 2008.08.21 ↕ 2010.07.25	구간⑦ 2010.07.26 ↕ 현재까지
서울	보증금상한	4,000 이하	6,000 이하	7,500 이하
	최우선상한	최고 1,600까지	최고 2,000까지	최고 2,500까지
과밀 억제 권역	보증금상한	4,000까지	6,000까지	6,500 이하
	최우선상한	최고 1,600까지	최고 2,000까지	최고 2,200까지
4 개 시	보증금상한	규정 없음 과밀억제권이나 기타 지역		5,500 이하
	최우선상한			1,900까지
광 역 시	보증금상한	3,500 이하	5,000 이하	5,500 이하
	최우선상한	최고 1,400까지	최고 1,700까지	최고 1,900까지
기 타	보증금상한	3,000 이하	4,000 이하	4,000 이하
	최우선상한	최고 1,200까지	최고 1,400까지	최고 1,400까지

이 표의 구간[구간⑤, 구간⑥, 구간⑦]에서 말하는 시간의 개념은 임차인의 전입일자를 기준으로 한 것이 아니다. 해당 부동산의 말소기준이 되는 저당권 등의 설정일이라는 점이다. 말소기준이 구간⑦이고 지역이 서울일 때 주택임차인의 임차보증금이 7,500만 원 이하인 경우, 배당요구를 하면 선·후순위를 따지지 않고 최고 2,500만원까지 소액최우선배당을 해준다.

주택임대차보호법상 소액최우선배당의 기준은 임차인의 전입일이 아니다. 저당권 등 말소기준일이 소액최우선변제 기준일이다. 경매개시결정기입등기일 전에 전입한 임차인은 소액최우선보호 범위에 포함된다.

소액최우선보호 임차인도 배당 요구를 해야 배당에 참여할 수 있다.

상가건물임대차보호법상의 소액최우선변제 변천

지역	구간 설정일 보호범위	구간② 2002.11.01 ↕ 2008.08.20	구간③ 2008.08.21 ↕ 2010.07.25	구간④ 2010.07.26 ↕ 현재까지
서울	환산보증금상한	2억 4,000만 원까지	2억 6,000만 원까지	3억 원까지
	보증금상한	4,500만 원까지	4,500만 원까지	5,000만 원까지
	최우선상한	최고 1,350만 원까지	최고 1,350만 원까지	최고 1,500만 원까지
과밀억제권역	환산보증금상한	1억 9,000만 원까지	2억 1,000만 원까지	2억 5,000만 원까지
	보증금상한	3,900만 원까지	3,900만 원까지	4,500만 원까지
	최우선상한	최고 1,170만 원까지	최고 1,170만 원까지	최고 1,350만 원까지
4개시	환산보증금상한	규정 없음		1억 8,000만 원까지
	보증금상한			3,000만 원까지
	최우선상한			900만 원까지
광역시	환산보증금상한	1억 5,000만 원까지	1억 6,000만 원까지	1억 8,000만 원까지
	보증금상한	3,000만 원까지	3,000만 원까지	3,000만 원까지
	최우선상한	최고 900만 원까지	최고 900만 원까지	최고 900만 원까지
기타	환산보증금상한	1억 4,000만 원까지	1억 5,000만 원까지	1억 5,000만 원까지
	보증금상한	2,500만 원까지	2,500만 원까지	2,500만 원까지
	최우선상한	최고 750만 원까지	최고 750만 원까지	최고 750만 원까지

상가 건물이 속한 지역과 임차보증금액, 말소기준권리 설정일에 따라 소액최우선배당은 상이하게 이루어진다. 상가건물임대차보호법에는 주택임대차보호법과 달리 월세 환산 규정이 있다. 「월세 × 100」의 환산 규정으로 환산된 월세도 보증금 총액에 합산하여 이 법 적용 여부를 판단한다. 말소기준이 구간④이고 지역이 서울일 때 보증금 5,000만원 월임대료(월세) 300만원에 상가를 임차했다고 하자.

상가건물임대차보호법상 월세환산규정에 의하여 이 임차인의 환산보증금액은 3억5,000만원(=보증금 5,000만원 + 월세 300만원 × 100)으로 이 법의 적용범위를 벗어난다. 상가 최우선배당 최대 범위는 배당 가능 금액의 1/3까지다.

배당표는 왜 작성하고 배당은 왜 중요한가

이유는 간단하다. 돈 받을 권리가 성립한 순서로 채권(돈)을 돌려주기 때문이다. 배당 순서는 여러 법[3]과 시행령에 규정되어 있다. 정해진 엄격한 관련법과 시행령, 기준에 따라 경매법원이 배당 실시 3일 전에 배당표를 작성한다. 작성 후 이해관계인들에게 열람시킨 다음 이의가 없으면 배당표를 확정한다. 이것을 바탕으로 배당기일에 채권을 돌려주는 것이 배당이다. 실무에서는 당일에 이해관계인들로부터 이의가 있는지를 배당표 확정 직전에 다시 한 번 확인한 다음 배당을 실시한다.

채권자들이 받아가야 할 돈이 전부 10억 원이라고 하자. 나눠줄 수 있는 돈도 10억 원이라면 굳이 순서를 정할 필요가 없을 것이다. 누구를 2번째로 주든, 5번째로 주든 순서(위)는 그다지 중요하지 않다. 채권자는 받을 돈만 다 받으면 그만일 것이다. 그러나 채권자들이 받을 돈은 10억 원인데, 나누어줄 수 있는 돈이 3억 원뿐이라면 이때는 말이 달라진다.

권리 성립 순서에 따라 나누어주(배당하)지 않는다면 혼란은 불을 보듯이 뻔하다. 나누어주던 도중에 돈(배당금)이 떨어지면 배당은 중단된다. 즉 채권 고갈로 배당은 종료된다. 더 이상 나누어주지 못하기 때문에 순서가 중요하다.

---

3) 경매 관련 법과 시행령(민법 중 물권편, 민사집행법과 시행령, 주택임대차보호법과 시행령, 상가건물임대차보호법과 시행령, 근로기준법, 국세, 지방세법 규정 등에 따라 먼저 등기부에 이름을 올린 물권이 먼저, 채권과 물권은 물권이 먼저, 주택임대차보호법의 적용이 되는 소액임차인은 저당권자보다 시간상 늦어도 먼저, 확정일자는 물권자들과 날짜 경합, 일반채권끼리는 안분배당 등)에 상세하게 규정되어 있다.

후(뒷)순위로 갈수록 배당(돈)받을 가능성이 낮아진다. 배당받지 못한 자는 불만을 표출하여 혼란을 일으킬 수 있다. 그런 혼란과 다툼을 방지하기 위해서 권리 성립 순서에 따라 분배하는 '배당'이 필요하다.

받아야 할 배당에서 저당권자가 제외되면 이해관계인으로 즉시 배당에 대해 이의를 제기해야 한다. 배당표가 잘못 작성된 경우에 배당일 당일에 대처하는 방법, 잘못 작성된 배당표로 인해서 낙찰자가 피해를 입지 않을 방법과 문제가 발생했을 때 대처 방법, 피해가 발생했을 때 손해를 줄이는 방법을 살펴본다.

담보부 부실채권 투자 잘하는 지름길

거듭 말씀드리지만 경매 이론 공부할 때 머리 아픈 것 중 하나가 배당표 작성이다. 부실채권 투자에서도 마찬가지다. 권리분석과 함께 배당표를 잘 쓰는 것이라고 듣게 되지만 유독 배당 관계는 무슨 암호문처럼 도통 알아볼 수 없게 쓰여 있다. 배당표를 써봐야 이해관계자들의 운명이 한눈에 들어온다.

부실채권 투자자로 성공하려면 이 부분은 반드시 극복해야 한다[4].

배당표 작성은 권리분석과 수익률 분석의 핵심이다. 배당표 공부를 대강 넘어가 버리면 부실채권의 수익과 수익률을 산정할 수도 없고, 매입할 수도, 응찰할 수도 없다. 투자하고자 하는 담보부 부실채권의 몸통이 주택이거나 상가 건물일 때 배당표를 정확히 작성해야 한다. 추가로 얼마를 더 인수하게 되는지를 알아야 하기 때문이다. 또한 배당표를 작성해봐야만 임차인들에 대한 전체적인 윤곽이 파악되

---

[4] 필자가 쓴 「부동산 경매배당의 모든 것(원앤원북스)」, 「부동산 경매 권리분석의 모든 것(원앤원북스)」을 참고하면 도움이 될 것이다.

고, 이에 따라 수익성 분석과 명도 대책이 나온다. 배당표 작성 시 중요한 원칙은 전체와 부분을 함께 볼 줄 알아야 한다는 점이다.

배당표를 작성할 때 확인해야 할 사항은 다음과 같다.

① 해당 부동산의 지역, ② 임차인의 임차보증금액,
③ 말소기준권리 설정일, ④ 임차인의 전입일자와 확정일자
⑤ 점유 및 영업 여부, ⑥ 배당 요구 여부
⑦ 전체 배당 가능 금액, ⑧ 해당 부동산의 실제 사용 용도다.

이와 같은 8가지 사항에 따라 소액최우선배당과 순위배당의 결과가 달라진다. 배당 결과에 따라 저당권자의 배당금에도 차이가 생긴다.

담보부 부실채권 투자에서 배당

담보부 부실채권 투자는 경매 투자보다 배당 관계 파악이 더 중요하다. 경매는 투자 목적이 '부동산'이어서 채권자들끼리 받아가는 배당에 대해서 중요도가 떨어진다. 선순위 임차인이 존재하지 않는다면 배당의 중요성은 더 낮아진다. 그러나 담보부 부실채권투자는 배당금액 여부에 따라 투자자의 투자금 회수 액이나 수익률이 달라진다. 낙찰로 소유권을 취득하는 경매투자와 다른 점이다.

경매 배당에서 후순위 임차인도 최우선배당에는 참가할 수 있다. 소액임차인은 권리 설정 순서에 상관없이 저당권자 등보다 일정액을 우선 배당받는다. 후순위 임차인에게 배당되는 금액만큼 부실채권 투자자에게는 배당 금액이 줄어들게 된다. 경매 투자라면 낙찰자의 수익률에 영향을 주지 않는 후순위 임차인도 배당금 수령을 통해 수익을 내려는 부실채권 투자자의 수익률에는 부정적인 영향을 미치게 된다.

03
낙찰 가격 예상을 통해 본 매입 가격 예측

    일부 유료 경매 정보 회사에서는 현재 담보부 부실채권 물건에 대한 정보를 제공하고 있다. 담보부 부실채권 투자자들에게 다행이고 유익하다.

    이 물건은 담보부 부실채권 물건(중앙21계 2011-27197)으로 경매가 진행되고 있다. 누구나 만날 수 있는 물건이다.

    경매 정보지 검색을 통에서 이 물건을 발견했다고 가정하자. 이 물건의 가치를 파악해보고, 부실채권 매입 여부를 판단하기로 했다고 하자.

① 어떤 임대차 특별법이 적용되고(용도 분석),

② 어떤 기준으로 등기부 상 권리분석을 하고(권리분석),

③ 등기부 상 권리자와 임차인에게 어떻게 배당이 되고(배당 분석),

④ 소요 시간과 수익률을 예상하며(수익 분석),

⑤ 매입 가격을 어떻게 산정하는지를 살펴보아야 한다(가격 산정).

담보부 부실채권 투자의 핵심 사항이다.

경매 정보지를 보고 부실채권 매입 가격 산정하기

중앙21계 2011-27197 상세정보

소 재 지	서울 동작구 노량진동 ???-??? 도로명주소				
경 매 구 분	임의(기일)	채 권 자	우리은행	매 각 기 일	12.07.03 (10:00) [8 일]
용 도	다가구주택	채무/소유자	박종산	다 음 예 성	12.08.07 (302,052,000)
감 정 가	589,944,700	청 구 액	244,369,570	경매개시일	11.09.22
최 저 가	377,565,000 (64%)	토지총면적	114 ㎡ (34.48평)	배당종기일	11.12.06
입찰보증금	10% (37,756,500)	건물총면적	199.59 ㎡ (60.38평)	조 회 수 조회통계	금일2 공고후52 누적733

우편번호및주소/감정서	물건번호/면 적(㎡)	감정가/최저가/과정	임차조사	등기권리
156-050 서울 동작구 노량진동 ???-??? ●감정평가서정리 -벽돌조평슬래브지붕 -근린시설및다가구옥 단독주택 -노량진초등교남측인 근위치 -인근단독주택,다세 대주택밀집소재 -차량접근가능 -대중교통이용가능 -제반교통사정보통 -부정형등고평탄지 -남서측도로에의하여 접근가능 -보일러에의한난방 -3종일반주거지역 -가축사육제한구역 -대공방어협조구역 -정비구역 -재정비촉진지구 2011.10.06 재우감정 표준공시지가 : 2,870,000 감정지가 : 4,400,000	물건번호: 단독물건 대지 114 (34.48평) 건물 •1층다가구주 택 67.29 (20.36평) 1가구 •2층다가구주 택 57.21 (17.31평) 1가구 •지층가내수공 업 67.29 (20.36평) 현:주택 2가구 •옥탑 7.8 (2.36평) 1가구 연면적제외 2층-93.10.15보존	감정가 589,944,700 •대지 501,600,000 (85.02%) (평당 14,547,564) •건물 88,344,700 (14.98%) (평당 1,463,145) 최저가 377,565,000 (64.0%) ●경매진행과정 589,944,700 ① 유찰 2012-02-14 20%↓ 471,956,000 ② 유찰 2012-03-20 20%↓ 377,565,000 ③ 변경 2012-04-24 377,565,000 ③ 진행 2012-07-03	●법원일차조사 김창호 전입 2000.10.06 확정 2000.10.06 배당 2011.10.06 100,000,000 (보) 주거/1층방3 서양은 전입 2003.11.13 확정 2003.11.13 배당 2011.11.24 (보) 30,000,000 주거/지층방1 최상권 전입 2004.01.28 확정 2004.01.28 배당 2011.10.05 (보) 60,000,000 김순희 전입 2010.06.17 확정 2010.06.17 배당 2011.10.05 (보) 30,000,000 김경순 전입 2011.05.31 확정 2011.05.31 배당 2011.10.19 (보) 55,000,000	소유권 박종상 2001.05.02 전소유자:박정 저당권 우리은행 [공동] 금호동 2008.09.16 144,000,000 저당권 우리은행 [공동] 금호동 2009.05.28 36,000,000 저당권 우리은행 [공동] 금호동 2009.12.03 22,800,000 저당권 서울신용보증 [공동] 영등포 2010.03.09 57,000,000 저당권 우리은행 [공동] 금호동 2010.08.27 60,000,000 가압류 서울신용보증 [공동] 영등포 2011.05.27 16,250,000 임 의 우리은행 [공동] 여신관리부 2011.09.22 *청구액:244,369,500

중앙법원 2011- 27197 경매 물건 개요

- 경매 법원 : 서울중앙법원 경매 21계
- 주 소 : 서울시 동작구 노량진동 232 -***
- 종 별 : 다가구주택
- 임차인 존재 : 있음(별도 권리분석 필요)
- 경매 감정 가격 : 599,944,700원
- 응찰최저가격 : 377,565,000원(64%)
- 입찰 보증금 : 10%(37,756,500원)
- 경매신청권자 : 우리은행
- 채무자 : 박종*
- 1순위 설정 금액 : 144,000,000원
- 우리은행 채권 총액 : 2억 6,280만 원
- 청구액 : 244,369,500원
- 토지 총면적 : 114㎡(34.48평)
- 건물 총면적 : 199.59㎡(60.38평)
- 총 층수 : 반지층, 1, 2층, 옥탑.
- 임차인 현황 : 총 5가구, 경매지 참조.
- 말소기준권리 : 2008. 09. 16 - 저당권자 우리은행
- 입찰 예정일 : 2012. 07. 03
- 특이 사항 : 재정비촉진지구이다.

이와 같은 기본 정보를 전제로 이 경매 물건의 저당권 매입 여부를 판단해보자.

1) 용도 및 권리분석

등기부상 말소기준권리인 제1순위 우리은행 저당권 설정일(2008.09.16)보다 먼저

설정된 가처분등기, 가등기가 없다. 따라서 말소기준권리를 기준으로 매각(낙찰)으로 인한 소유권이전촉탁등기 시 모든 권리는 말소된다. 해당 부동산은 임차인이 존재하는 주택이다. 따라서 주택임대차보호법을 적용하여 임차인 권리분석을 해야 한다.

2) 임차인 분석

	임차인	전입일자	확정일자	배당요구	보증금
선순위임차인	김창호	2000. 10. 16	2000. 10. 06	했음	1억 원
	서양은	2003. 11. 13	2003. 11. 13		3천만 원
	최상권	2004. 01. 28	2004. 01. 28		6천만 원
말소기준권리 : 2008. 09. 16, 우리은행 저당권 - 설정금액 : 1억4,400만원					
후순위임차인	김순희	2010. 06. 17	2010. 06. 17	했음	3천만 원
	김경순	2011. 05. 31	2011. 05. 31		5,500만 원

해당 부동산은 주택이다. 따라서 주택임대차보호법의 적용을 받는다.

말소기준권리 설정일인 2008.09.16 우리은행 저당권보다 먼저 해당 부동산에 전입하여 대항력을 확보하고 있는 선순위 임차인은 김창호, 서양은, 최상권이다. 해당 경매물건의 소재지가 서울특별시이고, 말소기준권리설정일이 구간⑥(이때는 임차인의 임차보증금액이 6,000만 원 이하일 때 각 임차인당 최고 2,000만원까지 소액최우선배당)이다. 따라서 소액최우선배당을 받는 임차인은 서양은, 최상권, 김순희 김경순이다. 이 주택의 임차보증금액 총액은 1억 9,000만 원이다. 배당을 통해 이들이 배당받지 못한 금액이 발생하면 낙찰자가 추가로 인수해야 한다. 후순위 임차인은 김순희, 김경순이다.

3) 배당표 작성 연습

순위	채권자	채권액	배당금액	배당이유	잔액	추가배당	결과
1	서양은	3,000만 원	2,000만 원	소액 임차인	1,000만 원	있음	추가 배당
1	최상권	6,000만 원	2,000만 원		4,000만 원		
1	김순희	3,000만 원	2,000만 원		1,000만 원	없음	잔액 명도
1	김경순	5,500만 원	2,000만 원		3,500만 원		
2	김창호	1억 원	1억 원	확정임차인	-		전액 배당, 배당 완료
3	서양은	1,000만 원[5]	1,000만 원	확정임차인	-		전액 배당, 배당 완료
4	우리은행	1억 4,400만 원	1억 4,400만 원	제1저당권자	-		전액 배당, 배당 완료
5	우리은행	3,600만 원	3,600만 원	제2저당권자	-		전액 배당, 배당 완료
6	우리은행	2,280만 원	1,000만 원	제3저당권자	1,280만 원		채권 고갈, 배당 종료

* 편의상 3억 8,000만 원에 낙찰되었다고 하고, 경매 비용 등 다른 조건은 무시하자.
* 제1저당권(우리은행/금호동) 이하는 배당 여부와 상관없이 등기부 상 말소됨.

이 부동산이 3억 8,000만 원에 낙찰되었다고 가정하면 부실채권 투자자가 경매를 통해 배당받을 수 있는 최대 금액이 1억 9,000만 원(순위 4, 5, 6) 이하다. 편의상 경매 비용 등을 제외했지만 실제로는 당해세 등 등기부에 등재되지 않은 권리들까지 배당에 참가하게 된다. 그 액수만큼 저당권자에게 배당되는 금액은 줄어들게 된다. 담보부 부실채권 투자에서 배당표 작성이 중요한 이유가 바로 이점이다. 배당표를 작성할 줄 모르면 배당을 통해 얼마를 회수할까를 알 수 없다. 또한 임차인이 있는 부실채권물건은 추가 인수금액 파악도 배당표를 통해서 가능하다.

총 4건, 장부 가격 2억 6,280만 원짜리 우리은행 저당권을 투자자가 할인받아 2억 원에 매입했다면 1,000만 원 이상의 손해를 보게 된다.

---

5) 배당 순위 3위인 서양은까지 배당된 금액이 1억 9,000만 원이다. 다음 배당 순서가 등기부상 1순위 저당권이다.

부실채권 매입 가격을 정하기 전에 해당 물건의 배당표를 작성해봐야 비로소 매입 가격의 기준을 정할 수 있음을 알 수 있다. 배당금 수령법 투자 리스크가 이 부분이다. 담보부 부실채권 매입의 가격 결정은 현재에서 하지만, 낙찰 가격은 미래에서 결정되기 때문이다.

수익률로 부실채권 매입 가격 결정하기

「2011-27197」의 경매 물건이 4억 원에 낙찰되었고, 저당권자보다 먼저 배당되는 금액을 경매 비용 포함하여 2억 원이라고 가정하자.
① 11% 수익률 기대할 때 : 부실채권 매입 가격은 1억 8,000만 원이다.
② 25% 수익률 기대할 때 : 부실채권 매입 가격은 1억 6,000만 원이다.
③ 50% 수익률 기대할 때 : 부실채권 매입 가격은 1억 3,340만 원이다.
④ 100% 수익률 기대할 때 : 부실채권 매입 가격은 1억 원이다.

매각(낙찰) 가격 예상으로 부실채권 매입 가격 결정하기

「2011-27197」의 저당권자보다 먼저 배당되는 금액을 경매 비용 포함하여 2억 원이라고 하고, 예상 수익을 5,000만 원이라고 하자.
① 3억 5천만 원에 낙찰될 것으로 예상되면, 매입 가격은 1억 원이다.
② 4억 원에 낙찰될 것으로 예상되면, 매입 가격은 1억 5,000만 원이다.
③ 4억 5천만 원에 낙찰될 것으로 예상되면, 매입 가격은 2억 원이다.
④ 5억 원에 낙찰될 것으로 예상되면, 매입 가격은 2억 5천만 원이다.

「2011-5534」 담보부 부실채권 우수 물건

동부1계 2011-5534 상세정보

병합/중복	중복:2011-16305(국민은행)				
소 재 지	서울 광진구 광장동 581 자이 101동 3층 301호 도로명주소				
경매구분	임의(기일)	채 권 자	삼미상사	매 각 기 일	12.08.06 (10:00) [42 일
용 도	아파트	채무/소유자	함학구외	다 음 예 정	12.09.17 (655,360,000)
감 정 가	1,600,000,000	청 구 액	260,000,000	경매개시일	11.04.19
최 저 가	819,200,000 (51%)	토지총면적	78.75 ㎡ (23.82평)	배당종기일	11.06.27
입찰보증금	10% (81,920,000)	건물총면적	158.26 ㎡ (47.87평)[60 평형]	조 회 수 조회통계	금일1 공고후64 누적29?
주 의 사 항	• 토지별도등기 • 토지에 관하여 별도등기 있음 • (갑구1-1번 금지사항 부기등기)				

우편번호및주소/감정서	물건번호/면적(㎡)	감정가/최저가/과정	임차조사	등기권리

143-210
서울 광진구 광장동
581 자이 101동 3층
301호
 	
- 감정평가서정리
- 광남초등학교북서측
  인근위치
- 인근학교,근린생활
  시설등소재
- 단지내버스(정)인근
  소재
- 대중교통여건보통
- 차량출입가능
- 부정형토지
- 단지내도로접함
- 도시가스개별난방
 	
- 도시지역
- 3종일반주거지역
- 경관지구
- 중심미관지구
- 가로구역별최고높이
  제한지역
(세부사항은건축과
에문의)
	물건번호: 단독물건
	대
	지 78.7525/9199.7
	(23.82평)
	건물 158.26
	(47.87평)
	공용:주-40.29,
	부-95.89
	23층-08.12.19보
	존
		감정가 1,600,000,000
		• 대지 688,000,000
		(43%)
		(평당 28,883,291)
		
		• 건물 912,000,000
		(57%)
		(평당 19,051,598)
		
		최저가 819,200,000
		(51.2%)
		
		●경매진행과정
		1,600,000,000
		① 유찰 2012-03-19
		
		20%↓ 1,280,000,000
		② 유찰 2012-04-30
		
		20%↓ 1,024,000,000
		③ 유찰 2012-06-18
		
		20%↓ 819,200,000
		④ 진행 2012-08-06
			●법원임차조사
			*목적물 소재지에 출장한
			바,문이 잠겨있고 거주자
			가 부재중이여서 조사하지
			못 하였음. 관할 동사무소
			에 주민등록등재자를 조사
			한 바, 소유자 함학구가 등
			재되어있음.
			
			●지지옥션세대조사
			09.03.10 함학구
			동사무소확
			인:2012.03.07
				소유권 함학구외
				저당권 국민은행
				구의남
				2009.04.13
				1,020,000,00
				저당권 한국자산관리
				2009.05.08
				104,000,000
				저당권 신용보증기금
				의정부
				2009.10.16
				59,400,000
				저당권 베미의류??
				2010.02.24
				300,000,000
				저당권 미래상호저축
				사당동
				2010.05.11
				91,000,000
				저당권 삼미상사
				2010.10.29
				260,000,000
				임 의 삼미상사
				2011.04.19
				*청구액:260,000,0
				임 의 국민은행

법원경매 감정 가격과 1순위 저당권 설정가격과 차이가 큰 물건이다.

「2011-5534」 문건 처리 및 저당권 이전 내역

사건번호 : 서울동부지방법원 본원1계 2011타경5534
서울특별시 광진구 광장동 581, 광장자이아파트 101동 ?층 ?01호

문건처리내역

접수일	접수내역	결과
2011.04.20	등기소 서울동부지방법원 등기과 등기필증 제출	
2011.04.20	기타 삼미상사 주식회사(법무사 김민용사무소) 보관금영수증 제출	
2011.04.27	기타 신한일감정평가사사무소 감정평가서 제출	
2011.04.28	기타 집행관 이영종 현황조사서 제출	
2011.05.04	압류권자 국(의정부세무서) 교부청구 제출	
2011.05.06	교부권자 국(성동세무서) 교부청구 제출	
2011.05.06	압류권자 국(의정부세무서) 교부청구 제출	
2011.05.11	채권자 삼미상사 주식회사 보정서 제출	
2011.05.11	근저당권자 미합중국인 베미이프먼호 배당요구신청 제출	
2011.05.11	근저당권자 미합중국인 베미이프먼호(베머호) 주소보정 제출	
2011.05.16	교부권자 국(성동세무서) 교부청구 제출	
2011.05.16	교부권자 국(광진구청) 교부청구 제출	
2011.05.18	근저당권자 주식회사 미래상호저축은행 채권계산서 제출	
2011.05.18	채권자 삼미상사 주식회사 보정서 제출	
2011.05.19	압류권자 국(의정부세무서) 교부청구 제출	
2011.06.10	교부권자 서울특별시광진구 교부청구 제출	
2011.06.10	교부권자 서울특별시광진구 교부청구 제출	
2011.06.14	채권자 삼미상사 주식회사 보정서 제출	
2011.06.17	채권자 삼미상사 주식회사 보정서 제출	
2011.06.22	근저당권자 신용보증기금 채권계산서 제출	
2011.06.24	배당요구권자 신한카드주식회사 권리신고및배당요구신청 제출	
2011.07.01	압류권자 국(의정부세무서) 교부청구 제출	
2011.09.19	채권자 삼미상사 주식회사 보정서 제출	
2011.10.07	채권자 삼미상사 주식회사 주소보정 제출	
2011.10.07	채권자 삼미상사 주식회사 주소보정 제출	
2011.11.04	근저당권자 한국자산관리공사 채권자변경신고 제출	
2011.12.28	근저당권자 주식회사 국민은행 열람및복사신청 제출	
2012.01.18	근저당권자 우리이에이제13차유동화전문유한회사 (양도인:국민은행) 근저당권자변경신고 제출	
2012.01.30	근저당권자 우리아에이제13차유동화전문유한회사 (양도인:국민은행) 근저당권자변경신고 제출	
2012.02.20	채권자 삼미상사 주식회사 부동산임의경매 속행신청서 제출	
2012.03.14	압류권자 국(의정부세무서) 교부청구 제출	

2011. 11. 04, 2012. 01. 30에 채권자(저당권자) 변경 신청이 있었다. 저당권을 인수한 AMC에게 국민은행과 한국자산관리공사가 저당권 권리를 이전하고 있는 것이다.

서울동부법원 2011-5534 경매 물건 개요

- 경매 법원 : 서울동부법원 경매 1계
- 주소 : 서울시 광진구 광장동 581, 자이 101- 3**호
- 종별 : 주상복합 아파트
- 임차인 존재 : 없음(임차인 권리분석 필요 없음)
- 경매감정 가격 : 1,600,000,000원
- 응찰최저가격 : 819,200,000원(51.2%)
- 입찰 보증금 : 10%(81,920,00원)
- 경매신청권자 : 우리은행, 삼미상사
- 채무자 : 함**
- 1순위 설정 금액 : 1,020,000,000원
- 국민은행 채권 총액 : 1,020,000,000원
- 청구액 : 1,020,000,000원
- 토지 지분 : 78.75㎡(23.82평)
- 건물 총면적 : 158.26㎡(47.87평)[60평형]

서울동부법원 2011-5534 부실채권 개요

- 저당권 매각(2011.11.04) : 국민은행 ⇒ 한국자산관리공사
- 저당권 재매각(2012.01.18) : 한국자산관리공사 ⇒ 우리이제이에이치제13차유동화전문회사.

이 경매 물건에서 당초 저당권자 국민은행이 가지고 있던 모든 권리는 「우리이제이에이치제13차유동화전문회사」로 이전되었다.

담보부 부실채권 투자에 필요한 자금 조달 방법

서울동부법원 2011-5534 경매 물건을 통해 부실채권 투자 매입 후 직접 낙찰법을 통해 채권 투자에서 소유권 투자까지에 소요되는 자금 규모와 조달 방법을 살펴보자.

2012.08. 「우리이제이에이치제13차유동화전문회사」로부터 제1순위 국민은행 저당권(채권최고액 1,020,000,000원)을 할인율 20%를 적용하여 8억 원에 채무 인수 방식으로 매입하기로 하였다고 하자.

저당권 매입 가격의 90%인 7억 2천만 원은 저당권부 질권 대출 방식으로 대출받기로 하고 10%인 8,000만 원을 현금 지급하기로 하였다면, 저당권 매입 시 소요되는 자금은 8,000만 원이다.

입찰 시에 필요한 자금 조달 방법

2012.08.06에 최저입찰가격 819,200,000원일 때, 10억 원에 입찰하여 최고가격 입찰로 낙찰 받았다고 하자. 이때 필요한 입찰보증금은 81,920,000원으로 8,200만 원이라고 하자. 입찰보증금은 경매입찰보증보험제도를 이용한다면, 보증서 발급에 필요한 수수료로 약 74만 원 정도 소요된다. 따라서 입찰에는 74만 원이 소요되었다.

보증보험 제도를 이용하여 입찰보증금을 충당하는 경우 사전에 보증보험회사에 문의하여 가능여부를 확인하여야 한다. 물건이나 입찰자에 따라서는 보증보험증서 발급이 불가능한 경우도 있다.

잔금 납부 시에 필요한 자금 조달 방법

① 상계로 처리하기

잔금 납부일에 납부해야 하는 잔금은 응찰 가격에서 입찰보증금액을 뺀 금액이다. 10억 원 응찰하였고, 입찰보증금액이 81,920,000원이다.

납부해야 할 잔금은 약 9억 2천여만 원이라고 하면, 받을 금액과 납부해야 할 금액을 상계 처리하여 잔금 납부를 마무리하면 된다. 10억 2천만 원 이하로 응찰하는 경우 저당권자는 추가로 동원되는 자금이 없게 된다.

② 경락 잔금으로 처리하기

저당권 소유자가 직접 낙찰법으로 입찰에 응찰해서 최고가 매수인이 된 다음, 잔금 납부 시 상계 신청을 하고자 할 때, 다른 이해관계자가 이에 이의를 제기하면 법원은 낙찰자에게 잔금 납부를 하게 한다. 즉 상계 신청을 허락하지 않는다.

그럴 경우 낙찰자는 일단 경락 잔금 융자를 통해서 잔금을 납부한 다음, 배당일에 받은 배당금으로 부실채권 매입 시 받았던 저당권부 질권 대출을 상환하게 된다. 이때 입찰보증보험으로 보장받았던 81,920,000원도 상환하게 된다. 그 결과 해당 소유권은 부실채권에 투자했다가 낙찰 받은 부실채권 투자자에게 이전된다. 채권자가 저당권부 질권자에서 경락 잔금 융자 금융기관으로 바뀐다.

③ 소요된 자금 총정리하기

경매 감정 가격이 16억 원 정도인 주상복합아파트에 딸린 저당권을 인수해서, 낙찰을 통해 소유권을 취득하기까지 실제 소요된 자기 자금 총액은 다음과 같다. 저당권 인수할 때 필요한 약 8,200만 원과 입찰보증보험료, 경락 잔금 수수료와 소유권 이전에 필요한 제세공과금 정도다. 약 1억 2천만 원 정도로 보면 된다.

처분해서 수익 실현하기[6]

이 물건을 급매 가격인 14억 원에 매각했다고 하자.

경락 잔금 융자 시 받았던 10억 원은 금융기관이 대출금 회수 명목으로 회수해 간다. 따라서 투자자는 10억 원을 뺀 4억 원을 실제로 수령하게 된다. 양도 차액이 4억 원이다. 부동산 단기 매각에 따른 양도소득세율을 50%라고 하자. 기초공제 등을 감안해서 1억 6천만 원을 양도소득세로 납부한다면, 2억 4천만 원의 수익이 발생한 것이 된다.

수익률 계산하기

이 건 투자에서 부실채권 투자자가 실제 동원한 자기 투자금은 1억 2천만 원 정도이고, 투자 원금 200%인 2억 4천만 원 정도를 투자 수익으로 실현하였다. 부실채권 투자가 경매 투자보다 상대적으로 자기 자금 동원이 작다는 것을 알 수 있다.

예로 든 사례의 가격이 16억 원이어서 부담스러운 투자자는 감정 가격을 1억 6천만 원짜리 물건으로 가정하고 투자 논리를 전개하면 된다.

즉 1,200만 원 투자로 자기 투자금의 약 두 배(2,400만 원)의 세후 투자 수익이 실현된다는 것을 이해하면 된다.

---

[6] 편의상 세부적인 비용은 산정하지 않았다. 매도에 따른 부동산 중개 수수료 등이 빠졌다는 말이다.

04
부실채권 투자 성공 사례 실패 사례

투자 사례를 통해 투자 방법을 확인해보자. 앞의 2011-5534는 아직 낙찰로 처분 가격이 정해지지 않은 경우에서 투자 흐름을 가정해보았다. 중앙5계 2010-25***는 낙찰로 인한 회수 가격이 결정된 부실채권 물건이다. 담보부 부실채권은 권리상 하자가 거의 없다. 최초 채권자인 금융기관이 등기부 상 하자나 선순위 권리가 있다면 대출에 응하지 않기 때문이다. 즉 자신들이 제1순위 저당권을 설정하는 조건으로 융자에 응한다. 따라서 담보부 부실채권 투자에서 실패할 여지가 있는 부분은 "낙찰 가격 예측"을 잘못하는 것이 대부분이다.

당초 예상보다 높은 가격에 낙찰된다면 부실채권 투자자는 자신의 근저당권 채권최고액까지 배당받을 수 있다. 그러나 예상보다 낮은 낙찰 가격은 손해로 연결될 수도 있다. 다음 페이지의 설정금액 1억 8,000만 원짜리 저당권을 1억 5,000만 원에 매입하면 배당을 통해서 채권최고액인 1억 8,000만원까지 배당을 받을 수 있다. 다만 임차인인 김용점보다 배당순위가 늦다. 따라서 만약 이 물건의 낙찰가격이 3억 4,000만 원 이하라면 저당권매입자는 원금손해를 입게 된다.

낙찰 사례로 본 부실채권 투자

중앙5계 2010-25☐☐☐ 상세정보

소 재 지	서울 서초구 방배동 488-2 정광빌라 6층 ☐☐☐호 **도로명주소**				
경매구분	임의(기일)	채 권 자	하나은행	낙찰일시	12.05.15
용 도	아파트	채무/소유자	진☐☐	낙찰가격	385,030,000
감 정 가	600,000,000	청 구 액	180,000,000	경매개시일	10.09.07
최 저 가	245,760,000 (41%)	토지총면적	53.26㎡ (16.11평)	배당종기일	10.12.02
입찰보증금	20% (49,152,000)	건물총면적	109.96㎡ (33.26평)	조회수 조회통계	금일2 공고후536 누적2☐☐

우편번호및주소/감정서	물건번호/면적(㎡)	감정가/최저가/과정	임차조사	등기권리
137-060 서울 서초구 방배동 488-2 정광빌라 6층 ☐☐☐호 ●감정평가서정리 - 동덕여중고교남동측인근 - 주위다세대및연립주택,삼성래미안아파트,근린생활시설,동덕여자중고교및임야지대형성 - 제반차량출입양호 - 버스(정)인근소재,대중교통사정보통 - 가스보일러의한개별난방 - 부정형완경사지 - 북동측약6m도로접함 - 도시지역 - 대공방어협조구역 (위탁고도:77-257m) - 과밀억제권역 - 상대정화구역(토지전산망내용참고사항일뿐교육청반드시확인요망) - 2종일반주거지역 2010.09.15 대성감정	물건번호:단독물건 대지 53.26/958.8 (16.11평) 대지권미등기 건물 109.96 (33.26평) 방3,욕실2,발코니3 7층-09.03.10보존 남동향,타워형	감정가 600,000,000 · 대지 270,000,000 (45%) (평당 16,759,777) · 건물 330,000,000 (55%) (평당 9,921,828) 최저가 245,760,000 (41.0%) ●경매진행과정 600,000,000 ① 유찰 2011-01-11 20%↓ 480,000,000 ② 변경 2011-02-15 480,000,000 ② 유찰 2011-03-22 20%↓ 384,000,000 ③ 변경 2011-04-26 384,000,000 ③ 유찰 2011-12-27 20%↓ 307,200,000 ④ 낙찰 2012-01-31 385,030,000 (64.2%) - 응찰:1명 - 낙찰자:진☐☐ 허가 2012-02-07	●법원임차조사 김용점 전입 2009.07.23 확정 2009.07.27 배당 2010.11.17 (보) 190,000,000 주거/601호 점유 2009.7.23- *점유자 ☐☐☐의 처 서진경에 의하면, 소유자는 거주하지 않고 목적물 전부를 ☐☐☐과 ☐☐☐ 가족이 점유사용한다고 하며, 임차인은 ☐☐☐이나 임차보증금 1억9,000만원중에 ☐☐☐의 돈이 포함되어 있어 본건 부동산에 ☐☐☐ 가족도 2010.1.4.부터 같이 거주한다고 함. 총보증금:190,000,000 ●지지옥션세대조사 세 09.07.23 김☐☐ 세 10.01.04 은☐☐ 동사무소확인:2011.01.04	소유권 진☐☐ 2010.06.17 저당권 하나은행서초 180,000,000 2010.06.17 가압류 김창호 2010.06.23 226,737,231 가압류 양언자 2010.08.05 120,000,000 임 의 하나은행 여신관리부 2010.09.08 *청구액:180,000,0☐☐ 저당권 우리F N I제17 동화전문 2011.10.07 180,000,0☐☐ 등기부채권 526,737,200 열람일자 : 2011.10.☐☐

서울중앙법원 2010-255** 경매 물건 개요

- 경매 법원 : 서울중앙법원 경매 5계
- 주소 : 서울시 서초구 방배동 488-2, 정광빌라 60*호
- 종별 : 아파트
- 건물 현황 : 7층 중 6층(방3, 욕실 2)
- 임차인 존재 : 선순위 있음(임차인 권리분석 필요)
- 확정일자 : 확정일자 있음.
- 배당 요구 여부 : 배당 요구 했음.
- 등기부 상 권리 : 촉탁말소로 모든 권리 말소.
- 추가 인수 여부 : 추가 인수 없음.
- 경매 감정 가격 : 600,000,000원
- 응찰최저가격 : 245,760,000원(41%)
- 입찰 보증금 : 20%(49,152,000원)
- 매각 가격 : 385,030,000원
- 입찰 경쟁률 : 단독 응찰
- 경매신청권자 : 하나은행
- 채무자 : 장**
- 1순위 설정 금액 : 180,000,000원
- 등기부 채권 총액 : 526,737,200원
- 청구액 : 180,000,000원
- 토지 지분 : 53.26㎡(16.11평)
- 건물 총면적 : 109.96㎡(33.26평)
- 특이 사항 : 재매각 사건

서울중앙법원 2010-255** 부실채권 개요

- 저당권 매각(2011. 10. 07) : 하나은행 ⇒ 우리F&I 제17차유동화전문회사

이 경매 물건에서 당초 저당권자 하나은행이 가지고 있던 모든 권리는 「우리F&I 제17차유동화전문회사」로 이전되었다.

단독 입찰인데 7,800만 원을 더 쓴 이유

2011.01.31 입찰일에 낙찰자는 단독 응찰하면서 당일최저가격(307,200,000원)보다 약 7,800만 원을 더 쓴 385,030,000원에 응찰하고 있다. 혹시 잘못 응찰했다고 생각될 수도 있다. 결론은 정상적으로 응찰하였다. 고가 입찰의 이유는 배당표를 작성해보면 이해하게 된다.

임차인 포함 등기부 상 권리분석

	권리자	전입일자	확정일자	배당요구	채권액
임차인	김용점	2009. 07. 23	2009. 07. 27	했음	1억 9,000만 원

말소기준권리 : 2010. 06. 17. 하나은행 저당권 - 설정금액 : 1억8,000만원

가압류 2010. 06. 23 김창호, 압류액 226,737,231원

가압류 2010. 08. 05 양언자, 압류액 120,000,000원

임의경매 하나은행 2010. 09. 06. 채권청구액 180,000,000원

저당권 이전 2011. 10. 27. 우리F&I 제17차유동화전문회사

말소기준권리인 2010.06.17. 하나은행 저당권을 기준으로 말소되지 않는 등기부상 권리는 없다. 임차인 김용점은 배당을 통해 자신의 임차보증금 전액을 배당받는다. 말소기준권리 이후 가압류 2건은 안분배당을 통해 일부를 배당받는다.

배당표 작성

순위	채권자	채권액	배당금액	배당이유	잔액	추가배당	결과
1	경매 비용	500만 원	500만 원	최우선배당	–		전액 배당
2	김용점	1억 9,000만 원	1억 9,000만 원	확정임차인	–		전액 배당
3	하나은행	1억 8,000만 원	1억 8,000만 원	저당권자	–		전액 배당
4	김창호	226,737,000원	660여만 원	가압류권자		2억 2,100만 원, 일부 배당	
4	양언자	120,000,000원	3340여만 원	가압류권자		1억 1,660만 원 일부 배당	

* 편의상 당해세 등은 무시하자.
* 제1저당권(하나은행/서초동) 이하는 배당 여부와 상관없이 등기부 상 말소됨.
* 권리순위 4번인 김창호와 양언자는 안분배당에 참여하고 있다.

자금 동원 및 입찰 전략

낙찰자가 저당권을 우리F&I로부터 인수하였다. 따라서 낙찰자는 잔금 납부일에 자신이 배당받을 1억 8천만 원은 상계 처리한다. 나머지 금액은 1억 3,587만 원[= 응찰 가격(385,030,000원)−(입찰보증금 + 받을 저당권 금액 상계분)]이다. 이 잔금은 경락 잔금 융자로 충당한다.

낙찰로 인한 소유권 취득에 필요한 총 매입 가격을 4억 원이라고 하고, 5억 5천만 원에 매도하여, 매각 차액이 1억 5천만 원 발생했다고 하자. 입찰 당일 최저 가격인 3억 700만 원에 응찰했다면 양도 차액이 2억 4,300여만 원이다. 취·등록세율과 양도소득세 비율 중 과세 비율이 낮은 취·등록세를 선택한 것이다. 고가 응찰의 전략이 바로 이 점이었다.

낮은 낙찰 가격으로 인한 손해가 발생한 사례

동부3계 2011-28 상세정보

소 재 지	서울 송파구 송파동 144-14 1층 도로명주소				
경매구분	강제(기일)	채 권 자	희망모아유동화전문	매각기일	12.07.30 (10:00) [35일]
용 도	다세대	채무/소유자		다음예정	12.09.10 (49,152,000원)
감 정 가	150,000,000	청 구 액	86,737,520	경매개시일	11.03.02
최 저 가	61,440,000 (41%)	토지총면적	0 m² (0평)	배당종기일	11.05.13
입찰보증금	20% (12,288,000)	건물총면적	49.14 m² (14.86평)	조회수 조회통계	금일1 공고후99 누적466

주의사항
- 건물만입찰
- 1. 본건 목적물은 지층,1층,2층으로 된 반지하 다세대주택이나 지층은 102호 1층은 202호 2층은 302호로 표시되어 있고, 따라서 본건 현관표찰이 202호 표기되었으나 사실은 1층 102호 임.
- 2. 최저매각가격은 건물만의 평가임. 대지사용권이 없으므로 건물만 매각
- 3. 매수보증금은 최저매각가격의 20%임.

우편번호및주소/감정서	물건번호/면적(m²)	감정가/최저가/과정	임차조사	등기권리
138-170 서울 송파구 송파동 144-14 1층 (통칭:202호) ●감정평가서정리 -건물만입찰 -벽돌조경사슬래브지붕 -송파초등학교동측인근 -주변다세대및다가구주택,단독주택및근린시설등혼재하는주택지대 -차량출입가능 -버스(정)인근소재 -석촌역(8호선)이용가능 -대중교통사정무난 2011.03.15 정우감정	물건번호: 단독물건 대지권없음 건물 49.14 (14.86평) 방2,화장실1 2층-86.10.25보존 남서향	감정가 150,000,000 ·건물 150,000,000 (100%) (평당 10,094,213) 최저가 61,440,000 (41.0%) ●경매진행과정 150,000,000 ① 유찰 2011-10-24 20%↓ 120,000,000 ② 유찰 2011-12-05 20%↓ 96,000,000 ③ 유찰 2012-01-30 20%↓ 76,800,000 ④ 낙찰 2012-03-12 88,500,000 (59%) - 응찰 : 1명 허가 2012-03-19	●법원임차조사 최문호 전입 2001.10.05 확정 2001.10.05 배당 2011.05.11 (보) 50,000,000 *소재지에 출장한 바,문이 잠겨있고 거주자가 부재중이어서 조사하지 못 하였음. 관할 동사무소에 주민등록등재자를 조사한 바, 세대주 최임길이 등재되어 있음. 102호(표찰은 202호)이나 사실은 102호임. 앞집인 201호 주민에 의하면 자신의 집도 201호로 표기되어 있으나 사실은 101호라고 진술(202호 세대주가 최임길이라고 진술)	소유권 1996.03.19 가압류 김충교 2002.12.09 24,500,000 압 류 송파구 2006.05.22 압 류 국민건강보험 송파지사 2008.07.02 가압류 신한카드 2010.07.14 63,856,583 가압류 상록수제1차 통합AMC팀 2010.09.28 29,218,662 강 제 희망모아유동 문 2011.03.02 *청구액:86,737,500 등기부채권 117,575,200

물건 분석과 권리 분석, 예상 배당표 분석 등을 잘못하여 실패한 부실채권 투자 사례를 보자.

대지권 없는 다세대 물건

서울 송파 지역의 소형 다세대주택이다. 소유권 투자를 염두에 두고 부실채권을 매입한 경우 이런 물건은 일단 투자 가치는 인정해도 좋다. 지역이나 임대 수요, 물건 규모 등은 나쁘지 않다.

주의사항란을 보면 건물만 경매 목적물이다. 대지권은 없는 물건이다. 전 낙찰자가 잔금 납부를 포기하고 입찰보증금을 날린 재경매 물건이다. 입찰보증금은 당일최저가격의 20%이다.

이 부동산의 등기부를 보면 가압류가 최선순위다. 안분배당이 진행된다. 2006.05.22에 압류된 송파구청의 조세채권은 당해세일 가능성이 높다. 당해세라면 압류 순위에 상관없이 배당 가능 금액 중 1/2까지는 최우선배당이다.

2008.07.02에 압류한 국민건강보험의 채권은 일반 채권이다. 일반 압류 채권은 순위배당에 참가하여 채권을 회수한다.

대지권 없는 다세대 물건의 권리 순서

	권리자	전입일자	확정일자	배당요구	채권액
임차인	최문호	2001. 10. 05	2001. 10. 05	했음	5,000만 원

말소기준권리 : 2002. 12. 09, 김충교 가압류 – 압류금액 : 2,450만 원

압류 2006. 05. 22 송파구청, 압류액, 세목, 법정기일 미상

압류 2008. 07. 02 국민건강보험공단 압류액, 압류 이유 미상

가압류 신한카드 2010. 07. 14, 가압류액 63,856,583원

가압류 상록수제1차통합 2010. 09. 28, 가압류액 29,218,662원

강제경매신청 희망모아유동화전문회사 2011. 03. 02, 청구액 86,737,500원

대지권 없는 다세대 경매 물건 예상 배당표

순위	채권자	채권액	배당금액	배당이유	추가배당	결과
1	경매비용	300만 원	300만 원	0순위배당	-	전액 배당
2	송파구청	50만 원	50만 원	최우선배당	-	전액 배당
3	최문호	5,500만 원	5,500만 원	확정임차인	-	전액 배당
3	국민건강	500만 원	500만 원	법정기일	-	전액 배당
4	김충교	2,450만 원	521여만 원	가압류권자	1,929만 원	안분배당 일부 배당 일부 손해
4	신한카드	63,856,583원	1,358여만 원	가압류권자	5,027만 원	
4	상록수	29,218,662원	621여만 원	가압류권자	2,300만 원	

* 매각 대금은 8,850만 원이다.
* 경매 비용은 300만 원이라고 하고,
* 송파구청 압류는 재산세라고 가정하고 50만 원이라고 하자.
* 국민건강보험공단의 압류액은 500만 원이라고 하자.
* 배당 가능 금액은 8,000만 원이다.
* 제1가압류(김충교) 이하는 배당 여부와 상관없이 등기부상 말소됨.
* 등기부 상 가압류 총액은 117,575,200원이다.

* 안분 배당식

$\Rightarrow$ 배당 가능 금액 $\times \dfrac{\text{각자 채권}}{\text{채권 총액}}$ 이다.

* 김충교 : 2,500만 원 $\times \dfrac{2,450만 원}{117,575,200원} = 521$여만 원

* 신한카드 : 2,500만 원 × $\frac{6,386만 원}{117,575,200원}$ = 1,358여만 원

* 상록수제1차 : 2,500만 원 × $\frac{2,922만 원}{117,575,200원}$ = 621여만 원

으로 배당이 완료된다. 따라서 부실채권에 투자하는 경우 누구의 가압류를 인수한다고 해도 손실이 발생하는 물건이다. 다만 할인 매입 등으로 매입 가격이 달라진다면, 손해액도 달라질 수 있다.

높은 수익을 올릴 수 있는 담보부 부실채권 찾는 노하우

① 경매 사건 번호가 오래된 물건
② 1순위 저당권 설정 금액이 큰 물건
③ 저당권 설정이 오래된 물건
④ 경매 감정 가격과 저당권 설정액의 차이가 큰 물건
⑤ 저당권 설정 금액과 실채권 청구액의 차이가 큰 물건
⑥ 선순위 임차인이 배당 요구를 안 한 주택, 상가
⑦ 임차인이 전액 배당받는 주택, 상가 물건
⑧ 특수권리가 있어 유찰이 많이 된 물건
⑨ 임차인 전입이 오래된 주택, 상가 건물
⑩ 임대 수요가 많은 지역의 임차인이 많은 다가구주택

낙찰가율 75%까지 떨어져… 지난달 날린 대출금만 624억

집값 하락, 투자 심리 위축으로 금융기관에 담보로 잡힌 아파트를 경매로 처분하고도 빚을 갚지 못하는 '깡통' 아파트가 속출하고 있다. 경매정보업체 '지지옥션'은 9일, 금융기관을 비롯한 채권자들이 법원 경매를 통해 담보물인 아파트를 처분하고도 대출금을 회수 못 한 금액이 지난 6월 한 달에만 623억 7000만 원에 달한다고 밝혔다. 지난달 채권 미회수 금액 규모는 작년 1월 이후 최고 수준이다. 특히 작년 같은 기간(293억 2000만 원)보다 미회수 금액이 2배 이상 늘었다. 올 상반기 미회수 금액(2126억 2000만 원) 역시 작년 상반기(1736억 8000만 원)에 비해 더 많았다. 경매 시장에서 채권자의 미회수 금액이 증가한 것은 2007년 이후 주택 경기 침체와 함께 수도권 아파트값이 지속적으로 떨어진 데다, 최근 부동산 투자 심리마저 위축되면서 경매 낙찰 가격도 내려갔기 때문이라는 분석이다. 작년 6월 80.4%였던 낙찰가율(감정가 대비 낙찰 가격 비율)은 지난달 75.4%까지 떨어졌다. 경기도 분당 신도시에 사는 A씨는 2008년 5월 한 저축은행에서 당시 시세가 11억 9500만 원이었던 '탑마을 대우아파트'(전용면적 164㎡)를 담보로 10억 7500만 원을 대출받았다. 그러나 대출금을 갚지 못해 이 아파트는 경매에 들어갔고 지난달 5억 8533만 원에 팔렸다. 저축은행으로서는 담보물을 처분하고서도 대출금 4억 8967만 원을 받지 못하게 된 셈이다.[7]

이처럼 저당권(매입) 가격 이하로 낙찰 가격이 떨어지면 부실채권 투자자가 원금마저 다 회수하지 못해 손해가 나는 구도다.

⇒ 저당권 매입 가격 ≥ 배당받은 금액 : 투자자 손해

⇒ 저당권 매입 가격 ≤ 배당받은 금액 : 투자자 이익 구도다.

---

7) 2012. 07. 10일 자 조선일보 기사 인용.

05
투자 사례로 본 특수물건 배당표 작성법

배당표 작성 난이도는「채무자 거주 아파트 경매 물건 ⇒ 임차인 있는 연립·다세대주택 ⇒ 임차인 다수인 일괄 경매 다가구주택 ⇒ 임차인 다수인 토지별도등기 있는 다가구주택 ⇒ 임차인 다수인 법정지상권 성립 여지 있는 다가구주택 ⇒ 임차인 다수인 일괄 경매 근린주택 ⇒ 임차인 다수인 토지별도등기 있는 근린주택 ⇒ 임차인 다수인 법정지상권 성립 여지 있는 근린주택」순이다.

중급이상 배당난이도

「토지별도등기 있는 경매 물건」의 배당표부터가 중급 수준의 난이도다.「임차인 다수인 토지별도등기 있는 근린주택」부터가 중상위 난이도로 분류되고, 가압류가 말소기준일 때도 난이도는 높다.

다음에 보는 물건은 토지별도등기 있는 경매 물건이다. 토지 1순위 저당권 설정일과 건물 1순위 저당권의 설정일이 다른 주택, 근린주택, 상가 건물의 부실채권을 인수하는 경우 배당표 작성법이다.

토지별도등기 있는 다가구주택

동부6계 2000-19902 상세정보 (조회:9회)

경매구분	임의경매	채권자	화양동(새)	경매기일	01.10.15
청구액	45,000,000	채무자	지해보	다음예정일	03.09.01
용도	주택	소유자	지해보	배당종기일	
보증금	20	진행횟수	9회 (유찰 : 3회)	경매개시일	

주소 ■감정평가내역	연적 (단위:㎡)	경매가 진행내역	임차내역	등기부상의 권리관:
서울특별시 광진구 화양동○○ 5○ ■감정평가내역 - 벽돌조슬래브 - 다가구용주택 - 한아름쇼핑센터 북서측인근소재 - 버스(정),건대입구역 도보3-5분소요 - 장방향토지 - 도시가스보일러난방 - 남서측폭3m도로접 - 일반주거지역 감정평가액 대지:130,560,000원 건물:56,363,700원 제시:7,155,000원 00.09.15 아세아감정 표준공시지가 : 1,130,000 감정지가 : 1,200,000	대 108.8 (32.9평) (32.9평) · 1층 59.96 (18.1평) (방3,화장실2) · 2층 56.33 (17평) (방3) · 지층 59.96 (18.1평) (방3,화장실2) (총 53.3평) · 제시외현관 1.1 (0.3평) · 다용도실 8.5 (2.6평) · 옥탑주택 24.6 (7.4평) (총 10.3평) (96.1.17보존) <<2계에서 이관>>	최초가 194,078,700 최저가 99,368,280 (51.2%) ------------ 변경 00.10.28 유찰 00.11.25 유찰 01.01.06 낙찰 01.02.12 130,040,000 낙찰 01.04.21 131,020,000 유찰 01.06.18 미진 01.07.23 낙찰 01.09.03 123,000,000 낙찰 01.10.15 133,000,000 -응찰자수:5명 -낙찰자명:임효택	전입일 96.01.15 류수안 2900만 확정일 96.01.15 배당일 00.09.02 (임차권자) 전입일 97.03.20 오동성 4300만 확정일 97.03.13 배당일 00.10.25 전입일 96.02.21 신용특 3800만 확정일 99.01.12 배당일 01.02.02 배당철 회일 01.04.23 전입일 96.04.10 유영종 2500만 확정일 96.04.02 배당일 00.10.21 배당철 회일 01.04.23 (지하1호) 전입일 97.03.06 배정미 2300만 확정일 96.01.07 배당일 01.07.18 전입일 진태복 (2층일부-소유 자)	가압류 농협중앙(전용등기) 지산지점 1997.03.27 3억 외2건합:14795 강 제 농협중앙 1997.10.24 압 류 성동세무 1998.12.16 임차권 류수안 1999.03.22 2900만 임 의 화양동새 2000.08.31 청구:45,000,00 · 근저당권확인바랍니다 · 토지저당:95.11.17

토지 저당권 설정일자와 건물 저당권 설정일자가 서로 다르다.

임차인 포함 등기부 상 권리분석

	권리자	전입일자	확정일자	배당요구	채권액
토지기준말소권리 : 1995.11.17 화양동새마을 저당권 - 설정금액 4,800만 원					
토지 제2저당권 : 1995.12.22 화양동새마을 저당권 - 설정금액 2,400만 원					
임차인	류수만	96.01.15	96.01.15	했음	2,900만 원
임차인	오동성	97.03.20	97.03.13	했음	4,300만 원
임차인	신용득	96.02.21	99.01.12	배당철회	3,800만 원
임차인	유명종	96.04.10	96.04.02	배당철회	2,500만 원
임차인	배정미	97.03.06	98.01.07	했음	2,300만 원
건물기준말소권리 : 1997.03.27, 농협 저당권 - 설정 금액 : 3억 원 외 1,479만 원					
압류 성동세무서 1998.12.16, 압류액, 세목, 법정기일 미상					
임차권 류수만 1999.03.22 임차보증금 2,900만 원					
임의경매 화양동새마을 2000.08.31, 채권청구액 4,500만 원					

이 경우처럼 단독-다가구주택(근린주택 포함)의 토지등기부 설정일과 건물등기부 설정일이 다른 상태에서 일괄 경매가 진행되는 경우, 문제는 배당이다. 두 가지가 문제가 된다.

소액임차인의 소액최우선배당 기준을 토지등기부를 기준으로 하는가, 건물등기부로 하는가에 따라 최우선배당금이 달라진다.

또 하나는 말소기준권리 적용을 토지등기부로 하는가, 건물등기부로 하는가에 따라 임차인의 지위가 달라진다. 즉 토지저당권을 말소기준으로 한다면 이 주택 임차인 모두가 후순위가 된다. 건물저당권을 기준으로 말소권리를 삼는다면 임차인 모두 선순위 임차인이다. 어떤 부동산을 말소기준으로 삼는가에 따라 권리분석 내용이 달라진다.

이 경우처럼 토지등기부와 건물등기부의 저당권 설정내역이 서로 다른 경우는 주로 「단독주택-다가구주택-근린주택」에서 나타나지만, 간혹 집합건물에도 이런 형태의 등기부가 있다.

임차인에게 유리하게 잡는다

토지와 건물의 등기부 설정 내역이 다를 경우(토지별도등기 있는 경우) 선-후순위 임차인 결정의 기준은 임차인에게 유리한 등기부를 기준으로 한다. 따라서 이 경우처럼 토지저당권이 먼저인 경우에는 건물등기부 제1순위 권리 설정일보다 먼저 전입 등 대항력을 갖춘 임차인은 선순위 임차인이다.

소액최우선변제의 기준도 임차인에게 유리한 등기부를 인용한다

지역은 서울이고, 토지 1순위 저당권 설정이 2009년(이 경우 소액 최우선배당의 임차보증금 6,000만 원 이하인 임차인에게 최고 2,000만 원까지 배당)이고, 건물 1순위 저당권 설정이 2012년(이 경우 소액 최우선배당의 임차보증금 7,500만 원 이하인 임차인에게 최고 2,500만 원까지 배당)이라면, 건물저당권이 소액최우선배당의 기준이 된다. 주택이나 상가건물의 임대차계약에 있어 계약일반을 규정하고 있는 민법조항에 우선하여 적용되는 『특별법』인 「주택임대차보호법」이나 「상가건물임대차보호법」의 입법취지를 생각해보면 이와 같이 적용하는 것의 의미가 이해된다.

토지저당권 설정일자가 1995년 11월이다. 지역은 서울이다. 따라서 소액최우선배당은 임차인의 보증금액이 3,000만 원 이하인 임차인에게 최고 1,200만 원까지 배당해준다. 여기에 해당하는 임차인이 류수만, 배정미다. 소액임차인에 해당하더라도 배당 요구를 하지 않는 임차인에게는 소액최우선배당도 해주지 않는다. 전체 배당표는 다음과 같다.

토지별도등기 있는 다가구주택 배당표

순위	채권자	채권액	배당금액	배당이유	추가배당	결과
1	경매 비용	300만 원	300만 원	0순위배당	–	전액 배당
2	류수만	3,000만 원	1,200만 원	최우선배당	1,800만 원	일부 배당
2	배정미	2,500만 원	1,200만 원	최우선배당	–	일부 배당
3	화양동새	4,500만 원	4,500만 원	저당권자	–	전액 배당
4	화양동새	2,400만 원	2,400만 원	저당권자	2,400만 원	전액 배당
5	류수만	1,800만 원	1,800만 원	확정일자부	–	전액 배당
6	오동성	4,300만 원	1,900만 원	확정일자부	2,400만 원	일부 배당

* 매각 대금은 1억 3,300만 원이다.
* 경매 비용은 300만 원이라고 하고,
* 성동세무서 압류는 무시했다.
* 토지등기부는 1995. 11. 17일 화양동새마을금고 저당권이 말소기준이다.
* 건물등기부는 1997. 03. 27일 농협중앙 가압류가 말소기준이다.

배당 후 추가 인수

배당 요구를 철회하여 배당에 참가하지 못한 임차인(신용득 4,300만 원 + 유명종 2,500만 원)의 임차보증금 6,800만 원과 배당을 통해서 일부 보증금만을 회수한 오동성의 배당 잔액(2,400만 원)은 대항력 있는 선순위 임차인이다. 인수주의가 적용된다. 인수주의가 적용된다는 말은 경매로 소유권을 취득한 다음 낙찰대금과는 별도로 추가로 금전부담을 해야 한다는 것이다.

이 물건에서 추가로 인수하게 되는 임차보증금액 9,200만 원과 응찰 가격 1억 3,300만 원을 합산한 2억 2,500만 원이 매입 원가다. 부실채권 투자자가 건물 1순위 가압류 채권을 인수했다면 인수 금액 전체가 손실로 된다.

법정지상권 성립 여지 있는 물건이 담보부 부실채권일 때

동부5계 2001-18586 상세정보

소 재 지	서울 광진구 노유동 3-8 도로명주소				
경매구분	강제(기일)	채 권 자	동부지청	낙찰일시	02.06.10 (종결:02.09.2)
용 도	대지	채무/소유자	지부와	낙찰가격	95,500,000
감 정 가	93,060,000	청 구 액	24,000,000	경매개시일	01.12.19
최 저 가	93,060,000 (100%)	토지총면적	84.6 ㎡ (25.59평)	배당종기일	
입찰보증금	응찰가의 10%	건물총면적	0 ㎡ (0평)	조 회 수 조회통계	금일1 공고후67 누적148
주 의 사 항	• 법정지상권				

우편번호및주소/감정서	물건번호/면적(㎡)	감정가/최저가/과정	임차조사	등기권리

143-300
서울 광진구 노유동 3-8
●감정평가서정리
-건국웨딩타운남측
기존주택지대
-버스(정),건대역소재
-자루형토지
-동측4m도로일부접함
-일반주거지역
-지구단위계획(상세계획)구역
02.01.04 경일감정
표준공시지가:
1,100,000
감정지가:1,100,000
	물건번호: 단독물건
	대 84.6
	(25.59평)
	(25.59평)
	(현:일부도로)
	본지상에동일
	소유자의주택1동
	(연면적:47.14)소재
	법정지상권성립
	여지있음
		감정가 93,060,000
		최저가 93,060,000
		       (100.0%)
		●경매진행과정
		        93,060,000
		① 변경 2002-05-06
		        93,060,000
		① 낙찰 2002-06-10
		        95,500,000
		        (102.6%)
		- 응찰 : 1명
		종결 2002-09-27
			●법원인차조사
			박윤용 전입 2001.04.30
			      확정 2001.05.14
			      배당 2002.05.09
			      (보) 30,000,000
			      (주민등록등재자)
			
			변일구 전입 2001.06.30
			      확정 2001.06.30
			      배당 2002.05.19
			      (보) 23,000,000
			      (주민등록등재자)
			
			총보증금:53,000,000
				근저당 기업은행
				   건대역
				   2000.03.08
				   48,000,000
				
				근저당 기업은행
				   건대역
				   2000.03.30
				   78,000,000
				
				강 제 동부지청
				   2001.12.19
				*청구액:24,000,000
				근저당이전:2002.02.

이 물건처럼 토지만 경매 대상이 되어 법정지상권 성립 여지가 있는 경우에는 임차인의 배당 여부가 부실채권 투자자의 수익성에 문제가 된다. 토지만 매각 대상인 경우에도 토지·건물의 일괄 경매와 마찬가지로 임차인이 있다면, 임차인은 소액최우선배당, 순위배당에 참여하여 배당을 받는다. 저당권을 인수한 사람에게 돌아올 몫이 작아진다.

등기부 상 권리 분석 및 권리 순서

	권리자	전입일자	확정일자	배당요구	채권액
토지말소기준권리 : 2000.03.08 기업은행 저당권 – 설정 금액 4,800만 원					
토지 제2저당권 : 2000.03.30 기업은행 저당권 – 설정 금액 7,800만 원					
임차인	박윤용	2001.04.30	2001.05.12	했음	3,000만 원
임차인	변일구	2001.06.30	2001.06.30	했음	2,300만 원
경매신청권자 서울동부지청 2001.12.19 – 청구액 2,400만 원					

 법정지상권 성립 여지가 있는 경매 물건의 매각 대상은 토지만이다. 건물 임차인 박윤용과 변일구에게 배당을 해주는가가 쟁점이다. 해주지 않는 경우를 보자. 배당해주지 않는다면 다음과 같은 배당표가 작성된다.

주택 임차인이 배제된 배당표

순위	채권자	채권액	배당금액	배당이유	추가배당	결과
1	경매 비용	250만 원	250만 원	0순위배당	–	전액 배당
2	기업은행	4,800만 원	4,800만 원	저당권자	–	전액 배당
3	기업은행	7,800만 원	4,500만 원	저당권자	3,300만 원	일부 배당

* 편의상 당해세 등은 무시하자. 저당권자 기업은행도 경매 신청을 했다.
* 제1저당권(기업은행) 이하는 배당 여부와 상관없이 등기부 상 말소됨.

 주택 임차인에게 배당을 해주지 않는다면 담보부 부실채권을 인수한 투자자에게 배당되는 금액이 9,300여만 원이다. 그러나 배당을 해준다면 다음과 같은 배당표가 작성된다.

주택 임차인에게 배당을 해준 배당표

순위	채권자	채권액	배당금액	배당이유	추가배당	결과
1	경매 비용	250만 원	250만 원	0순위배당	–	전액 배당
2	박윤용	3,000만 원	1,200만 원	소액임차인	1,800만 원	일부 배당
2	변일구	2,300만 원	1,200만 원	소액임차인	1,100만 원	일부 배당
3	기업은행	4,800만 원	4,800만 원	저당권자	–	전액 배당
3	기업은행	7,800만 원	2,100만 원	저당권자	5,700만 원	일부 배당

* 편의상 당해세 등은 무시하자. 저당권자 기업은행도 경매 신청을 했다.
* 제1저당권(기업은행) 이하는 배당 여부와 상관없이 등기부 상 말소됨.

주택 임차인 박윤용과 변일구를 포함해서 배당을 진행한다면 이런 배당표가 작성되고 배당된다. 소액최우선배당에 참여하게 된다. 앞의 배당표와 비교해보면 저당권자에게 2,400만 원이 덜 배당되고 있는 것을 볼 수 있다. 이 배당표가 올바른 배당표다.

법정지상권 성립의 여지가 있는 물건의 배당에서 임차인이 존재하는 경우, 해당 임차인은 소액최우선배당과 순위배당에 모두 참여한다. 따라서 임차인을 배당에 포함시켜 배당한 배당표가 옳다. 다만 주택임대차보호법의 보호 대상이 되는 채권적 임차인에게만 해당되는 논리다. 토지만 경매될 때 건물에 전세권을 설정한 물권인 전세권자는 배당에 포함되지 않는다. 법정지상권 성립의 여지가 있는 경매물건에서 토지만의 매각대금으로 경매대상이 아닌 건물의 임차인에게 소액최우선배당과 순위배당을 해주는 것 역시 「임대차보호법」의 입법취지에 부합한다. 이 경우 투자측면의 특징은 다른 책을 통해서 더 공부할 가치가 있다.

저당권을 인수한 부실채권 투자자에게는 6,900만 원이 배당된다. 부실채권 투자에서 정확한 배당표를 작성할 수 있어야 하는 이유다.

등기부에 등재된 가압류 성질

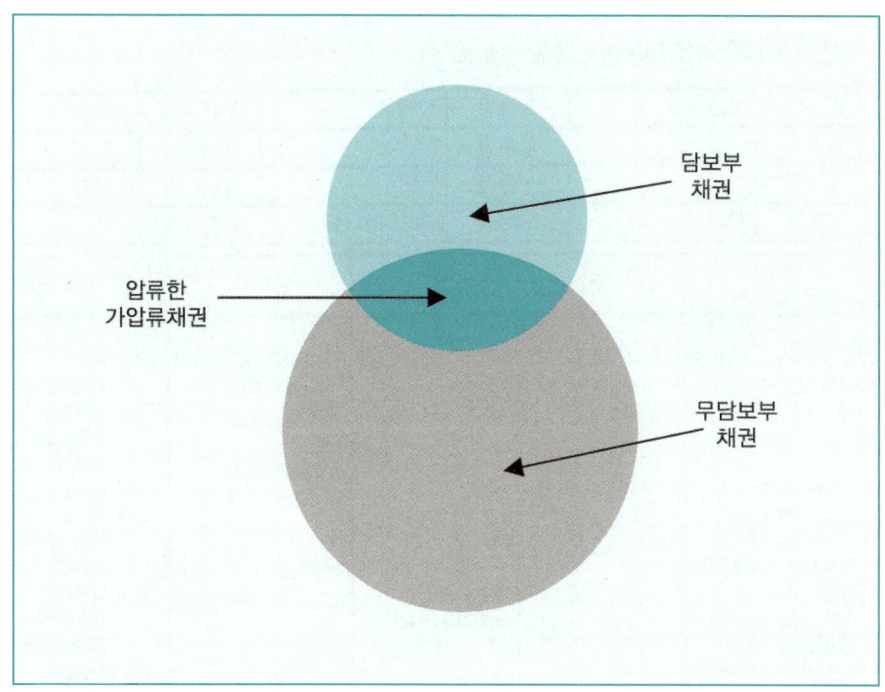

 등기부에 등재된 가압류 채권도 무담보부 부실채권이다. 그러나 압류하지 못한 무담보 채권에 비해서는 채권 회수 가능성이 높다. 다음 페이지 「2003-10750」의 박규순에서 삼성카드까지 가압류가 여기에 해당된다. 경매개시결정기입등기일 이후에 채무자의 등기부에 가압류를 설정한 경우에는, 배당 기일 전에 해당 경매계에 배당 요구서와 채권 계산서를 제출해야 한다.
 안분배당을 통해 배당금이 확정되면 채무자를 상대로 지급 명령이나 본안 소송을 제기해서 법원으로부터 확정 판결을 받은 다음, 판결 결정문을 경매계에 제출하여 배당금을 수령하면 된다.

등기부 설정 가압류 채권은 안분배당

중앙3계 2003-10750 상세정보 (조회:209 회)

경매구분	임의경매	채권자	국민은행	경매기일	03.10.28
청구액	9,100,000	채무자	박저기	다음예정일	03.12.02
용도	다세대	소유자	박저기	배당종기일	03.08.25
보증금	10%	진행횟수	2회 (유찰:1회)	경매개시일	

주소 ■감정평가내역	면적 (단위:㎡)	경매가 진행내역	임차내역	등기부상의 권리
서울 관악구 봉천동 485-28번지,-31,-32,-36,-77 현대빌리 나동 2층 202호 ■감정평가내역 - 벽돌조슬래브(평) - 구암초등교북측인근 - 단독,다세대,아파트등 혼재 - 자동차진입가능,대중교통사정보통 - 버스정류장도보4-5분소요 - 사다리형토지 - 도시가스보일러개별난방 - 차량출입가능한도로개설 감정평가액 대지:32,000,000원 건물:48,000,000원 03.05.10 서초감정	대지 40.59/217 (12평) 건물 45.9 (13.8평) 방3,욕실경화장실1 2층-89.11.8보존 계단식	최초가 80,000,000 최저가 64,000,000 (80.0%) ------------ 유찰 03.09.23 낙찰 03.10.28 86,000,000 -응찰자수:4명 -낙찰자명:안창화	전입일 99.04.06 이태재 4500만 1차확 99.04.06 정일 배당일 03.08.18	소유권 박저기 1989.12.15 저당권 국민은행 주택봉천동 1989.12.18 910만 가압류 박규순 2001.03.13 3200만 가압류 외환카드 강북채권팀 2002.01.26 675만 가압류 국민카드 남부관리영업 2002.03.29 400만 가압류 국민은행 카드영업부 2002.05.24 455만 가압류 삼성카드 강서채권2팀 2002.07.27 1913만 임 의 국민은행 남부엔피엘 2003.05.02 청구:9,100,00

등기부에 압류한 가압류 채권은 배당에 참여해서 안분배당으로 자신의 채권을 회수하게 된다. 담보부 채권과 무담보부 채권의 중간 지대에 있다.

중앙3계 2003-10750 권리 순서

	권리자	전입일자	확정일자	배당요구	채권액
제1저당권 : 1989.12.15 국민은행 - 설정금액 910만 원					
임차인	이태재	1999.04.06	1999.04.06	했음	4,500만 원
가압류 2001. 03. 13 박규순, 압류액 3,200만 원					
가압류 2002. 01. 26 외환카드, 압류액 675만 원					
가압류 2002. 03. 29 국민카드, 압류액 400만 원					
가압류 2002. 05. 24 국민은행, 압류액 455만 원					
가압류 2002. 07. 27 삼성카드, 압류액 1,913만 원					
경매신청권자 국민은행 남부앤피엘 2003.05.02 - 청구액 910만 원					

낙찰 대금은 8,600만 원이고, 경매 집행 비용은 184만 원, 대금 납부에서 배당일까지 기간 동안 발생한 이자가 11,000원이다. 따라서 실제 배당 가능한 금액은 8,427만 원이다.

주택 임차인이 포함된 배당표

순위	채권자	채권액	배당금액	배당이유	추가배당	결과
1	경매 비용	184만 원	184만 원	0순위배당	-	전액 배당
2	국민은행	13,746,601원	910만 원	저당권자	-	전액 배당
3	이태재	4,500만 원	4,500만 원	확정임차인	-	전액 배당

* 관악구청 당해세가 143,000원 배당되었다.

이 단계까지 배당된 금액이 5,435만 원이다. 따라서 가압류들을 대상으로 할 안분배당의 배당 가능 금액은 약 3,176만 원이다.

중앙3계 2003-10750 경매 물건 가압류권자

가압류 설정 내역	권리순위
가압류 2001. 03. 13 박규순, 압류액 3,200만 원	동순위로 안분배당에 참가한다.
가압류 2002. 01. 26 외환카드, 압류액 675만 원	
가압류 2002. 03. 29 국민카드, 압류액 400만 원	
가압류 2002. 05. 24 국민은행, 압류액 455만 원	
가압류 2002. 07. 27 삼성카드, 압류액 1,913만 원	
총 5건 가압류 총액 6,643만 원	

등기부상 가압류 금액이고, 다음 표가 채권 원금이다.

중앙3계 2003-10750 경매 물건 가압류권자 채권 원금액

가압류 설정 내역	권리순위
가압류 2001. 03. 13 박규순, 압류액 3,200만 원	동순위로 안분배당에 참가한다.
가압류 2002. 01. 26 외환카드, 압류액 675만 원	
가압류 2002. 03. 29 국민카드, 압류액 401만 원	
가압류 2002. 05. 24 국민은행, 압류액 456만 원	
가압류 2002. 07. 27 삼성카드, 압류액 1,913만 원	
총 5건 가압류 총액 6,645만 원	

※ 안분배당식은 다음과 같다.

$$\text{배당가능금액} \times \frac{\text{각자 채권}}{\text{채권총액}}$$

안분배당 계산 내역

순위	채권자	채권액	배당금액	배당이유	잔액	배당 비율
4	삼성카드	19,135,030원	6,851,815원	가압류자	12,283,215원	35.80%
	외환카드	6,750,268원	2,417,116원		4,333,152원	35.80%
	국민카드	4,009,161원	1,435,588원		2,573,573원	35.80%
	국민은행	4,559,373원	1,632,607원		3,926,766원	35.80%
	박규순	32,000,000원	17,688,984원		14,311,016원	55.27%

배당 가능 금액은 3,176만 원이고, 5건의 가압류 총액은 6,645만 원이다. 삼성카드에서 국민은행까지 안분배당을 통해 자기 채권 대비 35.80%의 비율로 배당을 받고 있다. 가압류권자인 박규순은 좀 특이하다. 자기 채권 대비 55.27%를 배당받고 있다.

카드채나 신용 대출 채권은 본래는 무담보 채권이다. 그러나 이 경우처럼 등기부에 가압류 형태로 채권 담보를 확보하는 경우에는 채권 회수 가능성이 높아진다.

금융기관은 경매를 통해서도 회수하지 못한 채권(삼성카드 약 1,229만 원, 외환카드 433만 원, 국민카드 258만 원, 국민은행 393만 원)은 더 이상 담보를 확보할 수 없는 무담보부 부실채권으로 편성되어 다른 부실채권과 함께 또 다시 부실채권 시장을 통해 매각된다.

박규순이 이 같은 잔존 채무 부실채권을 매각한다는 것은 현실적으로 쉽지 않다. 무담보부 부실채권을 인수한 일반 투자자도 채무자의 개인 재산이 없다면 잔존 채무 회수는 쉽지 않다.

무담보부 부실채권 추심에 의한 불법채권추심 문제는 민감한 부분이다. 무리한 채권추심은 불법을 범할 가능성이 발생한다.

배당표 실물을 보자.

2003-10750 배당표 실물

서울지방법원 배당표

사 건 2003타경10750 부동산임의경매

배당할금액	금	86,111,100
명세 { 매각대금	금	86,000,000
지연이자	금	0
전경매보증금	금	0
매각대금이자	금	111,100
항고보증금	금	0
집행비용	금	1,841,460
실제배당할금액	금	84,269,640
매각부동산	서울 관악구 봉천동 485-28외4 202호	

채권자		주식회사국민은행	이태재	관악구청장
채권금액	원금	10,329,120	45,000,000	143,530
	이자	3,417,481	0	0
	비용	0	0	0
	계	13,746,601	45,000,000	143,530
배당순위		1	2	3
이유		채권자	확정일자임차인	교부권자
채권최고액		9,100,000	45,000,000	143,530
배당액		9,100,000	45,000,000	143,530
잔여액		75,169,640	30,169,640	30,026,110
배당비율		100.00%	100.00%	100.00%
공탁번호 (공탁일)		금제 호 (. .)	금제 호 (. .)	금제 호 (. .)

채권자	삼성카드주식회사	외환신용카드주식회사	국민신용카드주식회사
채권금액 원금	6,851,815	2,417,116	1,435,588
채권금액 이자	0	0	0
채권금액 비용	0	0	0
채권금액 계	6,851,815	2,417,116	1,435,588
배당순위	4	4	4
이유	가압류권자	가압류권자	가압류권자
채권최고액	19,135,030	6,750,268	4,009,161
배당액	6,851,815	2,417,116	1,435,588
잔여액	23,174,295	20,757,179	19,321,591
배당비율	35.80%	35.80%	35.80%
공탁번호 (공탁일)	금제 호 (. .)	금제 호 (. .)	금제 호 (. .)
채권자	주식회사국민은행	박규순	
채권금액 원금	1,632,607	17,688,984	
채권금액 이자	0	0	
채권금액 비용	0	0	
채권금액 계	1,632,607	17,688,984	
배당순위	4	4	
이유	가압류권자	가압류권자	
채권최고액	4,559,373	32,000,000	
배당액	1,632,607	17,688,984	
잔여액	17,688,984	0	
배당비율	35.80%	55.27%	%
공탁번호 (공탁일)	금제 호 (. .)	금제 호 (. .)	금제 호 (. .)

2003. 12. 23.
판사

삼성카드에서부터 박규순까지 등기부에 가압류를 한 무담보부 부실채권자들이 안분배당을 통해 채권을 회수하고 있다. 무담보부 부실채권이라도 부동산에 가압류를 하면 투자 가치가 있다.

06
부실채권 투자에 유용한 인터넷 사이트

대법원 홈페이지

인터넷 검색 창에서 대법원(www.scourt.go.kr)을 검색하면 대법원 홈페이지로 들

어가게 된다. 인터넷 포털 검색창에 한글로 '대법원' 하거나 영문 주소로 접속하면 된다. 접속한 다음 초기 화면에서 왼쪽 하단을 보면 법원경매 전용 코너 [법원경매정보 : 경매정보 및 입찰참여]가 따로 만들어져 있는 것을 알 수 있다.

또는 화면 중 하단에 있는 '부동산경매사건 검색'을 클릭해도 사건 검색이 가능하다. 어느 쪽을 이용하든지 사전에 검색하고자 하는 관련 사건번호를 알고 있어야 한다.

경매법원 홈페이지

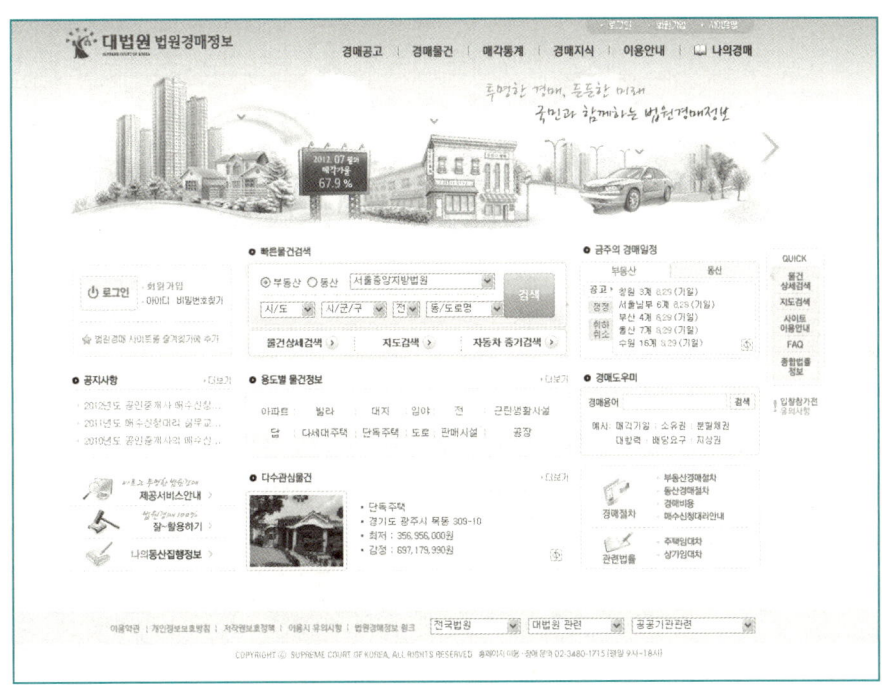

정식 명칭은 『대법원 법원경매정보』다. 대법원이 운영하는 경매 정보 코너다. 대한민국의 모든 경매 물건의 정보 수집-물건 수집-진행 과정을 알 수 있다.

초기 화면에는 경매 물건의 다양한 검색을 위해서 여러 코너가 마련되어 있다. 「경매공고-경매 물건-매각통계-경매지식-이용안내-나의 경매」로 구분되어 있다. 각 하위 메뉴가 있어 이용자에게 많은 편의를 제공하고 있다.

예를 들어 '경매공고'의 하위 메뉴로 가면 "공지사항-배당요구종기-부동산매각공고-동산매각공고"가 있다. 경매 물건의 경우 하위 메뉴는 "물건상세검색-지도검색-기일별검색-자동차*중기검색-인기조회물건-인기관심물건-매각예정물건-매각결과검색-경매사건검색"으로 이루어져 있다.

그 하위 메뉴를 보자. 경매 물건의 하위 메뉴인 "기일별검색"은 날짜에 따라 물건을 선정할 수 있도록 해놓았다. 종합별 검색에서는 지역, 용도, 가격 등에 따라 조건을 달리하여 물건을 선정할 수 있도록 정보를 제공하고 있다.
"매각(=경매)결과검색"에서는 매각 기일 다음 날부터 1주일간 매각 결과에 대한 정보를 제공하고 있다. "경매사건검색"에서는 매각 기일 이후의 진행 상황에 대한 모든 정보를 확인할 수 있다. '매각통계-경매지식-이용안내-나의 경매' 코너도 다양하고 유용한 정보가 가득하다.

기존에는 경매 사건에 대해서 제공되는 자료는 1주일 전에 조회가 가능하였으며, 감정평가서와 현황조사서는 2주일 전부터도 조회할 수 있다. "매각물건명세서"만 1주일 전부터 검색할 수 있도록 정보를 올려놓고 있다.
대법원에서 제공되는 정보는 입찰 당일에 법원에서 비치해놓는 자료이므로 사전에 경매 물건의 검색에서부터 선정 그리고 분석을 하는 데 활용하면 많은 도움이 된다. 또한 경매 사건의 진행 여부를 포함하여 입찰 당일 마지막 확인 작업도 여기서 가능하다.

대한법률구조공단 홈페이지

경매 공부에서 어려운 부분 중 하나가 권리분석이다. 그러나 웬만큼 공부를 하면 기본적인 권리분석은 가능하다. 『주택임대차보호법』과 『상가·건물임대차보호법』에 관한 관련 판례를 누가 더 많이 알고 있는가에 따라 실력의 차이가 난다. 임대차 관련 판례를 공부하는 데 더없이 유용한 사이트다.

대한법률구조공단 초기 화면에서 법률정보 코너로 접속하면 하위 메뉴에 법률상담 사례 창이 있다. 이 창으로 접속하면 다시 하위 메뉴로 주택임대차보호법 상담 코너와 상가·건물임대차보호법 상담 코너가 마련되어 있다. 모든 이용이 무료다. 임대차 관련 상담 코너는 대한민국 최고로 알차다.

굿옥션(http://www.goodauction.co.kr)

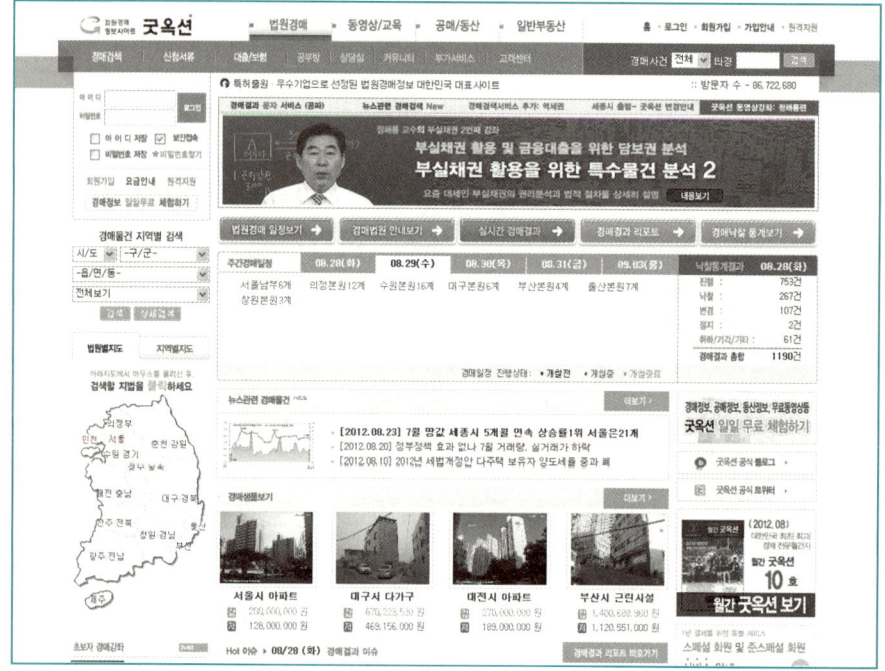

　　부동산 경매나 담보부 부실채권을 공부하려는 초보자들에게 가장 친절한(?) 사이트다. 경매 관련 동호회에서 정보 사이트 이용을 위해 공동 구매를 하는 경매 정보 회사로 굿옥션 선호도가 가장 높다. 우수한 정보에 비해서 이용료가 저렴하다는 평가다. 다른 유료 사이트에서는 볼 수 없는 경락 잔금 대출에 관한 정보도 제휴 금융기관을 통해 실시간으로 안내를 하고 있다.

　　전국 경매 물건의 정보 제공은 기본이고, 유료 회원에 한해서 낙찰 받은 부동산에 대하여, 소유권이전등기 촉탁신청서를 무료로 작성해주는 서비스도 좋은 평가다. 상담사 코너를 두어, 회원들은 경매 관련 각종 궁금증을 1:1로 전문가들에게 상담받을 수 있다. 유료 동영상 강좌도 호평이다.

부동산 태인(http://www.taein.co.kr)

부동산 경매 물건과 부실채권 물건에 관하여 상세한 내용을 제공하는 유료 사이트다. 특히 담보부 부실채권 정보 제공에 관하여 우수한 사이트다.

홈페이지에 접속하면 초기 화면은 「경매검색-경매속보-NPL검색-경매상담-경매교육-공매-경매소식-요금결제」로 구성되어 있다.

「NPL검색」 창을 클릭하면 「NPL종합검색-NPL용도별 검색-NPL이란?」 코너가 마련되어 있다.

여기에 접속하면 NPL로 경매 진행하는 모든 물건을 실시간으로 검색할 수 있다. 이 사이트에 경매 정보 회원으로 가입하는 것만으로 추가 비용 부담 없이 전국의 부실채권 물건 전체를 검색할 수 있다.

지지옥션(www.ggi.co.kr)

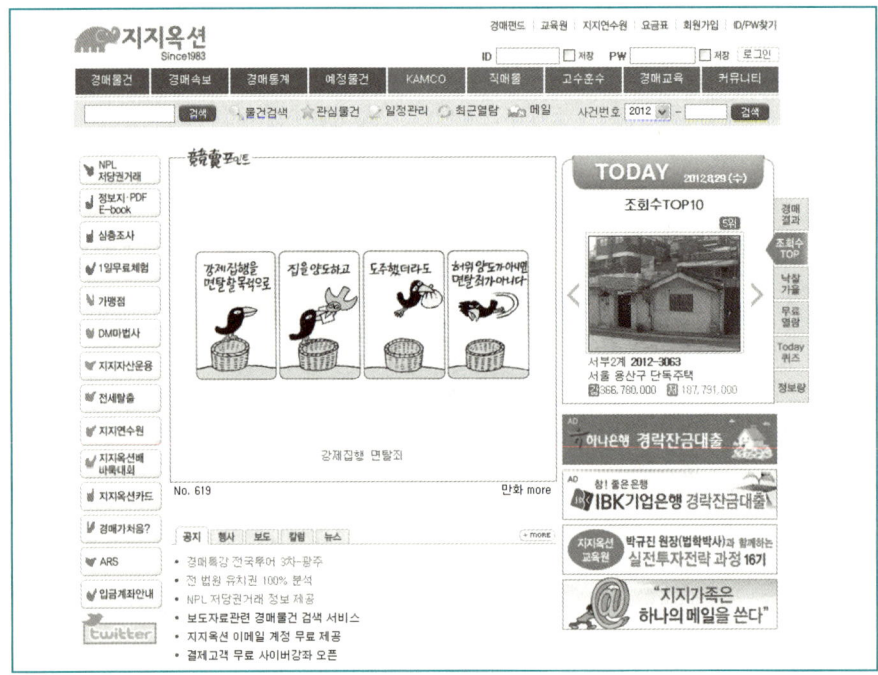

부동산 경매 물건에 관하여 상세한 내용을 제공하는 유료 사이트다. 경매 정보 제공업체 지지옥션(www.ggi.co.kr)에서 운영하고 있다. 콘텐츠 구성이나 방대한 자료 등 독보적인 사이트다. 유료 사이트여서 사용 기간이나 지역별로 사용료를 지불해야 한다.

현장 조사를 하기 전에 1차로 물건을 확인하여 입찰 여부를 판단할 때 많은 도움을 받을 수 있다. 경매 관련 각종 통계도 응찰하고자 하는 투자가들에게 유용한 등대 노릇을 하고 있다.

초기 화면을 보면 [법원경매-경매속보-예정물건-공매정보-민간경매-급매정보-은행담보매각-경매교육-커뮤니티]로 구성되어 있다.

아울러 NPL저당권거래, 「법원경매진행물건수, 법원경매현장보고서, 법원경매 예정물건수, KAMCO공매진행물건수, 민간경매진행물건수, 급매물건수, 은행담보매각물건수」 등은 유용하다.

경매 정보 코너는 전국 법원별로 지난 기일의 사건이나 예정 기일의 사건을 신속하게 제공한다. 조건별 검색에서는 소재지나 부동산의 용도, 정렬 방식을 달리하여 검색할 수 있다. 관심 있는 지역이나 물건을 설정하여 검색하면 용이하다.

경매 물건의 상세 정보를 보면 법원 기록인 감정평가서와 물건명세서는 물론이고, 토지이용계획확인원, 등기부등본, 지번도 등 해당 관공서에서 비용을 들여 발급받는 서류들도 제공하고 있다. 무료 출력도 가능하다.

또한 임차인 확인을 위해 동사무소 방문 시에 지참해야 하는 경매 공고 기록도 이 사이트의 해당 기록을 프린트해서 가져가면 전입자 확인을 할 수 있다. 기타 조건별 다양한 검색들이 가능하여 취향에 따라 자료를 모으고 분석하는 등의 조사 활동을 보다 능률적으로 할 수 있다.

추세에 맞춰 NPL 코너를 신설하였다. 바탕 메뉴로는 「매매가능NPL」, 「NPL종합검색」, 「NPL이란?」, 「NPL제휴」가 있다. 이를 통해 NPL의 전체를 한눈에 조망할 수 있게 하고 있다. 현재 경매 진행 중인 NPL 경매 물건과 경매 예정 물건을 소개하고 있다. 제휴하고 있는 한국저당권거래소는 매각하고자 하는 가격을 제시하여 거래 가격 투명성을 제고하고 있다.

경매 정보 무료 회원제 '리치옥션'

앞에서 소개한 경매 정보 제공업체는 유료 사이트이지만, 지금 소개하는 리치옥션은 전국의 경매 물건을 무료로 검색할 수 있는 무료 사이트다. 국내 최대 회원 수를 자랑하는 경매 컨설팅 전문 업체다. 약 50여 명의 경매 각 분야의 전문 컨설턴트들이 활동하고 있다.

조인스랜드(www.joinsland.com)

　부동산 관련 인터넷 포털 사이트는 여러 회사가 있다. 무료에서 유료 또는 회원제로 운영하는 등 다양하다.

　조인스랜드는 중앙일보가 운영하는 부동산 전문 사이트다. 조인스랜드의 초기화면에 접속하면 [뉴스-매물-시세-분양-상담*투자-재건축*재개발-해외부동산-자산관리-교육*도서-중개업소-금융-커뮤니티-동호회]의 코너가 준비되어 있다. 아울러 시세 조사와 추천 매물, 재테크 칼럼 등의 코너도 독자 여러분들에게 많은 도움을 줄 것이다.

　인터넷 포털 사이트에는 다양한 동호회들이 있다. 동호회는 부동산 입문자에게는 유용한 길잡이 역할을 할 것이다.

등기닷컴(http://www.deungki.com)

나 홀로 등기하는 데 필요한 모든 자료와 절차를 갖추고 있다.

⇒ 셀프등기도우미 : 일반등기(매매, 분양, 경략, 공유물분할등), 특수등기

⇒ 등기지식센타 : 부동산등기안내, 부동산세무안내, 실수하기 쉬워요, 등기부등본보는법

⇒ 자동계산센타 : 등기비용, 채권매입비용, 법무사수수료, 중개사 수수료, 기타

⇒ 등기SnQ센타 : 통합키워드검색, 상담사례모음, 전문가1:1온라인상담, 등기용어검색 등의 메뉴판이 준비되어 있어, 나 홀로 등기를 하려는 사람들에게 실질적인 도움을 주고 있다.

부실채권 고수들의 투자 방법

4장

4장 부실채권 고수들의 투자 방법

부실채권 투자금 회수 방법은 채권 종류, 보유자, 투자 목적에 따라 다르다. 담보부 부실채권인가, 무담보부 부실채권인가에 따라 회수 방법도 다르지만, 크게 다음과 같은 네 가지로 나누어진다.

① 배당금 수령법 : 초보 투자자들이 주로 사용하는 방법이다.
② 재매각법 : 주로 무담보부 부실채권을 매각하는 방법이다.
③ 직접 낙찰법 : 유입(방)법이라고도 한다.
④ 혼합 투자법 : 「① 배당금 수령법 + ③ 직접 낙찰법」을 혼합한 투자 방법으로, 부실채권 투자 경험이 많은 투자자들이 선호하는 투자 방법이다.

담보부 부실채권 =「고수익 - 저위험」이다.

부실채권 투자가 수익이 높다고 말할 때 열거되는 대표적인 종목이다. 「일반 경매 물건 + 담보부 부실채권 투자」는 진입장벽 제거로 인하여 투자 매력을 상실하고 있다. 그러나 「특수경매 물건 +담보부 부실채권 투자」는 여전히 높은 수익을 낼 수 있다.

「토지별도등기 + 담보부 부실채권 투자」.
「법정지상권 + 담보부 부실채권 투자」.
「유치권 성립 여지 + 담보부 부실채권 투자」.
「선순위 임차인 인수 금액 큰 물건 + 담보부 부실채권 투자」.
「임차인 많은 다가구주택 + 담보부 부실채권 투자」 등이 세부 조합이다.

담보부 부실채권과 경매 투자에서 '하자 있는 물건'은 말 그대로 양날의 칼이다.

경매의 특수권리(물건)는 특별한가

그렇지 않다. 언뜻 보기에는 뭔가 더 있어 보인다. 실상을 파악하고 나면 실체도 없는 것이 껍데기만 요란하다. 『특수물건』이라는 탈을 쓰는 순간 그 효과는 분명하다. 대표적인 '특별매각조건'은 대략 다음과 같다.

⇨ 선순위 임차인 있어 인수 있는 물건.
⇨ 토지별도등기 있는 물건.
⇨ 유치권 성립 여지 있는 물건.
⇨ 법정지상권 성립 여지 있는 물건.
⇨ 분묘기지권 성립 여지 있는 물건.
⇨ 공유물 지분경매 물건.
⇨ 농지취득자격증명원 필요한 물건.
⇨ 대지권 없는 물건.
⇨ 토지에 말소 안 되는 권리 있는 물건.
⇨ 낙찰로 인해 말소 안 되는 권리 있는 물건(선순위 처분금지가처분 등)

경우 등이다.

『돈 안 되는 것처럼 보이는 쓰레기 부동산 물건의 근저당권에 돈이 있다』

01
배당금 수령법, 재매각법, 직접 낙찰법

부실채권 투자금 회수 방법

부실채권 투자금 회수 방법은 채권 종류, 보유자, 투자 목적에 따라 다르다. 담보부 부실채권인가, 무담보부 부실채권인가에 따라 회수 방법도 다르지만, 크게 다음과 같은 네 가지로 나누어진다.

① **배당금 수령법** : 매입한 담보부 부실채권 저당권의 부동산이 법원 경매를 통해 낙찰되면 그 배당 과정에 참가하여 투자금과 수익을 배당받는 투자 방법이다. 초보 투자자들이 주로 사용하는 방법이다.

② **재매각법** : 매입한 부실채권을 하위 AMC, 신용정보회사, 대부업체, 개인 투자자 등에게 일정한 자기 마진을 붙여서 재매각하는 방법이다. 주로 무담보부 부실채권을 매각하는 방법이다.

③ **직접 낙찰법** : 유입(방)법이라고도 한다. 주로 담보부 부실채권 저당권을 매입한 투자자가 해당 부동산의 경매 과정에 참가하여 낙찰 받아 소유권을 취득하는 방법이다.

④ **혼합 투자법** : 「① 배당금 수령법 + ③ 직접 낙찰법」을 혼합한 투자 방법이다.

당초에는 배당금 수령만을 목적으로 부실채권을 매입했던 투자자가, 경매가 진행되는 도중에 투자 목적을 바꾸어 경매 과정에 응찰하여, 소유권을 취득하는 방법이다. 채권 투자와 소유권 투자의 이익을 동시에 볼 수 있다. 부실채권 투자 경험이 많은 투자자들이 선호하는 투자 방법으로 알려져 있다.

부실채권 투자금 회수를 그림과 표로 정리하면 다음과 같다.

담보부 부실채권 투자에 관한 선호도

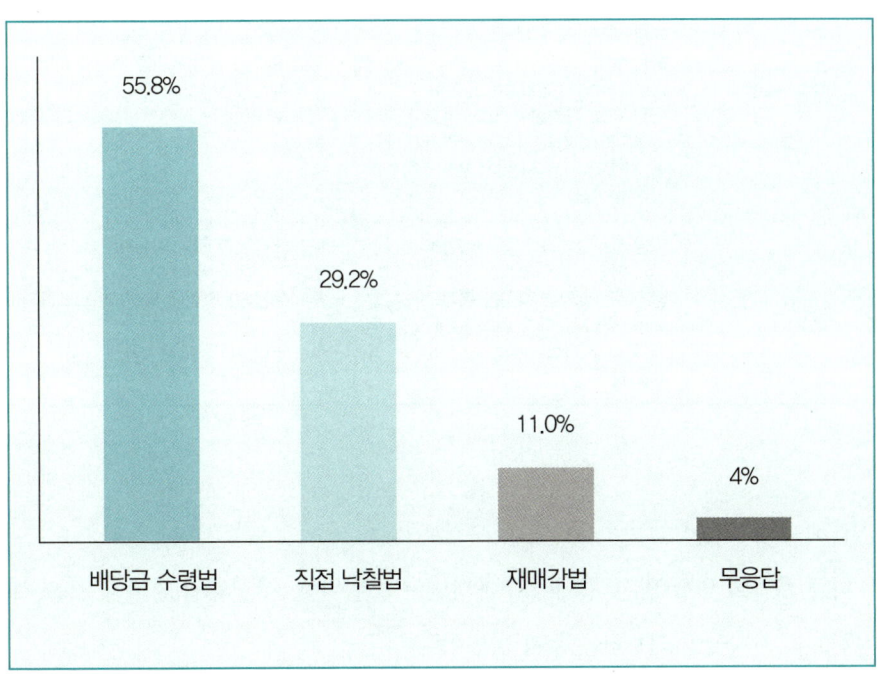

담보부 부실채권(NPL) 투자금 회수 방법 네 가지

유형	투자 방법	주의사항
배당금 수령법	- 자산관리관리회사(AMC)로부터 부동산 담보부 부실채권을 매입한 후, 제3자가 낙찰 받아 납부한 경락대금에서 배당금을 받는 방법. - 담보부 부실채권의 대표적인 투자금 회수 방법.	- 저가로 낙찰될 경우 1순위저당권이라 하더라도 투자금 이하로 배당금이 결정되어 손해 날 수 있음. - 투자 회수 금액을 정확히 알 수 없음. 1순위 저당권보다 우선 배당되는 부분 파악.
재매각법	- 하위 AMC나 다른 투자자에게 부실채권에 관한 자신의 권리 일부나 전부를 양도하는 것. - 무담보부 부실채권을 하위 투자자에게 매각하는 주된 방법	- 도매상의 경우 재매각을 염두에 두고 매입하는 경우가 일반적임. - 개인 투자자의 경우 매입 가격보다 낮은 가격에 매도할 수도 있어 손해 보는 경우가 있음.
직접 낙찰법	- 부동산 부실채권 소유자가 경매에 직접 참가하여 자신의 명의로 낙찰 받고 근저당권으로 상계 처리해서 잔금을 납부하는 방법. - 평균 이상의 낙찰가율로 응찰할 수 있어 낙찰 받을 가능성이 높고, 낙찰 가격이 높아지므로 취득 가격이 올라가기 때문에 차후에 처분 시 낮은 양도소득세를 납부하게 됨.	- 많은 유찰로 낙찰 가격이 낮아져서 자신의 채권 회수에 불리할 때 공격적인 입찰 전략으로 활용할 수 있음. - 경매 투자의 위험 요인을 사전에 파악한 후에 부실채권을 인수해야 함. - 낙찰로 인한 잔금 납부 방안을 고려해야 함.
혼합 투자법[1]	- 배당금 수령법과 직접 낙찰법을 혼합한 투자 방법 - 당초에는 배당금 수령을 목적으로 부실채권에 투자했다가 경매 진행 도중 투자 목적을 직접 낙찰법으로 바꾸는 경우도 많음	- 예상하지 못한 자금이 추가로 소요될 수 있음 - 투자 목적이 바뀜에 따른 리스크 증가 가능성 - 투자금 회수가 늦어질 가능성

① 배당금 수령법

다른 사람이 낙찰 받은 경매에서 배당받는 방법이다. 부실채권 투자를 처음 시작하는 투자자들이 선호하는 투자 방법이다.

---

[1] 담보부 부실채권을 인수하는 NPL 투자 방법 중 가장 적극적인 투자 방법이다.
다음 페이지에서 세부적으로 보자.

법원 경매 감정 가격 3억 원짜리 84㎡형 아파트에 설정되어 있는 제1순위 근저당권 2억 원짜리를 75%인 1억 5,000만 원에 자산유동화전문회사를 통해 매입했다고 하자.

즉 1순위 근저당권을 채권최고액보다 5,000만 원을 싸게 NPL 투자 방식으로 매입했다고 하자.

이 아파트가 저당권 매입 3개월 후에 법원 경매에서 제3자에게 2억 5,000만 원에 낙찰되었다고 하자. 투자자는 자신이 인수한 저당권의 배당 순서에 따라 2억 원을 배당받게 된다. 5,000만 원의 수익을 올리는 결과를 가져온다. 부실채권 투자에 관심을 가지는 초보 투자자들 중『배당금 수령법』이 인기가 높은 것으로 알려져 있다.

이유는 배당금 수령법의 장점인 투자금 회수 기간이 짧다는 점과 함께, 투자 구조가 간단하다는 점을 들 수 있다.

단점으로는『부실채권 매입 당시 얼마에 낙찰될 것인가』를 예상하기가 어렵다는 것이다. 담보부 부실채권 투자의 핵심은 "낙찰 가격 점치기"라는 말까지 있다. 매입 가격 결정은 현재에 하지만, 낙찰 가격은 미래에 결정된다. 또한『배당표는 어떻게 짜여서, 투자자에게 얼마가 실제 배당될까』를 예상해서 매입 가격을 결정해야 하는 것도『배당금 수령법』의 단점이다.

이와 같은 단점에도 불구하고 부실채권 투자 방법 중에서 가장 보편적인 방법이다. 배당금 수령법을 통해 부실채권 투자에 입문해서 '부실채권 투자 전문가'로 성장하고 있다.

② 재매각법

금융기관으로부터 부실채권을 매입한 대형 도매상이 일정한 자기 마진을 붙여 하위『중대형 도매상 ⇒ 중소형 AMC ⇒ 신용정보회사 또는 대부업체 ⇒ 개인 투자자』로 이어지는 유통 단계가 '재매각법'이다.

각 매각 단계마다 매입했던 가격에 일정한 수익을 붙여서 매각한다. 최종 매입자는 중·소형 AMC, 신용정보회사[2], 대부업체[3], 일반 투자자들이다.

부실채권 생산자인 금융기관이 부실채권을 매각할 때 담보부 부실채권과 무담보부 부실채권을 함께 Pool로 매각한다. 이때 담보부 부실채권과 무담보부 부실채권은 일정한 비율로 조절하여 부실채권 Pool을 구성하는 것으로 알려져 있다.

매각 단위는 건수로는 몇만 건, 장부 가격으로는 몇천억 원에서 크게는 조(兆) 단위인 것이 보통이다. 이처럼 대규모로 매입한 부실채권 Pool을 물건별·종류별로 나누어 하위 단위 투자자들에게 매각하는 방식이 재매각법이다. 하위 시장으로 내려올수록 무담보부 부실채권의 비중이 높아진다.

무담보부 부실채권이 최종 투자자에게 매각되는 매매 가격의 수준은 장부 가격 대비 약 3~4%선이다. 장부 가격이 100억 원짜리 무담보부 부실채권이라면 실제 최종 거래 가격은 3억~4억 원 수준이다. 장부가격이 작은 경우일 때이다. 장부가격이 천억 원대를 넘어가는 경우에는 매각가율이 2%전후이다. 물건에 따라 규모에 따라 할인율이 천차만별이다.

재매각법이 채권 유통의 주된 방법인 무담보부 부실채권 투자의 단점은 「채권회수 비율」이 절대적으로 낮다는 것이다. 부실채권 투자에서 『하이리스크-하이리턴』의 대표적인 투자 종목인 무담보부 부실채권 유통 방법이 「재매각법」이다. 부실채권 투자 입문 단계에서는 무담보부 부실채권은 투자 항목에 포함시키지 않았으

---

[2] '신용정보업'이란 「신용정보의 이용 및 보호에 관한 법률」의 제4조제1항의 신용조사업, 신용조회업, 채권추심업, 신용평가업 및 그에 딸린 업무의 전부 또는 일부를 업으로 하는 것을 말한다.

[3] '대부업'이란 금전의 대부(어음할인, 양도담보, 그 밖에 이와 비슷한 방법을 통한 금전의 교부를 포함한다)를 업으로 하거나, 대부업자 또는 여신 금융기관으로부터 대부계약에 따른 채권을 양도받아 이를 추심하는 것을 업으로 하는 것을 말한다. 대부업 또는 대부중개업을 하려는 자(여신금융기관은 제외)는 영업소별로 해당 영업소를 관할하는 시·도 지사에게 일정한 양식과 사항을 적은 신청서와 증명서를 제출하여 등록하여야 한다.

면 하는 부탁이다. 267페이지 "무담보부 부실채권에 관한 지인의 편지"를 참고해 주시기 바란다.

③ **직접 낙찰법**

담보부 부실채권을 인수한 경매 물건에 직접 낙찰 받아 소유권까지 취득하는 투자법이다. 다른 투자 방법에 비해 투자 수익률이 높은 것으로 알려져 있다. 관심을 둔 물건에 대해서 남들보다 유리한 고지를 선점하고, 저당권을 활용하여 입찰 과정에서 경쟁자를 따돌리고 직접 낙찰 받는 방법이다. 실무에서 보면 낙찰자에게 가장 유리한 입찰 방법이다. 당일최저가격과 상관없이 채권최고액까지 응찰 가격을 쓸 수 있기 때문에 최고가매수인으로 선정될 가능성이 높아진다. 채권 투자와 소유권 투자 방법이다. 부실채권을 매입해서 경매 낙찰 과정을 통해 소유권을 취득하는 투자 방법은 다음과 같다.

치유 가능한 하자 이용하기

경매물건이 정상적인 경우의 저당권 매각가격은 1순위 저당권을 기준으로 90% 선이다. 이렇게 고가로 매입해서는 원하는 수익을 올리기가 쉽지 않다. 부동산상의 하자를 적당히 이용한다면 매입과정에서도 매도자에게 일방적으로 끌려가지 않을 수 있다. 즉 가격협상이 가능하게 된다. 부동산상 하자가 없는 정상적인 경매 물건의 저당권은 할인율이 적용될 여지가 작지만, 하자 있는 경매물건은 높은 할인율이 적용된다. 다만 치유 가능한 하자여야 한다. 부동산 등기부상 하자는 치유가 불가능하다.

저당권자가 채권최고액으로 응찰한 사례

여주4계 2012-100[2] 상세정보

소재지	경기 여주군 산북면 하품리 2-28 [일괄]-154, 도로명주소				
경매구분	임의(기일)	채권자	(주)ㅇㅇ에셋	낙찰일시	12.07.16
용도	대지	채무/소유자	신ㅇㅇ	낙찰가격	400,000,000
감정가	212,500,000	청구액	700,000,000	경매개시일	12.01.05
최저가	170,000,000 (80%)	토지총면적	1250 m² (378.12평)	배당종기일	12.04.12
입찰보증금	10% (17,000,000)	건물총면적	0 m² (0평)	조회수 조회통계	금일1 공고후105 누적19

주의사항 · 법정지상권 · 입찰외
· 일괄매각, 지상에 제시외 건물 소재함. 법정지상권 성립여지 있음. 수목 등 조경시설 포함.

우편번호및주소/감정서	물건번호/면적(m²)	감정가/최저가/과정	임차조사	등기권리
469-891 경기 여주군 산북면 하품리 2-28 감정평가액 토지:112,200,000 ●감정평가서정리 - 2-154번지외 일단지 - 일괄입찰 - 산북면소재지북측원 거리안두렁이마을로 부터1km북측위쪽소재 - 주위산간부고지대고 급향전원주택형성지 역으로주위경관수려 한산악지대 - 산북면소재지로부터 4km위치,98번지방 도로부터2km거리,2	물건번호: 2번 (총물건수 2건) 2)대지 660 (199.65평) · 입찰외 수목등조경시설(잔디500m², 소나무묘목약20주, 회양목300주, 보도블록60m²)소재 입찰외제시외 · 1층주택 143.7 (43.47평) · 2층주택 132.65 (40.13평) · 3층계단실, 물탱크실 30.3 (9.17평) · 1층창고 23.1 (6.99평) (감정:350,999,600)	감정가 212,500,000 · 토지 212,500,000 (100%) (평당 561,991) 최저가 170,000,000 (80.0%) ●경매진행과정 212,500,000 ① 유찰 2012-06-25 20%↓ 170,000,000 ② 낙찰 2012-07-16 400,000,000 (188.2%) - 응찰 : 2명 낙찰자: ㅇㅇ에셋 - 2위입찰 172,000,000	●법원임차조사 ·소유자점유	소유권 신ㅇㅇ 2006.12.08 전소유자:차ㅇㅇ 저당권 (주)ㅇㅇ에셋 2010.09.09 400,000,000 가압류 서울보증보험 강북신용지원 2010.12.09 272,282,167 임 의 (주)ㅇㅇ에셋 2012.01.05 *청구액:700,000,0 등기부채권 672,282,16 열람일자 : 2012.06.

채권최고액만큼 응찰한 직접 낙찰법을 구사한 사례다. 최초 법원 경매 감정 가격이 2억 1,250만 원이고, 1차 유찰로 1억 7,000만 원일 때, 4억 원에 응찰할 수 있었던 것은 "직접 낙찰법" 구사가 가능한 저당권자이기 때문이다. 낙찰자는 잔금 납부 때 저당권 금액만큼 상계 처리하면 된다.

부실채권 투자와 부동산 소유권 투자

	감정 가격	채권 가격	매입 가격	자금 내역
부실채권 매입 단계	6억 원	4억 원	3억 원	자기 자금 5,000만 원
				융자 2억 5,000만 원
직접 낙찰로 소유권 취득	6억 원	4억 원	5억 원 (낙찰 가격)	4억 원 상계 처리
				경락 잔금 1억 원 융자

예를 들어보자. 수도권 지역 경매 감정 가격 6억 원짜리 아파트 담보 부동산의 제1순위 저당권 채권최고액이 4억 원일 때 75%인 3억 원에 매입했다고 하자. 담보부 부실채권 매입 투자금의 내역은 자기 자금이 5,000만 원이고, 매입하는 저당권을 담보로 2억 5,000만 원의 융자를 받았다고 하자. 저당권은 이전했고, 해당 저당권에 질권을 설정하는 방식으로 담보를 제공하면 된다.

이 단계가 담보부 부실채권 투자 단계이다. 배당을 통해 저당권 가격인 4억 원을 배당받는다면 3억 원에 매입해서 4억 원에 매각하는 결과가 되어 1억 원의 매각 차익이 발생한다. 따라서 수익률은 200%(=수익금/자기 투자금 : 1억 원/5,000만 원)이다. 이 단계에서 발생한 수익 금액에 대해서는 100% 비과세 대상이다. 즉 1억 원에 관한 세금은 Zero다.

이 물건의 경매 과정에 참여하여 감정 가격의 80%인 5억 원에 응찰하여 낙찰 받았다고 해보자. 직접 낙찰법의 단점은 잔금 납부할 때 자금 부족으로 애를 먹을 수가 있다는 점이다. 이때 효과적으로 사용할 수 있는 방법이 경락 잔금 대출과 채권 상계를 이용하는 것이다.

경락 잔금 대출과 채권 상계

잔금 납부 내역은 4억 원은 상계 처리하고, 나머지 1억 원은 경락 잔금 융자를 통해 소유권을 취득했다고 해보자. 이 단계가 직접 낙찰로 소유권을 취득하는 단계다. 그리고 감정 가격인 6억 원에 매각했다고 해보자. 총 투자 금액은 변함이 없이 부실채권 매입 당시에 투자한 5,000만 원이다.

소유권 취득 후 처분 가격 6억 원[= 5억 원(낙찰 가격) + 이익금 1억 원]이다. 따라서 총 투자 수익 금액은 2억 원(=채권 매입 가격 차이 1억 원 + 부동산 매각 시 차액 1억 원)이다.

세전 수익률은[4] 400%(=2억 원/5,000만 원)다. 부실채권 매각 차이로 발생한 수익에 대해서는 비과세 원칙이다. 따라서 과세 대상은 부동산을 처분하면서 발생한 1억 원에 대해서만 양도소득세율이 적용된다.

다른 조건은 무시하고 1억 원이 과세 대상이라고 하자.

양도소득세 계산식은 다음과 같다.

부실채권 인수로 인한 「양도소득세 과세기본[5] = 총수익 − 부실채권 투자 이익분」이다. 따라서 납부할 양도소득세는 5,000만 원[=(2억 원 − 1억 원)/2]이고, 세후 수익률은 300%(=1억 5,000만 원/5,000만 원)이다.

담보부 부실채권 투자를 통해 저당권을 인수한 다음, 직접 낙찰법(일명 유입법)으로 해당 부동산의 소유권을 취득한다. 소유권 취득 후 해당 부동산의 용도 변경, 리모델링 등을 통해 건물의 최유효 이용 상태로 만든다.

---

4) 앞과 마찬가지로 수익률 계산에서 납입한 이자는 계산상 제외하자.
   수익률 = (자기자금+이자 등 제경비)/매도차액.

5) 편의상 대출받을 때 소요되는 비용, 부실채권 융자 기간 동안의 이자, 경락 잔금 융자받을 때 소요된 비용, 소유권 이전 비용, 경락 잔금 융자에 따른 이자, 기초 소득공제 등은 계산의 편의상 부득이하게 설명하지 않고 무시하기로 한다.

이후 임대 또는 일반 매매를 통해 처분하면 세 번의 투자 이점을 경험하게 된다. 부실채권 매각 차익과 이 과정에서 발생한 소득은 비과세 대상이고, 낙찰로 인한 양도 차익만이 과세 대상이다.

「혼합 투자법」에 관한 세부 설명은 「직접 낙찰법」으로 대신한다.

④ 임의 변제 방법

채무자가 경매가 진행되는 도중 채권 금액을 상환하고 저당권을 인수해가는 방법도 흔하지는 않지만 있다. 자산관리공사가 관리하는 부실채권 물건일 때 채무자가 변제하려 오는 경우 일정액을 탕감하여 채무자에게 회생의 기회를 준다. 채무액이 법원 경매 가격 이하일 때, 채무자가 부동산을 포기하지 않을 때 사용된다. 일반인에게는 할인해주지 않는다.

⑤ 무담보부 부실채권 투자금 회수법

무담보부 부실채권은 직접 추심, 임의 변제, 재매각 방법이 보편적인 회수 방법이다. 상사채권, 개인회생채권, 민사채권 등 무담보 채권은 대부업체나 신용정보회사가 채무자를 상대로 직접 추심, 또는 법적 조치 등을 통해 받아내는 방식이다. 마지막까지 회수하지 못한 악성 채권은 '손실'로 처리한다.

채권 상계 신청서[6]

> ### 채권 상계 신청서
>
> * 채권자 : 김길동
> * 채무자 겸 소유자 : 이길동
> * 낙찰자 : 김길동
>
> 위 당사자 간 귀원 2012-23456호 부동산 임의경매사건에서 위 경매부동산을 채권자가 낙찰 받았고, 귀 경매법원으로부터 잔금 납부를 통지받아, 이 부동산의 제1순위 저당권의 채권액만큼을 채권자가 배당받을 낙찰 대금에서 교부금 상당액(경매 예납 금액 포함)과 상계하여주시기 바랍니다.
>
> 201* 년 ** 월 **일
> 채권자 김 길동 (인)
>
> 첨부서류 : 채권 계산서 및 예상 배당표
> 서울중앙지방법원 경매 7계 귀중

경매법원에 신청한 부실채권 상계 신청서 실물이다.

---

[6] 경매 절차에서 상계 신청 방법 : 낙찰을 받은 사람이 그 경매 사건에서 배당을 받을 금원이 있는 경우, 납부할 금액과 배당받을 금액을 서로 상계하는 것이다. 최고가매수인으로 선정된 자가 상계 신청을 하려면 "민사집행법 제143조제2항"에 의해 채권자가 매수인인 경우에 「매각결정기일이 끝날 때(입찰일로부터 1주일 이내)」까지 채권 상계 신청서 및 차액 지급 신고서를 법원에 제출하여 허가를 받아야 한다. 경매법원의 허가가 난 경우에는 '대금 지급 기한과 배당 기일'이 동시에 지정되고 매수인(낙찰자)은 상계 금액을 제외한 잔액만을 준비, 납부하면 된다.

02
특수권리 지렛대 삼아 수익(률) 높이기

담보부 부실채권과 경매 투자에서 '하자 있는 물건'은 말 그대로 양날의 칼이다. 베일 수도 있고 벨 수도 있다. 누가 칼 손잡이를 쥐느냐에 따라서 같은 건의 투자라도 결과는 달라진다.

담보부 부실채권 투자에서 그 물건에 어떤 형태로든 '하자'가 붙어 있으면 낙찰 가격은 떨어지게 된다. 낙찰 가격이 떨어지는 것만큼 부실채권 투자자의 수익률도 함께 떨어진다. 위기다. 그러나 한편으로는 '하자'로 응찰 가격이 떨어지면 저가로 직접 경매에 참가할 기회도 생기게 된다. 전혀 다른 차원으로 이야기가 전개된다. 높은 수익을 올릴 수 있는 기회일 수 있다.

경매의 특수권리(물건)는 특별한가

그렇지 않다. 언뜻 보기에는 뭔가 더 있어 보인다. 실상을 파악하고 나면 실체도 없는 것이 껍데기만 요란하다.

『특수물건』이라는 탈을 쓰는 순간 그 효과는 분명하다.

평균 이하로 떨어지는 낙찰가율로 인한 결과는 달콤하다.

대표적인 '특별 매각 조건'은 대략 다음과 같다.
⇨ 선순위 임차인 있어 인수 있는 물건.
⇨ 토지별도등기 있는 물건.
⇨ 유치권 성립 여지 있는 물건.
⇨ 법정지상권 성립 여지 있는 물건.
⇨ 분묘기지권 성립 여지 있는 물건.
⇨ 공유물 지분경매 물건.
⇨ 농지취득자격증명원 필요한 물건.
⇨ 대지권 없는 물건.
⇨ 토지에 말소 안 되는 권리 있는 물건.
⇨ 낙찰로 인해 말소 안 되는 권리 있는 물건(선순위 처분금지가처분등) 등이다.

지금 보는 하자들은 치유 가능한 하자와 치유가 불가능한 하자들이다. 이들은 대체로 경매물건의 낙찰가격을 떨어뜨리는 직접적인 작용을 한다. 경매물건의 어떤 하자로 인해 낙찰가격이 떨어진다면 배당금 수령법 투자 방식으로는 불리하지만, 직접 낙찰법일때는 낮은 가격에 낙찰받을수 있는 기회가 된다. 담보부 부실채권 투자로 성공하기 위한 전제조건 중 하나가 해당 부동산의 자체 가치를 파악하는 것이다.

일반적으로 부실채권 생산자가 정상적인 금융기관이면 채권 회수 전망이 높은 물건은 직접 경매 등으로 채권 회수를 한다. 다음의 그림을 보면 담보부 부실채권 경매 물건이 일반 경매 물건보다 낙찰가율이 낮은 것으로 나타나고 있다. 일반 경매 매물보다는 악성 물건이라는 의미일 수 있다.

하자를 지렛대로

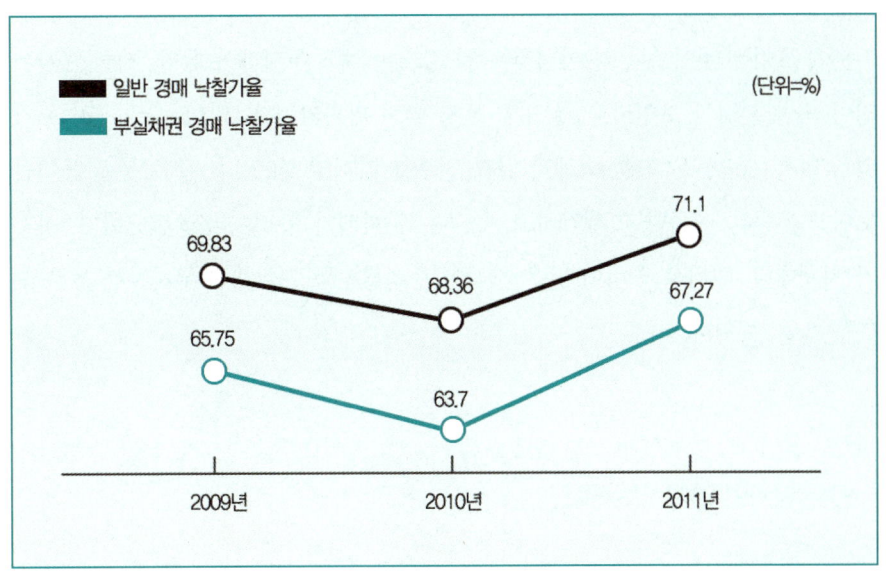

 이 그림을 보면 양자의 투자 결과 차이가 분명하다. 금융기관들은 회수 전망이 불투명한 물건들만 NPL이라는 이름표를 붙여서 도매로 넘긴다. 부실채권 물건이 일반 경매 물건보다 악성 물건이라고 할 수 있다. 이와 같은 하자가 있어 악성 물건인 부실채권 물건에 투자해서 더 높은 수익을 낸다는 말이 모순처럼 들릴 수 있다. 부실채권 투자 구조를 모르는 사람들은 그렇게 생각하기 쉽다.
 특히 금융기관들이 회수율이 높은 저당권을 창고 재고 정리하듯 바겐세일로 떨어내지는 않을 거라는 주장은 그럴듯하게 생각된다. 그리고 그것이 낙찰가율로 나타난다고 보는 것도 일견 타당한 견해다. 이 표를 보면 평균 약 4% 정도 차이가 나는 것으로 나타나고 있다.
 금융기관들이 나쁜 물건만을 부실채권으로 떨어내기 때문에, 낙찰가율은 이런 현상을 보여준다고 말할 수 있다.
 그러나 이와 같은 견해에 대해 부실채권 전문가들은 동의하지 않는다. 오히려

반대의 해석을 한다. 금융기관 입장에서는 골치 아픈 물건이라고 싸게 떨어내는 부실채권 물건이 부실채권 투자자에게는 "대박"을 안겨준다는 것이다.

눈에 보이는 것이 전부가 아니라는 것 정도는 알고 투자해야 한다. 사물은 까뒤집어 봐야 본질이 보인다. 부실채권 투자 역시 마찬가지다. 많이 공부하고, 투자 경험 많은 사람들은 진흙 속에서 알짜 진주를 가려낼 줄 안다. 같은 부실 물건을 보면서 누구는 '아니다'고 생각하고, 누구는 '알짜배기' 복덩이라고 판단한다. 하자가 지렛대다. 하자로 인하여 낮은 가격이 형성될수록 부실채권 투자자는 높은 수익을 올릴 수 있다.

인수 임차인 많이 있는 물건

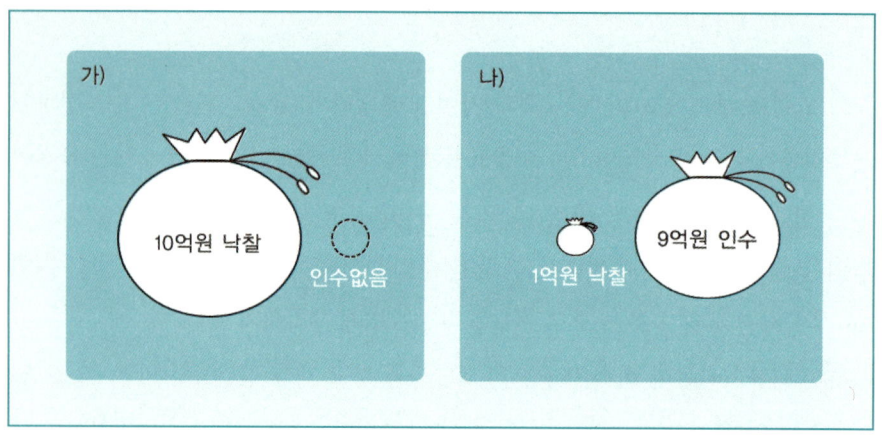

그림처럼 법원 경매로 소유권 취득에 총 '10억 원'이 소요되는 경매 물건을 보자. 총 구입 가격은 10억 원으로 동일하다. 가)는 응찰 가격이 10억 원이고 추가로 인수는 없다. 나)는 응찰 가격이 1억 원이고 추가로 선순위 임차인의 임차보증금 9억 원을 인수해야 한다.

가)는 10억 원이 응찰 가격이다. 1억 원에 응찰하여 잔금 납부 시 응찰보증금(응찰 가격의 10%)을 제외한 9억 원을 납부해야 한다. 그 외에는 낙찰 대금 외 추가로 비용 지출이 없는 경우이다(임차인 소제주의 적용).

나)는 1억 원이 응찰 가격이다. 1억 원에 응찰(응찰 시 입찰보증금 10%인 1천만 원 제공)하여 낙찰 받고, 잔금 납부 시 9천만 원(10% 제외)을 납부하고 소유권을 취득한다. 그다음 낙찰 대금 이외에 추가로 9억 원을 인수(낙찰 대금 외에 대항력 있는 임차인의 보증금을 추가로 물어줌)한다. 9억 원을 인수하고 난 후에 완전하고 실질적인 소유권 행사가 가능하게 되는 물건이다(임차인 인수주의 적용). 결과로는 같은 금액이 소요되는 경우 나)의 경우가 여러모로 유리하다. 대강 다음과 같은 여섯 가지 정도의 이유(경매의 핵심) 때문이다.

인수 금액이 많을수록 유리한 이유 여섯 가지

① 자금 동원 측면에서 나)가 유리

가)는 잔금 납부 시 9억 원을 동원해야 하지만,

나)는 9천여만 원만 준비하면 된다. 부동산 투자하는 데 1백% 자기 자금만으로 하는 분들은 거의 없다. 금융기관 등으로부터 경락 잔금을 융자받아 잔금 납부하는 단계부터 나)가 유리하다. 융자 받을 때 소요되는 금융 비용, 대출받은 후 부담하는 납부 이자를 따져봐도 나)가 유리하다. 이자만 보자. 나)는 가)에 비해 납부 이자가 1/10에 불과하다.

② 수익률 산정에서도 나)가 유리

이 물건을 총 10억 원에 소유권을 취득해서 12억 원에 매도했다고 해보자. 이때 수익률을 계산해보면 가)는 투자한 10억 원을 수익 2억 원으로 나누면 수익률은 20%, 나)는 투자한 1억 원을 수익 2억 원으로 나누면 수익률은 200%이다.

③ 소유권 이전 시 발생하는 세금 측면에서도 나)가 유리

가)는 응찰 가격 10억 원의 약 2.4%인 2천 4백여만 원이 소요된다. 나)라면 1/10인 240만 원 정도에 해결된다(제1종 국민주택채권기금 포함). 법원 경매로 소유권을 취득하여 지방세인 취-등록세를 납부할 때 응찰 가격이 세금 부과의 기준이 된다. 따라서 총 10억 원이 소요되는 물건이라도 1억 원에 낙찰 받으면 1억 원이 과세 기준이다. 1억 원의 약 2.4%인 240여만 원을 세금으로 납부한다. 이 물건을 나중에 매각하게 될 때 양도소득세의 기초가 되는 구입 원가는 응찰 가격인 1억 원이 아니다. 인수 금액까지를 포함하여 나)도 매입 원가는 10억 원(=응찰 가격 1억 원 +추가 인수 금액 9억 원)이 된다. 양도소득세의 부과 기준을 정할 때는 추가 인수한 금액도 구입 원가에 포함된다. 따라서 구입 원가는 양쪽 모두 10억 원이다. 차후 양도소득세의 부과 기준이 동일하다.

④ 나)는 공과금도 받을 수 있다

임차인이 많은 다가구주택의 경우 보증금 떼이고 명도당하는 임차인이 발생하게 되는 경우가 많다. 경매당한 주택은 각종 공과금(전기 · 가스 사용료, 수도 요금 등)을 체납하며 생활하는 것이 보통이다. 보증금 날리는 임차인들이 명도당해 이사 갈 때 공과금까지 말끔히 정산해주기를 바랄 수 없다. 대항력 있는 선순위 임차인(나)은 사정이 다르다. 정상적인 임차인과 마찬가지이므로, 이사 가는 날까지의 모든 공과금을 정산하게 된다. 특히 나중에 이사 들어오는 사람에게 받은 임대보증금으로 대항력 있는 임차인을 인수하는 경우 "부동산 중개 수수료"도 기존 임차인이 부담해야 한다.

⑤ 나)가 명도가 쉽다

법적 권리가 전혀 없는 후순위 임차인이 문제다. 막무가내로 이사비 등을 요구한다. 억지를 부린다. 나)는 가)에 비해서 인수 금액만큼인 9억 원이나 명도가 없다. 인수주의가 적용되어 추가로 인수한다고 해서 자신의 돈을 지불하는 것이 아니다.

매매에서와 같이 새로 이사 들어오는 임차인에게서 받은 임차보증금을 기존 임차인에게 넘겨주면 된다. 낙찰자와 기존 임차인이 부딪칠 이유가 없다. 선순위 임차인을 그대로 두고, 소유권 취득 후 바로 매각하는 방법도 명도 부담을 줄이는 방법이다. 이럴 경우 경매당한 주택의 대항력 있는 기존의 임차인은 세 명의 주택 소유자를 만나게 된다.

⑥ 낙찰 경쟁률도 나)가 낮다

선순위 임차인이 없어 인수 없는 물건일수록 경쟁률이 높다. 선순위 임차인으로 인해 인수가 많아 추가로 물어주는 임차인이 많은 물건일수록 경쟁률은 낮다.

정리를 해보면 총 구입가는 모두 10억 원이다.
(1) 동원되는 자금 - 나) 적음
(2) 실현 수익률 - 나) 높음
(3) 이전 시 세금 - 나) 적음
(4) 공과금 - 나) 모두 정산
(5) 임차인 명도 - 인수되는 금액만큼 나) 없음
(6) 입찰 경쟁률 - 나) 낮음 등이다.

모든 면에서 나)가 월등하게 우수하다. 인수주의를 부실채권 투자와 경매 투자로 연결시키면 높은 수익 달성이 가능하다. 경매 투자가 연전히 수익을 올릴 수 있는 여지가 있는 대목이다.

기본적인 경매 지식은 이미 갖추고 있는 것으로 하고, 부실채권 투자 시 부딪히게 될 현실적인 문제들만 추려서 보기로 하자. 위에서 열거한 특수물건들 중에서 토지 별도등기, 법정지상권 성립 여지 있는 물건, 유치권 신고 있는 물건이 대표적이다.

경매 부동산 특수물건(특별매각조건)의 전체 개요는 다음과 같다.

특별매각조건의 경매 정보지 상 표현

[특별매각조건의 표현]

구분	매각목록서상 표현	효과
법정지상권	법정지상권 성립 여지 있음	등기부상 등기 없이 낙찰자 인수
토(대)지별도등기	토지에 별도 등기 있음	토지와 건물에 대해 권리분석을 각각 해야 함
대지권 미등기	대지권 미등기	추가로 대지권을 구입해야 하는 경우가 발생할 수 있음
대지권 없음	대지권 없음	건물철거소송 등의 분쟁에 휘말릴 수 있음
건물만 매각	건물만 매각 대상	법정지상권 성립 여지 있음, 건물철거소송 여지 있음
재경매	재경매(20%, 30%)사건	입찰보증금이 20%, 30%
유치권	유치권신고 있음	낙찰자는 소유권 취득 후 유치권 권리자의 채권을 인수할 수도 있음
예고등기	예고등기 있음	경매사건과는 별도의 소송이 진행되고 있는 경우로 소송 결과에 따라 소유권을 박탈당할 수도 있음
공유물	공유자우선매수청구권	공유지분권자에게 매각에서 우선매수청구권 부여
분묘기지권	분묘기지권 성립 여지 있음	임야 등을 낙찰받고자 할때 지상에 분묘가 존재하는 경우 토지 사용에 제약이 될 수도 있음
지상권	선순위 지상권 있음	말소 대상이 아니어서 낙찰자의 토지 사용에 제약이 될 수도 있음
지역권	선순위 지역권 있음	말소 대상이 아니어서 낙찰자의 토지 사용에 제약이 될 수도 있음
토지인수조건	토지인수조건 있음	낙찰자가 추가로 인수해야 하는 상황이 올 수 있음
가처분	선순위 가처분 있음	낙찰로 취득한 소유권이 가처분 권리자의 청구내역에 따라 소유권을 박탈당할 수도 있음
가등기	선순위 다등기 있음	낙찰로 취득한 소유권이 말소 안 되는 가등기권리자의 청구내역에 따라 소유권을 박탈당할 수도 있음
임차인	선순위 임차인 있음	낙찰자가 추가로 인수해야 함
임차인등기	선순위 임차권등기 있음	산순위 임차인의 임차권등기는 촉탁말소 대상이 아니고 추가말소 대상임. 따라서 전액을 배당받지 못한 경우 낙찰자가 추가로 부담해야 함
특수법인	특수법인 소유 부동산임	종교법인·학교법인 등이 채무자인 부동산은 소유권이 전시 채무자의 동의서를 첨부해야 소유권이 이전됨(문중 소유 부동산도 요주의)
전세권	선순위 전세권 있음	낙찰로 인한 촉탁등기로도 말소되지 않는 전세권은 낙찰자 인수
농지취즉자격증명원	전·답·과수원일 때	농지 등을 취득하고자 할 때 농지취득자격증명원을 요구하는 경우

토지 · 건물 등기부가 다른 부실채권 물건

특별매각 중 자주 보게 되는 3가지 경우만 보도록 하자. 토지별도등기 있음, 법정지상권 성립 여지 있음, 유치권 신고 있음이다.

토지와 건물이 별개 부동산이라는 말이 무슨 말인가?

우리 민법이 규정하고 있는 부동산에 관한 개념은 토지와 건축물은 별개의 부동산(민법 제99조 제1항, 제2항)이라는 것이다. 현실적으로는 토지와 그 지상의 건축물을 분리하기 어렵다. 법률적으로는 얼마든지 분리 · 처분이 가능하다. 토지만에 저당권 설정도 가능하고, 상황에 따라 토지만을 매매할 수도 있으며, 반대로 건물에만 저당권 등을 설정할 수 있고, 건물만의 매매도 가능하다.

이처럼 법률적으로 토지와 건물이 분리되어 법원 경매로 소유자가 달라지는 경우, 응찰자는 어떻게 권리 분석해야 하는가, 임차인의 권리는 어떻게 되는가 하는 것이다.

토지 · 건물 별도등기와 법정지상권 성립 여지 있는 경우에서 주택(상가 건물) 임차인에 대한 정확한 배당표를 작성할 줄 알아야 한다. 3장의 권리분석과 배당표 작성 부분이 이해가 안 되는 분은 공부를 다시 해야 한다. 부실채권 투자에서 임차인 분석과 배당표 작성의 중요성을 가볍게 다루어서는 안 된다.

법정지상권 성립 여지 있는 담보부 부실채권 물건

어떤 이유로 토지와 건물이 일괄 입찰이 아닌 개별 입찰이 진행된다고 하자. 그 지상에 건축물이 존재하고 있다면 법정지상권의 생성 가능성을 봐야 한다.

토지와 건물 또는 수목이 동일인의 소유였다가 매매, 증여, 경매 등의 사유로 소유자가 달라지는 경우가 있다. 새로이 토지 소유자가 된 사람이 자신의 권리를 주장하면서 지상의 건축물을 철거해달라고 하면, 법적으로는 새 건물이라도 철거할 수밖에 없는데 이런 경우 국가적인 낭비가 아닐 수 없는 것이다.

이러함을 방지하기 위해 일정한 요건을 갖춘 경우 등기부에 등기 없이도 건물이나 수목의 소유자에게 법적으로 지상권을 인정해준다. 토지의 사용을 확보해줌으로써 건물이나 수목의 존립을 보호하는 권리를 법정지상권이라 말하는 것이다. 매매나 경매로 건물 소유자가 법정지상권자가 되면 토지를 낙찰 받은 사람(지상권 설정자)은 토지 소유권을 갖게 되어도 지상권의 법정 기간 동안 토지를 사용할 수 없다.

부실채권 투자에서 법정지상권 성립 여지 있는 물건도 역시 양날의 칼이다. 투자 경험이 많은 사람들 중에는 이런 물건에만 투자하는 사람들도 있다. 법정지상권 성립 여지 있는 물건의 부실채권 투자는 토지등기부 권리분석과 매각 대상이 아닌 건물에 세 들어 살고 있는 임차인에 대한 배당 관계를 정확하게 파악하는 것이 중요하다.

부실채권 투자에서 유치권 신고 있는 물건

독약일 수도 보약일 수도 있다. 부실채권 투자자에게 유치권이라는 하자는 치명적인 독버섯일 수도, 향기 가득 품은 아름다운 장미일 수도 있다. 유치권이란 건축업자의 신축 공사 대금, 주택의 일부를 개·보수하고 받지 못한 공사비를 받을 때까지 해당 부동산을 점유하거나, 고장 난 시계를 수리했다가 일정 기간이 지난 후에도 주인이 찾아가지 않으면 시계점 주인은 수리의 대가로 그 시계를 처분해서 수리 비용에 충당할 수 있는 권리(민법 제320조제1항)다.

다른 사람의 물건이나 부동산과 관련해 위의 경우처럼 받을 돈이 있을 때, 그 돈을 받을 때까지 물건을 점유(보관)하거나, 돈을 못 받게 되면 임의로 처분까지 할 수 있는 권리를 '유치권'이라 한다.

부동산 경매에서 유치권이 성립하는 경우 낙찰자는 낙찰 대금과 별도로 추가로 유치권자의 채권을 인수해야 한다. 유치권은 우선변제권은 인정되지 않는다. 그러나 목적물이 경매 또는 강제집행 되어 소유권에 변동이 생기더라도 유치권자는 새로운 소유자에게 유치권에 기한 채권을 변제받을 때까지 목적물의 인도나 명도를 거절할 수 있다.

따라서 사실상 우선변제권이 있는 것으로 보는 것이 타당하다.

유치권의 성립 범위는 직접 점유뿐만 아니라, 간접 점유를 하고 있는 경우에도 성립하는 것으로 본다. 점유권을 상실할 때는 유치권도 소멸하게 된다(민법 제328조).

유치권은 등기부 상에 등재되는 권리가 아니고, 경매 기록에 '유치권 성립 여지 있음'으로 표시되는 것이 일반적이다. 유치권이 성립하는 경우 소멸 기준에 상관없이 경매 결과로 소멸되지 않고 낙찰자는 무조건 인수해야 한다.

여기서 주목할 점은 채권자(유치권자)의 청구 내역을 법원이 전부 인정하는 것은 아니라는 것이다. 유치권을 주장하는 내용에 대해서 법원이 재판을 통해서 따로 판단한 금액만큼만 인정되는 것이다. 경매 사건과 유치권 성립 여지를 다투는 소송은 별개다.

배당 투자를 목적으로 부실채권에 투자했는데 유치권이 도중에 신청되어버리면 투자자는 투자 금액을 다 회수하지 못할 수도 있다. 그러나 직접 낙찰 받을 것을 염두에 두고 부실채권에 투자했다면 이야기는 달라진다.

참고로 최근 경매법원은 유치권 신고에 대해 우편으로도 그 접수를 받아주고 있다. 이는 경매 질서를 심각하게 방해하는 잘못된 결정이다. 권리 신고를 하는 자에게 최소한의 본인 확인도 거치지 않고 있다. 유치권 신고자의 성명은 물론이고, 주소, 연락처까지 허위인 경우가 허다하다. 그 피해는 고스란히 진성 채권자들에게 돌아가고 있다. 시급히 개선해야 마땅하다.

03
네 번 융자와 수익률 비교 분석

부실채권 투자부터 낙찰로 소유권 취득까지 네 번 융자

담보부 부실채권을 매입하여, 직접 낙찰법으로 부동산 소유권을 취득할 때까지는 투자는 크게 두 단계로 나누어진다.

첫 번째 단계가 부실채권을 매입하기 위해 계약을 하고 잔금을 치르고 등기부에 저당권을 이전하는 단계이고, 다음 단계가 경매에 참가해서 입찰보증금을 치르고 낙찰 받은 다음, 경매 잔금을 납부하고 해당 부동산의 소유권을 취득하는 단계다. 이 두 단계에서 금융기관을 통해 자금을 조달하는 방법을 살펴보자.

담보부 부실채권 시장에 나온 경매 아파트

① 주 소 : 서울시 광진구 구의동 **아파트 102동 802호

② 면 적 : 85㎡(전용면적 25.7평)

③ 경매 감정 가격 : 5억 원

④ 등기부 압류 내역 및 권리 이전 내역

* 제1권리 : 저당권, 채권최고액 3억 6천만 원, 권리자 – 국민은행
* 제2권리 : 저당권, 채권최고액 2억 6천만 원, 권리자 – 신한은행
* 제3권리 : 저당권, 채권최고액 1억 3천만 원, 권리자 – 저축은행
* 제4권리 : 가압류, 압류액 1억 5천만 원, 가압류권자 – **캐피탈
* 제5권리 : 가압류, 압류액 1억 3천만 원, 가압류권자 – **신용보증

⑤ 경매 신청 : 제1권리자 국민은행 – 실채권 청구액 3억 6천만 원
⑥ 1차 저당권 이전 : 제1권리자 국민은행 저당권 ⇒ 유암코
⑦ 2차 저당권 이전 : 제1권리자 유암코 ⇒ ★★저축은행
⑧ 3차 저당권 이전 : 제1권리자 ★★저축은행 ⇒ 홍길동

으로 경매가 진행되는 도중 저당권이 이전되었다고 가정하자.

3차 저당권 이전 거래 내역

「⑧ 3차 저당권 이전」에서 채권최고액 3억 6천만 원짜리 제1저당권을 소유하고 있던 ★★저축은행으로부터 부실채권 투자자인 개인 홍길동은 협상을 통해 채무 인수 방식으로 매입하였다. 매입 가격은 장부 가격 대비 75%라고 하자. 따라서 매입 가격은 2억 7천만 원이다. 계약 금액은 양도 가격의 10%였다.

계약 당시 홍길동은 ★★저축은행에 2,700만 원의 계약금을 지불해야 한다. 단, 계약 금액의 80%를 융자해주는 조건으로 매각했다. 따라서 홍길동은 계약 금액의 20%인 540만 원만 지불하면 된다. 1차 융자다.

잔금인 2억 4,300만 원을 납부할 때 채무 인수 방식으로 제1권리자 ★★저축은행로부터 잔금의 90%를 융자받기로 계약했다. 홍길동은 부실채권 매입 잔금 납부

시 2,430만 원을 납부하면 된다. 2차 융자다. ★★저축은행은 해당 저당권에 질권을 설정하여 담보를 확보하고, 저당권자에서 저당권 질권자가 된다.

두 번째 융자(저당권 매입 계약 시+저당권 소유권 이전 시)를 통해 장부 가격 3억 6천만 원짜리 저당권을 매입하는 데 홍길동이 실제 동원한 자기 자금은 2,970만 원[7](=계약 시 540만 원 + 소유권 이전 시 2,430만 원)이다.

여기까지가 부실채권을 매입하는 부실채권 투자 단계다. 이 단계까지 두 번의 융자를 받았다.

경매 입찰 보증금은 보증보험 증권으로

지금부터는 경매 투자 단계다. 이 경매 아파트가 2차 유찰로 최저매각가격이 감정 가격 대비 64%인 3억 2,000만 원일 때 제1저당권자인 홍길동이 자신의 저당권 최고액인 3억 6천만 원에 응찰하기로 했다고 하자.

경매 입찰보증금 3,200만 원 역시 융자를 활용할 수 있다. 입찰보증금을 보증보험으로 납부하는 방법이다. 이 표는 입찰보증금 보험료율[8]이다.

다음과 같이 최저매각가격이 3억 2,000만 원인 아파트 경매에 참여할 경우 입찰보증금은 3,200만 원이다. 여기에 아파트의 기본 요율 0.903%를 곱한 28만 9,000원이 최종 보증보험료가 된다(보증보험료는 입찰 결과에 상관없이 없어진다). 세 번째 융자를 받는 결과가 된다.

---

7) 저당권 이전 등에 소요되는 제 경비는 편의상 무시한다.
8) 보험료는 입찰 보증금에 물건 종류에 따른 기본 요율을 곱한 금액이다. 2012년 7월 현재 서울보증보험의 보험 요율표다. 인터넷에서 인용.

경매보증보험 보험요율표

보험요율	구 분	기본요율
입찰담보용	아파트	0.903%
	다세대, 연립	1.806%
	단독주택, 다가구 등의 주택	
	상가, 오피스텔 및 숙박시설	
	빌딩, 공장, 주상복합건물	
	기타건물(주유소, 축사, 창고, 건물, 연구소 등)	
	토지	4.028%
	종교시설, 학교시설 등의 공공시설	
	광업권, 어업권	

경매 입찰 보증금을 보증보험으로 대처하기 위한 보험 가입 절차는 복잡하지 않다. 자격 요건도 신용불량자가 아니면 누구나 가입할 수 있다. 본인 확인을 위한 신분증과 도장 및 입찰 공고문 사본을 갖고 가까이 있는 보증보험회사를 방문하면 된다. 경우에 따라서는 다른 담보를 요구하거나 보험요율이 달라질 수 있다.

채권최고액으로 소유권을 취득하는 경우

3억 6천만 원짜리 저당권을 가진 저당권자가 3억 6천만 원에 응찰해서 최고가매수인이 되었다면, 잔금 납부일에는 추가로 자금을 동원하지 않아도 된다. 납부해야 하는 잔금은 상계 처리를 통해 마무리하면 된다.

저당권 매입 시 융자로 질권이 설정되어 있는 경우에는 질권자의 상계처리동의서가 필요하다. 매각 허가일로부터 일주일 이내에 법원에 상계 처리를 신청하면 더 이상 추가 자금이 들어가지 않는다. 이 단계까지 필요한 자기 자금은 약 3,000여만 원(=2,970만 원+289,000원)으로 감정 가격 5억 원짜리 아파트 소유권을 취득하게 된다.

배당 이의가 제기되어 상계 처리할 수 없을 때

부실채권을 인수한 저당권자가 최고가매수인이 되었다고 하자. 잔금 납부일에 저당권 채권 금액과 매각 잔금을 상계 처리할 수 없는 경우가 있다. 상계 처리 시 이해관계자에 있는 자가 배당에 이의를 제기하거나, 질권자의 상계 처리에 대한 동의가 없으면 현금으로 잔금을 납부해야 한다. 이런 경우에는 경락 잔금 대출을 통해 매각 잔금을 처리하면 된다.

서울 지역 아파트의 경우 경락 잔금은 감정 가격의 약 70%까지 대출이 가능하다. 이 경우를 기준하면 대출 금액은 3억 5천만 원(=감정 가격 5억 원 × 70%)까지 가능하다. 따라서 잔금 납부일에 납부해야 할 3억 2,800만 원[=입찰 가격(3억 6천만 원) − 입찰보증금(3,200만 원)]은 전액 대출이 가능하다.

경락 잔금을 융자해준 금융기관은 소유권 이전과 함께 새로운 저당권을 설정한다. 기존의 제1순위 저당권을 인수할 때 부실채권 인수 가격의 90%를 융자해주고, 질권을 설정했던 채권자(★★저축은행)의 권리는 배당을 받음과 함께 말소된다. 경락 잔금 대출에서 배당일까지 통상 1개월 정도가 소요된다. 네 번째 융자다.

잔금 상계와 일부 대금 납부로 소유권을 취득하는 경우

* 제1저당권 채권최고액 3억 6,000만 원(=실채권액 3억 6,000만 원)
* 응찰 가격 3억 8,000만 원이라고 하자.

제1저당권자인 홍길동이 최고가매수인이라고 하자. 실채권액 3억 6,000만 원까지는 상계 처리가 가능하고, 나머지 2,000만 원만 잔금 납부일에 납부하면 된다. 부실채권을 매입해서 직접 낙찰법을 통해 소유권까지를 취득하는 방법 중 투자금이 가장 많이 동원된다. 그렇지만 경매를 통해 낙찰 받는 방식보다는 총 투자 금액이 적게 동원된다.

부실채권 매입 종료 후 등기부 변화 내역

④ 등기부 압류 내역 및 권리 이전 내역

(경매 신청 후 잔금 납부 전까지의 등기부다)

* 제1권리 : 저당권, 채권최고액 3억 6천만 원, 권리자 – 국민은행
* 제2권리 : 저당권, 채권최고액 2억 6천만 원, 권리자 – 신한은행
* 제3권리 : 저당권, 채권최고액 1억 3천만 원, 권리자 – 저축은행
* 제4권리 : 가압류, 압류액 1억 5천만 원, 가압류권자 – **캐피탈
* 제5권리 : 가압류, 압류액 1억 3천만 원, 가압류권자 – **신용보증

⇒ 임의 경매 신청 : 경매 신청 채권자 – 국민은행
⇒ 1차 저당권 이전 : 제1권리자 국민은행 저당권 ⇒ 유암코
⇒ 2차 저당권 이전 : 제1권리자 유암코 ⇒ ★★저축은행
⇒ 3차 저당권 이전 : 제1권리자 ★★저축은행 ⇒ 홍길동

⇒ 질권 설정 : 질권자 ★★저축은행, 질권 설정자 홍길동으로 부동산 등기부가 이루어져 있었다.

잔금 납부로 낙찰자에게 소유권이 이전된 후의 등기부
* 제1권리 : 저당권, 채권최고액 3억 6천만 원, 권리자 - 국민은행
* 제2권리 : 저당권, 채권최고액 2억 6천만 원, 권리자 - 신한은행
* 제3권리 : 저당권, 채권최고액 1억 3천만 원, 권리자 - 저축은행
* 제4권리 : 가압류, 압류액 1억 5천만 원, 가압류권자 - **캐피탈
* 제5권리 : 가압류, 압류액 1억 3천만 원, 가압류권자 - **신용보증
⇒ 임의 경매 신청 : 경매 신청 채권자 - 국민은행
⇒ 1차 저당권 이전 : 제1권리자 국민은행 저당권 ⇒ 유암코
⇒ 2차 저당권 이전 : 제1권리자 유암코 ⇒ ★★저축은행
⇒ 3차 저당권 이전 : 제1권리자 ★★저축은행 ⇒ 홍길동
⇒ 질권 설정 : 질권자 ★★저축은행, 질권 설정자 홍길동
⇒ 소유권 이전 : 소유권자 홍길동(경락으로 인한 소유권 이전)
* 제1권리 : 저당권자 **은행, 저당권 설정자 홍길동으로 된다.

직접 낙찰법까지를 염두에 둔 투자자는 부실채권 매입 계약에서 낙찰로 인한 잔금 납부, 경락 잔금 융자까지의 전체 구조와 질권 설정 방법, 소유권 이전 및 저당권 설정, 배당 과정의 절차를 숙지해야 한다.

경매와 부실채권 투자로 소유권 취득 시 동원 자금 비교

예로 든 경우처럼 감정 가격 5억 원짜리 아파트 경매 물건을 기준으로 2번 유찰로 감정 가격 대비 64%인 3억 2,000만 원이라고 하고, 응찰 가격은 3억 6,000만 원

이라고 하자. 경매만으로 응찰하는 경우에는 일단 입찰 보증금 3,200만 원이 필요하다. 그리고 잔금 납부일에 3억 2,800만 원을 납부해야 한다. 이때 70%는 잔금 융자를 통해 조달한다면, 2억 2,960만 원(=3억 2,800만 원×70%)은 잔금 융자가 가능하다.

실제로 조달해야 할 자금

나머지 9,840만 원(=3억 2,800만 원 - 2억 2,960만 원)은 낙찰자가 추가로 조달해야 한다. 따라서 일반 경매를 통해 이 건에 투자하게 되는 총 투자 금액은 1억 3,040만 원[=(입찰보증금 3,200만 원) + (잔금 납부 9,840만 원)]이 된다. 부실채권을 인수한 후 직접 낙찰법을 사용한 경우 입찰 보증금은 보증보험으로 대처하고, 잔금은 상계 방식을 통해 처리한다면 약 3,000여만 원으로 소유권을 취득한다. 일반 경매로 낙찰 받을 때와 비교하면 동원 자금이 약 24%(= 3,000여만 원/1억 3,040만 원)에 불과하다[9].

감정 가격 5억 원짜리 아파트를 3억 6,000만 원에 응찰해서 소유권 이전 비용 등으로 2,000만 원이 추가되어, 총 매입 가격이 3억 8,000만 원이 되었다고 하자. 이 아파트를 당초 가격의 90%인 4억 5,000만 원에 1년 이내에 매각했다고 하자. 부실채권 인수부터 낙찰까지 총 3억 8,000만 원이 소요된 것으로 계산되는 물건을 4억 5,000만 원에 매각했다고 가정해보자. 3억 8,000만 원이 소요된 것으로 계산은 되지만, 실제 동원된 자금은 이보다 작다는 것은 염두에 두면 된다.

---

9) 정확히 계산할 수 없는 소유권 이전 비용, 명도 비용, 제세공과금 등은 비교의 편의상 생략했다.

투자 방법 두 가지의 비교

	경매만으로 소유권 취득	부실채권 취득 후 소유권 취득
자기 동원 자금	1억 3,040만 원	3,000여만 원
매각 차액	7,000만 원	1억 6,000만 원[10]
비과세 부분	–	
과세표준액	7,000만 원	
양도소득세율	50%[11]	
납부 세금	3,500만 원(=과세표준액 × 양도소득세율)	
양도 차익	3,500만 원	1억 2,500만 원
투자 수익률[12]	26.84%	416.67%

부실채권 취득 후 소유권을 취득하여 처분한 쪽의 투자 수익률이 경매만으로 소유권을 취득해서 처분했을 때보다 약 15배 이상 높다.

부동산 투자자별 유형의 자금규모를 보면 「일반 매매투자자 ≥ 경매투자자 ≥ 무담보부 부실채권 투자자 ≥ 담보부 부실채권 투자자」 순이다. 담보부 부실채권 투자가 동원자금이 가장 작게 소요된다는 특징을 보여주는 순서이다. 수익(율)은 담보부 부실채권을 매입해서 직접낙찰법으로 소유권을 취득하는 경우이다.

자기 자본이 소액인 투자자는 진행 과정이 좀 더 번거로운 정도의 수고는 감내해야 한다. 소액만으로 투자해야 하는 번거로움과 당초 예정대로 일이 진행되지 않을 가능성도 염두에 두고 일을 진행해가야 한다. 그러나 이 표에서도 보듯이 보상은 수익률로 돌아온다.

---

10) 제1저당권 3억 6,000만 원짜리를 2억 7천만 원에 매입하여, 3억 6,000만 원의 채권을 회수하여 생긴 9,000만 원은 비과세 대상이다.
11) 1년 미만에 따른 단기처분 양도소득세 요율 50%를 적용하였고, 양도소득세 기초공제 등 제반 공제는 계산의 편의상 역시 무시하였다.
12) 투자 수익률 = 양도 차익/자기 동원 자금×100

04
혼합 투자법으로 누리는 7가지 투자 효과

부동산 소유권을 취득하는 방법

1) 일반 매매로 소유권 취득,

2) 경매로 낙찰 받아 소유권 취득,

3) 담보부 부실채권 인수 후 경매로 낙찰 받아 소유권 취득,

4) 물하나 교환으로 소유권 취득,

5) 상속받아 소유권 취득,

6) 증여받아 소유권 취득,

7) 시효로 소유권 취득,

8) 기타 방법으로 소유권 취득, 이 있다.

「경매 투자+부실채권 투자」의 총 정리 부분이다.

이 중 가장 일반적인 부동산 소유권 취득 방법은 1), 2), 3)이라고 할 수 있다. 1), 2), 3)에는 자금이 소요된다.

4)도 자금이 필요하지만 일반적인 투자 방법이라고 할 수 없다.

5), 6), 7), 8)은 자금은 필요하지 않지만, 일반적인 부동산 소유권 취득 방법이라고 볼 수 없다.

1), 2), 3) 중에 1), 2)는 이 책의 범주를 벗어난다. 이 책의 주된 범위인 「3) 부실채권 인수 후 경매로 낙찰 받아 소유권 취득」에 대해서 살펴보자.

당초 의도대로 되지 않을 수도

「3) 부실채권 인수 후 경매로 낙찰 받아 소유권 취득」은 당초 시작 단계에서는 일정한 투자 전략을 가지고 시작하지만, 처음 계획대로 진행되기가 쉽지 않다. 혼합 투자법은 배당 투자법에서 직접 낙찰법으로 도중에 배를 바꿔 타는 것이다.

부동산 경매와 NPL 투자는 일란성 쌍둥이다.

엄밀히 정의하면 부동산 경매는 본체이지 몸뚱이고, NPL 투자는 곁가지고 꼬리다. 주식이라면 현물과 파생상품으로 비유할 수 있다. 부실채권 투자는 경매의 파생상품 성격을 가지고 있고, 투자 노하우 측면에서도 접근 방법에 차이가 있다.

부실채권 투자는 투자 이익 실현에 다양한 선택지를 가지고 있다.

경매 투자는 낙찰 받아 임대나 매각하는 단순한 투자 전략만을 가지고 있는 것에 비해, 부실채권 투자는 다음에서 보는 바와 같이 7가지 투자 이점을 가지고 있다.

수익(률) 높은 투자법

담보부 부실채권을 매입해서 저당권을 인수한 후 경매로 통해 직접 낙찰 받는 것이다. 이때 누릴 수 있는 투자 효과는 대체로 다음과 같은 7가지다.

① 부실채권 매입 시 융자 효과,
② 배당금 수령,
③ 직접 낙찰 효과,

④ 경락 잔금과 상계 신청,

⑤ 채권수익분 비과세 효과,

⑥ 깡통물건 효과,

⑦ 재개발 – 재건축 효과다.

⑦ 재개발 – 재건축 효과는 임대나 직접 사용으로 보유하면서 개발 시까지 해당 부동산의 소유권을 가져가는 전략이다. 이 경우에는 투자금을 어느 시점에서 회수하게 될지를 예측하기가 어렵다는 단점이 있다. 특히 사업단지가 크거나 조합원이 많은 지역, 개발논의가 오래된 지역일수록 사업이 진행되기가 쉽지 않다. 「재개발 – 재건축」은 말 나오고 10년은 기본이라는 것이 과장된 말이 아니다. 투자금 회수까지 시간이 오래 걸리는데 대한 대책을 세우고 난 다음 투자를 해야 한다.

「담보부 부실채권 투자 + 경매 특수물건 투자」= 「채권 투자 + 소유권 투자」를 통해 얻어지는 '임대 소득'이나 직접 사용함으로써 얻게 되는 '기회비용 수익'은 여기서는 논외로 한다. 엄밀하게 계산해본다면 작은 비용으로 취득한 부동산에서 얻어지는 임대 소득의 수익률도 상당할 것으로 생각된다.

융자를 지렛대로 활용하면, 부담해야 하는 금융 비용과 임대료 수입에는 약 4~5%의 마진이 발생한다. 이는 소유자의 이익으로 돌아온다. 이 책에서는 리모델링, 임대수익 등은 논의하지 않기로 한다.

7가지 투자 효과를 구체적으로 살펴보자

① 부실채권 매입 시 융자 효과

채권 가격	할인율	매입 가격[13]	융자 비율[14]	실투자금액[15]
5,000만 원	30%	3,500만 원	70%	1,050만 원
1억 원	30%	7,000만 원	70%	2,100만 원
2억 원	30%	1억 4,000만 원	70%	4,200만 원
3억 원	35%	1억 9,500만 원	70%	5,850만 원
5억 원	35%	3억 2,500만 원	70%	9,750만 원
10억 원	40%	6억 원	70%	1억 8,000만 원
20억 원	40%	12억 원	70%	3억 6,000만 원
30억 원	45%	16억 5,000만 원	70%	4억 9,500만 원
50억 원	45%	27억 5,000만 원	70%	9억 1,600만 원

부실채권을 할인받아서 매입하고, 매입 자금의 70% 정도는 융자 받을 수 있다. 부실채권의 장부 가격이 높을수록 할인율이 높다. 질권 담보 물건의 성격에 따라, 또 저당권 순위에 따라 할인율은 차이가 있다. 낙찰가율이 높은 부동산일수록 할인율은 낮고, 후순위 저당권일수록 할인율은 높다. 중소 AMC가 일반 투자자들에게 담보부 부실채권을 매각할 때 적용하는 평균 할인율은 10~30% 정도다.

만약 30% 할인받고 매입 시 70%인 4,900만 원을 융자받는다면, 1억 원짜리 부실채권을 2,100만 원만 있으면 매입이 가능하다. 담보부 부실채권투자가 일반매매

---

13) 매입 가격 = 채권가격 × 할인율
14) 융자 비율은 매입 가격을 기준으로 한다. 따라서 1억 원짜리 부실채권을 30% 할인받아 매입 가격을 7,000만 원이라고 하면, 여기서 융자 비율 70%를 적용하면 융자 가능 금액은 4,900만 원이 된다.
15) 실투자금액 = (매입 가격 − 융자 금액)으로, 부실채권 매입에 투자자가 실제 동원해야 하는 자금이다. 여기에 추가되는 부대 비용이 약 2% 정도다.

나 경매투자보다 소요되는 자기자금이 더 작다는 것을 보여주는 자료이다.

② 배당금 수령

채권 가격	회수율	실 수령액	융자 금액	자기 투자 금액	실수령 액
5,000만 원	100%	5,000만 원	2,450만 원	1,050만 원	2,550만 원
1억 원		1억 원	4,900만 원	2,100만 원	5,100만 원
2억 원		2억 원	9,800만 원	4,200만 원	1억 200만 원
3억 원	90%	2억 7천만 원	1억 3,650만 원	5,850만 원	1억 3,350만 원
5억 원		4억 5,000만 원	2억 2,750만 원	9,750만 원	2억 2,250만 원
10억 원	80%	8억 원	4억 2,000만 원	1억 8,000만 원	3억 8,000만 원

배당금 수령법은 투자에서 회수까지 단기간에 마무리하여 수익을 올릴 수 있다.

일반경기와 부동산 경기상황에 따라 낙찰가율이 달라진다. 경기가 나빠질수록 낙찰가율은 낮아진다. 낙찰가격(율)이 낮아지면 배당받을 금액도 작아지게 된다. 따라서 경기상황을 잘 따져가면서 매입가격을 결정해야 한다.

실수령액 안에는 자기 투자 금액과 수익 금액이 포함된다.

이 표의 1억 원짜리 부실채권에 투자한 경우라면, 실수령액 1억 원[=융자 금액 (4,900만 원) + (자기 투자금 2,100만 원 + 수익금 3,000만 원)]으로 된다.

따라서 투자자는 자기 투자금 2,100만 원을 동원해서, 수익금 3,000만 원을 실현하고, 투자 수익률은 142%[= 수익금액(3,000만 원)/자기 투자 금액(2,100만 원)×100]가 된다. 통상 부실채권의 장부 가격이 클수록 회수율은 낮지만, 회수 금액은 크다.

부실채권 투자로 얻는 배당금 이익은 기본 점수에 해당한다. 본격적으로 수익은 이 단계를 지나면서부터 커지기 시작한다.

③ 직접 낙찰 효과

경매 가격	경매최저 가격[16]	저당권 가격	저당권 매입 가격[17]	경매 응찰 가격[18]
2억 원	1억 4,000만 원	1억 원	7,000만 원	1억 6,000만 원
3억 원	1억 9,200만 원	2억 원	1억 4,000만 원	2억 4,000만 원
5억 원	3억 2,000만 원	3억 원	2억 1,000만 원	4억 원
7억 원	4억 4,800만 원	5억 원	3억 5,000만 원	5억 6,000만 원
10억 원	6억 4,000만 원	7억 원	4억 9,000만 원	8억 원

경매 투자와 부실채권 투자의 혼합 투자다. 직접 낙찰법에서 저당권자는 자신의 채권최고액까지 응찰 가격을 제시할 수 있다. 3억 원짜리 저당권을 2억 1천만 원에 매입했다고 해도 배당받을 금액은 3억 원이다.

이 물건의 경매 감정 가격은 5억이고, 2번 유찰로 3억 2,000만 원으로 떨어진 상태에서 부실채권 매입 투자자가 4억 원에 응찰하여 직접 낙찰 받았다고 하자. 부실채권을 매입한 투자자는 채권최고액까지 응찰 가격을 제시할 수 있어 입찰 과정에서 가장 유리하다.

경매 물건의 제1저당권을 가졌다는 사실이 주는 투자의 자유로움은 만끽해보지 못한 사람이라면 알 수 없는 매력이다. 경매를 신청할 권리, 경매를 취하할 권리, 배당받을 권리, 낙찰시 다른 응찰자보다 월등히 우월한 입장에서 낙찰받을수 있는 이점이 있다. 어떤 부동산에 제1순위 저당권을 가지고 있다면 사실상 그 부동산의 소유권을 가지고 있는 것과 마찬가지다. 직접 낙찰로 배당이익의 배가 되는 수익을 누릴 환경이 만들어지고 있다.

---

16) 두 번 유찰로 감정 가격 대비 64%라고 하자.
17) 저당권 금액의 30% 할인받아 70%에 부실채권을 매입했다고 하자. 채권 매입 시 70%를 융자받아 1억 원짜리를 7,000만 원에 매입할 때 4,900만 원을 융자받아, 실제 동원된 자금은 2,100만 원이라는 조건은 앞에서 말한 바와 같다고 하자.
18) 경매 감정 가격의 80%에 응찰해서 낙찰 받았다고 하자.

④ 경락 잔금과 상계 신청

경매 가격	저당권 가격	경매 응찰 가격	상계 신청액[19]	경락 잔금액[20]	실제 잔금 납부액
2억 원	1억 원	1억 6,000만 원	1억 원	3,000만 원	3,000만 원
3억 원	2억 원	2억 4,000만 원	2억 원	2,000만 원	2,000만 원
5억 원	3억 원	4억 원	3억 원	5,000만 원	5,000만 원
7억 원	5억 원	5억 6,000만 원	5억 원	3,000만 원	3,000만 원
10억 원	7억 원	8억 원	7억 원	5,000만 원	5,000만 원

부실채권 매입할 때 융자받고, 경락 잔금 대출을 이용하고, 배당받을 금액을 상계 신청할 수 있는 투자 방법이다.

부실채권 투자에 두 번 융자받는 것이다. 담보부 부실채권 3억 원짜리를 70%인 2억 1,000만 원에 매입하고, 이 물건을 4억 원에 응찰하여 3억에 대해서는 상계 처리하기로 하였다고 하자. 차액 1억 원의 50%인 5,000만 원은 잔금 융자로 해결하고, 나머지 50%인 5,000만 원만 납부하면 된다. 그러나 3억 원에 대해서 이해관계자가 배당에 이의를 제기하는 경우 상계 신청이 받아들여지지 않을 수 있다.

그 같은 경우 금융기관에서는 일단 경락 잔금으로 잔금 납부를 하고 난 다음에, 배당받은 금액으로 바로 대출을 상환하는 방법이 있다. 상계 금액만큼 경락 잔금 융자를 받아서 잔금을 납부하는 것이다. 그 기간만큼 대출 이자를 비롯한 융자에 따른 부대 비용은 추가된다. 경락잔금 융자를 활용하여 잔금을 납부할 때 중요한 사항은 대출가능금액과 이자율, 중도상환 수수료의 발생여부다. 낙찰받기전에 경락잔금 대출 컨설턴트를 통해 이러한 내역을 파악, 확정한 다음 응찰하면 된다.

---

[19] 저당권 가격만큼 상계 신청이 가능하다.
[20] 실제 납부해야 할 잔금의 50%를 경락 잔금으로 해결했다고 하자.

⑤ 수익분 비과세 효과

구 분	투자 차익	세율[21]	납부할 세금	실수익 금액
부동산 투자	5천만 원	50%	2,500만 원	2,500만 원
	1억 원		5,000만 원	5,000만 원
	3억 원		1억 5,000만 원	1억 5,000만 원
	5억 원		2억 5,000만 원	2억 5,000만 원
채권(펀드) 투자	5천만 원	15.4%	770만 원	4,230만 원
	1억 원		1,540만 원	8,460만 원
	3억 원		2,310만 원	2억 7,690만 원
	5억 원		3,850만 원	4억 6,150만 원
부실채권 투자	5천만 원	비과세	Zero	5천만 원
	1억 원			1억 원
	3억 원			3억 원
	5억 원			5억 원

3가지 투자 유형을 비교해보자.

표를 정리해보면 부실채권 투자의 우수성이 한눈에 보인다.

배당을 목적으로 경매 진행되고 있는 물건은 5~6개월이면 투자금이 회수되고, 직접 낙찰 받는 것이 목적이라도 1년이면 마무리할 수 있다. 단기 투자와 함께 배당 이익에 대한 비과세로 수익률은 다른 어떤 투자 대상보다 높음을 알 수 있다.

부실채권 투자로 발생한 수익분에 대한 비과세 지속여부가 쟁점이다. 과세하기 쉽지 않다는 것이 세무전문가의 다수 견해다.

⑥ 깡통물건 투자 효과

임차인이 많은 다가구주택을 통해 투자된 금액 이상을 임대보증금으로 회수하고, 그 자금으로 다음 투자를 준비한다.

예를 들어 감정 가격 15억 원짜리 다가구주택의 10억 원짜리 저당권을 7억 원에 매입한 다음, "두 번 유찰로 9억 6,000만 원으로 떨어졌을 때 10억 5,000만 원에 응찰"했다고 하자.

"낙찰 받은 다음",

"경락 잔금까지 동원하여 소유권을 취득하여",

"임대 처분만으로 12억 원의 임대보증금을 받았다고 하고",

"이전 비용과 기타 비용을 합해서 총 11억 원이 들어갔다"고 하자[21].

11억 원에 집을 사서, 12억 원을 임대보증금으로 받는 구도다.

또한 선순위 임차인이 배당 요구를 안 해서 인수 금액이 많은 주택의 경우도 수익이 높은 물건이다. 배당 요구는 했지만 배당받지 못한 선순위 임차인들이 잔뜩 포진해 있는 다가구주택은 낙찰 가격이 1순위 저당권의 채권최고액 아래로 떨어지는 경우도 흔하다.

부실채권 투자자가 직접 낙찰법을 구사할 수 있는 훌륭한 경매 물건이다. 즉 저당권 채권 가격보다 낙찰 가격이 더 많이 떨어질수록 투자 가치는 높아진다. 부실채권을 매입해서 직접 투자로 낙찰 받는 경우에는 두 번 융자를 이용할 수 있다는 말을 상기하시면 이해가 될 것이다.

저당권자가 배당받을 금액은 10억 원인데 최저응찰가격이 3억 원으로 떨어졌

---

[21] 물론 이 금액에는 부실채권을 인수할 때 받은 융자금과, 경락 잔금 융자 때 받은 금액까지가 모두 포함되어 있다. 따라서 실제 동원된 자금은 총 금액의 약 20~25% 정도라고 하면 크게 틀리지 않는다.

고, 선순위 임차인이 있어 인수해야 할 보증금이 2억 원 있다고 가정해보자. 이런 경우에 저당권자가 응찰할 수 있는 최고 응찰가격인 10억 원까지는 응찰해도 잔금 납부 때 상계 처리가 되면 경매 잔금 납부 시 잔금을 납부하지 않아도 된다.

이렇게 되면 부동산 양도세를 계산할 때 매입 원가가 10억 원으로 잡혀 양도세 부담이 훨씬 줄어드는 장점까지 덤으로 바라볼 수 있다. 5억 원짜리 부동산 샀는데 임대보증금으로 6억 원 나온다.

배당받을 채권최고액만큼 응찰하여 소유권을 취득하고는 깡통물건을 만들고, 매각 시에는 높은 매입 가격을 인정받아 양도소득세 납부액을 줄이는 방법이다. 다시 두 가지 투자 효과를 기대할 수 있다.

⑦ 재개발 – 재건축 효과

앞의 방법으로 구입한 주택(부동산)이 구도심의 재개발·재건축 지역에 포함되어 있다면 투자 수익률은 수배로 늘어난다. 재개발·재건축으로 인한 투자 효과 상승은 여러분들도 이미 잘 알고 계시는 부분이다. 참고할 만한 좋은 재개발·재건축 책들이 시중에 여러 권 나와 있으니, 이 부분에 관해 개념 정리가 약한 분들은 일독하셔서 부실채권 투자 물건 선정 시 참고하면 더 높은 투자 효과를 얻을 수 있을 것이다.

재개발·재건축 지역에 포함되어 조합아파트 입주권 취득(깡통매물 점수 × 2배)까지로 연결할 수 있는 것이 부실채권 투자다.

05
부실채권 투자를 망치는 악성 바이러스

부실채권 투자에 관련된 사기 유형

즐거움 7가지를 통해서 부실채권 투자의 장점을 보았다. 양지였다. 음지도 있다. 지금부터는 부실채권 투자 세계의 어두움을 보도록 한다. 부실채권 투자에 관련된 사기 사건 신문 기사를 볼 수 있다. 부실채권 관련 사기는 크게 세 가지로 나눌 수 있다.

① 금융기관이 저지르는 부실채권 사기

2010~2012년에 전국적으로 저축은행 연쇄 부실이 발생했을 때 그 전모가 드러났다. 감독당국의 관리 감독이 비교적 허술한 저축은행에서 발생한 금융 사기 사건이다. 부동산 PF 대출 등에 무리하게 투자를 감행했다 부실화되자 고객들에게서 받은 투자금을 부실화된 담보저당권에 막대하게 쏟아부었다. 고객에게 투자처를 명확하게 알리지 않고 그것도 부실화된 저당권에 투자한 것이다.

② 부실채권 관련 투자 전문 업체가 저지르는 사기

'부실채권 투자' 미끼 1,000억 원대 사기-지난해도 같은 범죄[22]
"높은 이자 주겠다" 유혹… 피해자만 2666명

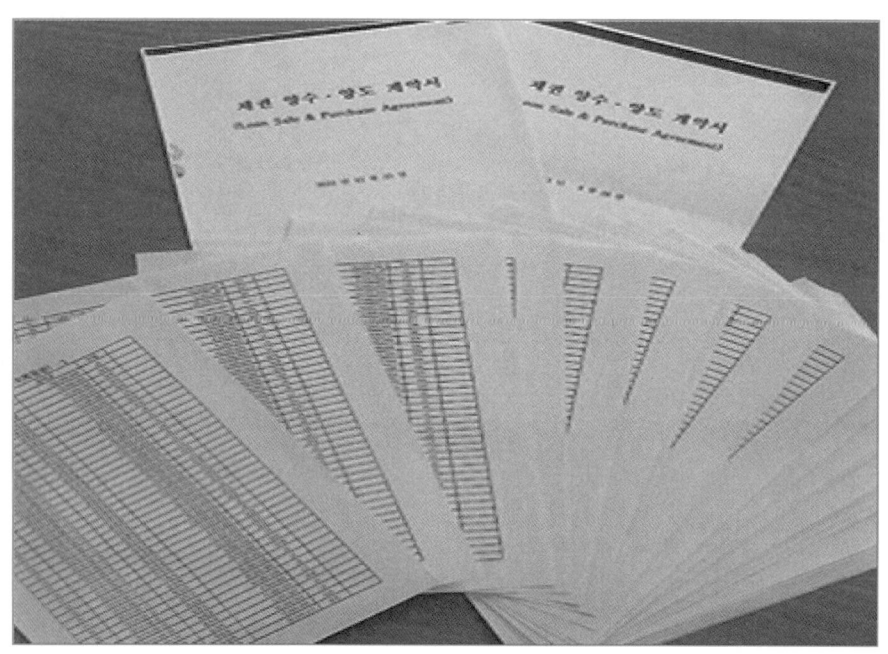

부실채권에 투자하면 높은 이자를 주겠다고 속여 1,000억 원을 챙긴 다단계 사기 사건이 발생해 검찰이 조사 중인 것으로 밝혀졌다. 검찰에 따르면 차모(경기도·38)씨 등 4명은 지난해 5월 서울 강남 지역에 부실채권 매입 추심 사업을 하는 법인 5개를 설립한 뒤 투자자를 모아 모두 400억 원을 가로챈 혐의를 받고 있다. 이들은 투자자들에게 "은행에서 매각하는 부실채권을 매입한 뒤 회수율을 높이면 고수익을 올릴 수 있다"며 "이 사업에 투자할 경우 연 18~24%의 높은 이자를 주겠

---

22) 주간한국 2011. 12. 23 기사 인용. 이 유형이 대표적인 사기 유형이다.

다" 속여 투자를 끌어들인 것으로 드러났다. 하지만 이들이 실제 회수한 채권액은 1억 원에 불과해 이자 지급이 불가능했던 것으로 드러났다.

공동투자·사모펀드에서 발생하는 사기의 대표적인 유형이다. 이 유형은 펀드를 통해 투자금을 모집하고 운영하는 주최가 부실채권을 전문으로 강의하는 교육 기관의 선생일 수도 있고, 부실채권을 직접 매입해서 운용 후 수익을 돌려주는 AMC일 수도 있고, 기획 부동산일 수도 있다. 또는 인터넷의 부실채권 동호회가 창구일 수도 있다.

③ 부실채권 관련 투자 사기

부실채권의 독특한 투자·유통 환경으로 인해 부실채권 관련 투자 사기가 끊이지 않고 있다. 부실채권 투자 관련 사기 뉴스는 더 이상 뉴스거리도 아니다. 자금을 끌어들이는 방식도 다양하다.

「피라미드 – 다단계 방식」으로 투자자를 유인하는 방법이 대표적이다. 또한 부실채권 전문 교육 기관의 일부 강사 선생들이 가세하고 있다. 수강생을 상대로 공동투자, 수익(률) 높은 물건 소개를 명목으로 문제를 야기하는 경우도 발생하고 있다.

부실채권 전문 학원 강사들 중에는 도매상인 유암코나 우리F&I 등의 직원들로부터 수익률 높은 물건을 직접 빼내서 고수익을 올려준다는 사람들도 있다. 이를 이유로 회원 가입비나 알선 수수료를 요구하는 경우가 대부분이다.

『관계마케팅』, 『사적마케팅』 또는 『네트워크마케팅』이라며 선전한다. 자신을 통하면 대형 도매업체의 부실채권 물건을 중간 과정을 생략하고 거래 가격 이하로 구입할 수 있는 것처럼 호도하지만, 이는 사실과 다르다.

유암코나 우리F&I 등 대형 업체는 물론이고, SPC, 저축은행 직원이 매각 절차를 무시하고 사적인 관계를 통해 부실채권을 유통시키는 행위는 업무 방해 및 업무상 배임에 해당되는 중죄다. 기준 가격 이하로는 절대 매입할 수 없다. 독자 여러분들의 주의가 필요하다.

부실채권 리스크 회피하기

① 부실채권 매입 시 자금을 먼저 송금하지 말라.
② AMC 회사법인 명의로만 송금하라.
③ 부실채권 매도자가 강력하게 권하는 물건은 의심하라.
④ 계약금만 받고 잔금 수령과 소유권 이전에 시간이 걸리면 의심하라.
⑤ 계약금 잔금 납부와 소유권 이전 시 법무사를 통해 당일로 서류 접수까지 하게 하라.
⑥ 추가 비용이 발생하더라도 법무사를 이용하라.
⑦ 모든 서류를 사전에 완벽하게 구비해서 당일로 소유권 이전에 지장이 없도록 하라.
⑧ AMC 등 매도자가 제시하는 수익률은 참고 자료로만 삼고, 수익률 계산은 최대한 보수적으로 하라.
⑨ 물건분석과 권리분석에 최선을 다하라.
⑩ 저당권, 소유권 이전일에는 법무사와 직접 동행하라.
⑪ 부실채권 매입에 서두르지 말고, 물건에 매달리지 말라.
⑫ 부동산 시장 상황도 파악하고 있어라.
⑬ 여유 자금을 일부 가지고 있어라.
⑭ 투자에서 자금 회수까지 시간을 충분히 잡아라.
⑮ 융자를 활용해야 한다면 정상적인 금융기관을 이용하라.

이런 원칙을 준수하면 사기당할 가능성을 훨씬 낮출 수 있다.

다음은 필자에게 온 무담보부 부실채권 투자 관련 e메일이다.

무담보부 부실채권 투자에 관한 지인의 편지

안녕하십니까? 박사님.

예전에 대구 ***대학교 부동산아카데미의 이** 실장입니다. 혹 도움이 될까 몇 자 적어봅니다. 2007년도에 저도 부실채권에 관심을 가지고 당시 삼성카드 채권을 지방에서는 굉장히 규모가 큰 액수를 매입하였습니다.

당시 채권 원금이 2000억이며, 가지급금까지 합치면 약 2500억 원 규모의 부실채권을 매입하였지요. 당시 채권을 비싸게 매입하는 바람에 약 60% 정도의 손해와 많은 소송에 휩싸였어요. 5년 이상 수익은 고사하고 투자 원금마저 거의 회수하지 못하고 소송으로 허송세월하고 있습니다. 그러는 사이 주변의 사람들은 떠나갔고, 사이 또한 나빠졌습니다.

이제는 저더러 대놓고 사기꾼이라고 합니다.

사기꾼이라는 말 맞습니다.

투자 주선했다가 남의 돈 까먹었으면 사기꾼이라는 표현 말고 어떻게 표현하겠습니까.

물론 경제적으로도 많이 어려워졌구요.

무담보부 부실채권 시장에는 하이에나 같은 브로커들이 있습니다.

있지도 않은 권리를 섞어 장사하는 쓰레기들도 굉장히 많습니다. 소규모의 무담보부 부실채권 투자는 수익보다는 리스크가 더욱 크다는 점 유념하셨으면 좋겠습니다. 주제넘을지 모르겠으나 실패의 과정에서 저도 부실채권의 가능성 또한 보았구요.

혹 도움이 필요한 부분이 있으시면 연락주시면 미력한 경험일지라도 도움이 되었으면 합니다.
이** 실장 010-3418-00**

kay**4**@naver.com. 에 대해 필자가 보낸 답장이다.

실장님 안녕하세요. 우형달입니다. 잘 지내시죠. **가톨릭대학 특강 갔을 때 맛난 저녁을 사주시고 동대구

역까지 직접 태워다 주셔서 마음으로 항상 감사했는데 시간만 지나가고 있었네요.

덕분에 잘 지내고 있습니다. 좋은 말씀 감사합니다.

실장님께 그런 고통이 있었네요. 몰랐습니다.

힘내시라는 어쭙잖은 말씀은 드리지 않겠습니다.

그러나 세상일은 결국 지나갑디다.

길게 보시고 야무지게 이겨나가세요.

저도 부실채권 공부하고 책 쓰고 강의하고 투자를 하면서

들여다보고 있는 이 세계를 만만하게 보고 시작했다가는

쌍코피 터지는 것은 시간문제라는 각성이 듭니다.

하여 저희는 담보부 부실채권만, 수익보다는 전체를 확인하는 차원에서 시작했습니다. 하여튼 제가 어떻게 하면 실장님께 작은 도움이라도 될까 말씀해주시면 제가 할 수 있는 일이면 그리 하도록 하겠습니다. 맞는 말씀이세요. 제가 경험하고 있는 부실채권판도

특히 무담보는 쓰레기 난장에 거의 아사리판입디다.

돈이 돈이 아니고 인간이 인간이 아닙디다.

짧은 시간 경험한 이 업계는 인간 중에도 무담보 채권이 있습디다.

업자야 그럴 수 있다고 쉽게 이해하지만, 그렇게까지 하지 않아도 될 선생도, 원장도, 학생 투자자들 중에도 투자를 권하고, 돈을 모으는 인간 무담보 부실채권이 있습디다. 실장님 경황이 없을 것 같은데 아무튼 연락 주셔서 반갑습니다.

서울 오실 일 있으면 편하게 연락 한번 주세요. 소주 한잔 사겠습니다. 인생 짧은 것 같지만 쪼개서 보면 그 안에서 참 많은 일들이 있습니다.

세상일이 내 맘대로만 된다면 얼마나 재미없을까요.

맘대로 안 되니까 노심초사하고 궁리하고 애 써보는 거죠.

다시 연락 주시기 바랍니다. 감사합니다.

우형달 배상.

06
부실채권 투자에 관한 오해와 진실

민사집행법 시행과 공인중개사의 매수 대리가 허용되면서 경매 시장은 본격적으로 대중화되었다. 경매 시장의 대중화로 평균 이상의 수익 달성이 어려워지고 있다. 이런 시장 상황을 반영하듯 부동산 경매 투자를 업으로 하던 사람들 중 일부가 담보부 부실채권 시장으로 투자 영역을 확장하고 있다. 민사집행법이 시행될 때까지 부동산 경매 시장에는 많은 오해가 존재해왔다. 새롭게 장이 열리고 있는 부실채권 투자 시장처럼 말이다.

호가(呼價)제로 경매를 진행하던 시절에는 무질서가 판쳤다. 그 무질서한 판 속에서 극히 일부의 사람들이 경매 시장의 꿀단지를 독식했다. 입찰 방식을 호가제에서 입찰제로 바꾸면서 경매판이 어느 정도 정화되었다. 그러자 일반인들의 참여가 늘어나기 시작했다. 그래도 민사소송법하의 경매 시장은 일부 전문가들의 리그였다.

경매 시장의 장점을 누릴 수가 있었다.

그러면 지금 경매 시장은 어떤가. 민사집행법이 시행되고, 공인중개사들에게 "매수청구권"이 허용되면서 경매 시장에서 "꾼"들만의 리그는 끝이 났다. 하자 없는 물건은 경매 방식보다는 차라리 급매로 매입하는 것이 더 싸다.

부실채권 시장은 어떤가. 인터넷에 올라 있는 글을 통해 부실채권 투자와 시장에 대해 추측해보자.

어떤 인터넷 카페에 올라 있는 글이다

『요즘 NPL 투자에 관련해, 시간적 금전적 피해를 입으신 분들의 수많은 증언을 듣게 되어 속아도 알고 속자는 의미로 적어드리니 참고하시길 바랍니다.

요즘 경매바닥에서 최고로 화두되고 있는 투자법은 NPL 투자인 거 같습니다. 강의하는 곳만 수십 군데고, 돈이 된다며 떠드는 게 아주 난리 부르스입니다. 결론부터 말씀드려, NPL 투자를 알고 있으면 물론 도움이 되지만, 이걸로 큰돈 벌어보겠다는 상상은 그만하시길 바랍니다. 부동산 바닥에서 돈이 되는 진짜 정보는 사람과 사람 사이에 조용히 진행되는 게 현실입니다. 인터넷이나 신문에 공개되는 순간 그 시장은 끝난 시장이라고 보는 게 제 생각입니다.

물론 NPL 강의하시는 분들을 모두 매도하는 것은 절대로 아닙니다. 다만 비싼 돈 주고 배우실 때 알고 배우시라는 의미로 말씀드리는 겁니다. 아래 글은 정말로 인정하는 고수분께서 요즘 돌아가는 NPL 시장의 실태를 보고 쓴 글입니다. NPL 시장에 관하여 적나라하게 적은 글이니, 이 글이 문제가 된다면 삭제하셔도 좋습니다. 저 또한 강의에 관해 고운 시선으로 보는 사람은 아니거든요.

어떤 자가 있습니다.

요즘 그자가 부실채권 무료 특강 스팸 메일을 부어댑니다. 귀찮아죽겠습니다. 야후 메일로, 다음 메일로, 쪽지로, 꼭 한 번에 하나씩 보내는 것도 아니고 2개 이상을 보내고, 잊을 만하면 또 보내고 또 보내고, 어떻게 포털사이트의 제 아이디를 알았는지는 모르겠지만, 이거 삭제하기도 짜증 납니다. 하도 부실채권 교육 ~ 부실채권 교육 ~ 하길래, 그 사람의 사이트를 들어가서 맛보기 교육이란

게 있어서 잠깐 들어봤더니, 어휴 그렇습니다. 경매 시장이 침체되고 중간 마진이 없다 보니, 많은 사람이 실전보다는 강의(교육)로 생활비를 벌고 있는데, 이 강의 그룹에서 밀려나거나 혹은 미래 산업을 선도한다는 제멋대로의 자부심(?)으로 NPL 설레발치고 다니는 사람들 무지 많이 봤습니다.

결국 다 벌어먹고 살려는 것이라고는 이해하지만, 경매로 돈 못 버는 사람, 경매가 어려워 접근 못 하는 사람, 매번 2등 3등으로 낙찰 못 받는 사람 등 순진하고도 돈 좀 벌어보려고 애쓰는 사람들 모아놓고 마치 부실채권을 인수해서 경매와 함께 버무리면 뭔가 대단한 돈이 나온다고 설을 풀어대니 이 업을 조금 아는 사람 입장으로 보면 애처롭기까지 합니다.

사람은 배워야 하는 법! 이 이치를 모르는 것은 아니지만, 배워도 제대로 배우고, 가르쳐도 제대로 가르쳐야 하는 것이 이치인데, 너무들 하십니다. 실전에서 겨우 버티거나 깨진 사람들이 경험 좀 먼저 했다고 강의하고, 또는 적당한 경매 실력과 얄팍한 부실채권 지식으로 강의하는 사람들. 순진한 일반 사람들 돈 빨아먹고, 중강 후 재자랍시고 그 사람들 활용해 인터넷 마케팅하고 구전 마케팅하고, 안타깝지만 현실적으로 말하자면, 경매에는 훌륭한 고수 강의자 많습니다만, 실무에 도움 되는 부실채권 강의에는 추천할 분 없습니다.

무슨 OO대학교 평생교육원/사회교육원/지식교육원 교수? 할 말 없습니다. 그리고 순진한 개미 담보부 부실채권 재테크 투자자분들! 결국 경매장에서 낙찰 받아 인수할 거면 뭐하러 근저당권 인수합니까? 근저당 인수하면 돈이 안 들어가나요? 인수비용 들어갑니다. 이중으로 돈이 든다는 말입니다. 그냥 실수요자이거나 부동산을 사고 싶으면, 경매로 받든지 급매물 인수하면 됩니다.

수백억으로 수백 개의 부동산을 한 번에 인수하면 그중 일부가 위 경우가 발생되긴 하지만, 개미의 재테크 수준으로는 가능성이 높지 않은 세계입니다. 부동산 담보부 부실채권을 인수하는 사람/회사들은 이 부실채권 일을 별도의 산업으로 분류하여, 부가가치를 늘려가는 사업을 하는 사람/회사입니다.

치열하게 경쟁하고, 열정적으로 공부하고, 온몸으로 부딪혀가면서 세상 살아가는 사람들입니다. 그렇게 해도 돈 많이 안 됩니다. 불과 몇 년 전에는 됐었습니다. 지금은 아닙니다. 지금은 부실채권으로 한정하지 말고 그 부실자산을 잘 활용하여 가치를 올리는 작업을 해야 돈이 됩니다. 부실채권을 단순히 재테크 차원으로 보시는 분들, 이제 이것을 보는 시각, 바꾸셔야 합니다.

재테크가 아니고 말초신경까지 곤두세우면서 일하셔야 합니다. 물론 간접 투자 방식으로 재테크는 가능하지만 투자처를 정말 잘 고르셔야 합니다. 자세를 바로 갖추고, 올바른 지식과 정열적 의지를 뛰시면 돈 됩니다. 그렇게 하셔야 합니다. 무슨 부실채권이 거저 돈 되는 양 현실을 호도하는 스팸 메일을 며칠간 연거푸 받으니 화가 나서 몇 자 적었습니다.』

『557 對 6』이라는 스코어

『557 對 6』은 무슨 경기 점수 같기는 한데 감이 안 온다. 『557 對 6』이라니 도대체 뭔지 알 수가 없다고 고개를 갸웃하시는 분들이 눈에 선하다. 점수 내기로 승부를 가리는 어떤 종목의 스포츠를 아무리 생각해봐도 이런 결과는 나올 수가 없기 때문이다.

답은 이렇다. 대형 인터넷 서점에서 검색해본 경매 책과 부실채권 책 가짓수이다. 앞의 '557'은 부동산 경매 관련 책의 종류이고, '6'이 부실채권 관련 서적이다. 부실채권 책 중에 재테크 서적으로 현재 초보 독자들에게 도움이 될 만한 책은 3권뿐이다.

그중 한 권이 얼마 전에 필자가 선보인 『NPL 투자 비법(매일경제신문사)』이고, 나머지 3권은 절판되어 더 이상 판매되지 않거나, 일반인들이 재테크로서 부실채권을 공부하는 데 도움이 되는 책이 아니다. 학술 서적이나 외국 부실채권에 관한 책이다.

이 같은 상황의 본질적인 이유가 뭘까. 한 해 수조(兆) 원어치 부실채권이 「생성-유통-매각」되는 현실을 보더라도 정상적인 상황이라고 말하기 어렵다.

『557 대 6』과 인터넷 글을 연결해보자

앞의 글을 읽으면서 쓴 사람이 양심적이라는 것을 느낀다. 그러나 이 글은 일면의 긍정적인 측면도 있지만, 사람들이 부실채권 시장에 진입하려는 데 장벽으로 작용하는 부작용을 가져올 수 있다. 그리고 다른 쪽에서는 극히 일부의 사람들이 반사 이익을 누린다는 것이다. 앞의 인터넷 글을 조금만 더 보자.

『낙찰이 되어야 부동산도 인수하잖냐고 하면서 근저당권을 갖고 있으면 1등으로 낙찰 받는 데 좋잖냐고 하는 분들 있습니다.
어느 매각자가 돈 되는 근저당권을 저가에 팝니까?
세상 그리 호락호락 남에게 돈 쥐여주는 세상 아닙니다. 낙찰가 정도로 팝니다. 게다가 누가 한 개씩 매각하나요? 두 개씩 산다 해도 안 팝니다. 세 개씩도 마찬가지입니다. 설령 매각한다고 해도, 덩치 큰 채권이거나 유통을 거친 돈 안 되는 채권입니다.
2순위 근저당권을 인수하여 이쩌고저쩌고. 그거 인수해서 선순위권자에게 한번 뺨 맞으면, 그간 죽어라 모은 돈 한 방에 나락으로 떨어집니다. 부동산은 보유하다 팔면 세금 나오고 양도세 나오는데 부실채권은 안 그렇다구요? 헛소리입니다. 담보부 론세일은 유통 한 단계 거치면 아예 거래가 안 되는 구조입니다.
배당 받아서 수익을 챙긴다구요?
배당 이익이 있을 부실채권을 누가 판답니까? 가만히 있어도 법원에서 돈 주는데 매각자가 왜 팝니까? 설령 인수했다고 해도 수익률 낮습니다. 또 이런 기회가 매번 내가 원할 때마다 오지 않습니다.』

돈 되는 물건은 매각하지 않는다는 것이 요지다.

실체가 알려지는 것이 반갑지 않다

필자는 부실채권 투자 전문가에게 재테크로서 부실채권에 관한 책을 쓰자고 제의했다가 무안 당한 적이 있다. 공저에 동의는 고사하고 책 쓰지 말라는 부탁을 들었다. 그 이유는 다음과 같다.

첫 번째는 높은 수익률이다.

약 10여 년 동안 고수들은 일반인들이 자신들만의 경기장에 들어오지 못하도록 높은 장벽을 쌓아놓고 있다. 부실채권 투자가 리스크가 높은 것처럼 말하지만 자신들만의 파티에 불청객이 들어오는 것이 반갑지 않을 뿐이다. 리그 안에서 자기들끼리만 배가 터지도록 먹고 마시는 태평성대를 누리고 있었다. 그런 상태가 아직은 계속되고 있다. 그러나 빗장이 열리고 있는 대세를 막을 수는 없다. 부실채권 시장에도 대중화 바람이 불기 시작했다. "담보부 부실채권" 투자가 위험하다는 말들이 횡행한다. 냉정하고 솔직하게 한번 따져보자. 금융기관이 설정한 제1순위 저당권이 위험하다고 하면, 도대체 위험하지 않은 투자처가 어디 있을까.

필자가 경험해본 금융권 1순위 저당권은 너무나 안전했다. 완벽하게 안전했다. 담보부 부실채권 투자에서 문제가 생기는 경우는 1저당권과는 상관이 없는 경우가 일반적이다. 부동산 자체의 하자만 걸러낼 수 있다면, 등기부 상 모든 하자는 금융권 제1저당권이 말소기준이 되지 않는 금융권 경매 물건을 본 적이 없다. 그럼에도 담보부 부실채권이 위험하다는 편견이 여전히 횡행하고 있다. 무담보부 부실채권의 위험한 특징을 담보부 부실채권에 슬쩍 끌고 들어와 혼란을 주는 일부 사람들의 책임이다. 불순한 의도는 물론 따로 있을 것이다.

소문대로 무담보부 부실채권은 일반인들이 투자하기에는 위험이 있다. 그러나 이는 무담보부 부실채권에 한정되는 이야기다. 또한 담보부 부실채권보다 훨씬 더 큰 자기 자금이 필요하다. 부실채권의 『생성-유통-처분』이라는 구조를 이해하고 나면 기존의 투자자들이 높은 진입장벽을 쌓은 이유를 알게 된다.

두 번째는 부실채권의 도입 과정이 생소하다

부실채권이 국내에 도입되는 과정이 일반인들에게 친숙할 이유가 별로 없었다. 부실채권이라는 개념은 외환위기 직후에 론스타 등 외국계 투기 자본이 도입·소개한 투자법이다. 도입 초창기에는 자산관리공사나 은행, 외국계 투자 자본 간에 거래가 이루어졌다. 매각하는 주체나 매입하는 주체가 일반인이 아니다. 매각 단위도 1~2천억 원대에서 조(兆) 단위 Pool로 매각된다.

세 번째는 "채권 투자"는 돈 많은 사람들의 장기 투자라는 인식이다

명칭이 주는 느낌도 부정적이다. "채권 투자"도 아니고 "부실채권 투자"다. "부실(不實)"이라는 말이 거부감을 들게 한다. 유통 과정이 복잡하게 보이는 것도 오해를 더 하게 만들었다. 시작 과정이 다른 투자에 비해서 복잡한 것도 사실이다. 이러한 요소들이 복합적으로 작용하면서 "부실채권" 투자를 생소하게 여기게 하였고, 이런 요소들이 복합적으로 작용하면서 "부실채권" 투자를 시작하려는 사람들을 주저하게 만들었다. 오해가 사실처럼 인식되어버렸다. 그러나

『어느 매각자가 돈 되는 근저당권을 저가에 팝니까?』에 반론은 보낸다.

『돈 안 되는 것처럼 보이는 쓰레기 부동산 물건의 근저당권에 돈이 있다』고.

마지막으로 『사랑하는 만큼 알게 되고 아는 만큼 보인다』는
유홍준 교수의 글을 인용하면서 마무리 하고자 한다.

5장

부록: 용어 법령집

부록 1 : 주택 소액임차인 최우선변제 배당 연습

① 서울특별시 주거용 부동산

(1) 말소기준 설정일 『1984년 1월 1일~1987년 11월 30일』 사이라면, 2011년 5월에 임대차계약을 맺는다 해도 임차보증금액이 (   )원 이하여야 최고 (   )원까지를 최우선변제로 보호받을 수 있다.

(2) 말소기준권리 설정일이 『1987년 12월 1일~1990년 2월 18일』 사이라면, 2011년 5월에 임대차계약을 맺는다 해도 임차보증금액이 (   )원 이하여야 최고 (   )원까지를 최우선변제로 보호받을 수 있다.

(3) 말소기준권리 설정일이 『1990년 2월 19일~1995년 10월 18일』 사이라면, 임차보증금액이 (   )원 이하여야 최고 (   )원까지를 최우선변제로 보호받을 수 있다.

(4) 말소기준권리 설정일이 『1995년 10월 19일~2001년 9월 14일』 사이라면 임차보증금액이 (   )원 이하여야 최고 (   )원까지를 최우선변제로 보호받을 수 있다.

(5) 말소기준권리 설정일이 『2001년 9월 15일~2008년 8월 20일』 사이라면 임차보증금액이 (   )원 이하여야 최고 (   )원까지를 최우선변제로 보호받을 수 있다.

(6) 말소기준권리 설정일이 『2008년 8월 21일~2010년 7월 25일』 사이라면 임차보증금액이 (   )원 이하여야 최고 (   )원까지를 최우선변제로 보호받을 수 있다.

(7) 말소기준권리 설정일이 『2010년 7월 26일~현재까지』는 임차인의 임차보증금액이 (   )원 이하여야 최고 (   )원까지를 최우선변제로 보호받을 수 있다.

② 부산광역시 주거용 부동산

(1) 말소기준권리 설정일이 『1984년 1월 1일~1987년 11월 30일』 사이라면, 2011년 5월에 임대차계약을 맺는다 해도 임차보증금액이 (   )원 이하여야 최고 (   )원까지를 최우선변제로 보호받을 수 있다.

(2) 말소기준권리 설정일이 『1987년 12월 1일~1990년 2월 18일』 사이라면, 2011년 5월에 임대차계약을 맺는다 해도 임차보증금액이 (   )원 이하여야 최고 (   )원까지를 최우선변제로 보호받을 수 있다.

⑶ 말소기준권리 설정일이 『1990년 2월 19일~1995년 10월 18일』 사이라면, 임차보증금액이 (   )원 이하여야 최고 (   )원까지를 최우선변제로 보호받을 수 있다.

⑷ 말소기준권리 설정일이 『1995년 10월 19일~2001년 9월 14일』 사이라면 임차보증금액이 (   )원 이하여야 최고 (   )원까지를 최우선변제로 보호받을 수 있다.

⑸ 말소기준권리 설정일이 『2001년 9월 15일~2008년 8월 20일』 사이라면 임차보증금액이 (   )원 이하여야 최고 (   )원까지를 최우선변제로 보호받을 수 있다.

⑹ 말소기준권리 설정일이 『2008년 8월 21일~2010년 7월 25일』 사이라면 임차보증금액이 (   )원 이하여야 최고 (   )원까지를 최우선변제로 보호받을 수 있다.

⑺ 말소기준권리 설정일이 『2010년 7월 26일~ 현재까지』는 임차인의 임차보증금액이 (   )원 이하여야 최고 (   )원까지를 최우선변제로 보호받을 수 있다.

③ 인천광역시 및 과밀 억제 권역 주거용 부동산

⑴ 말소기준권리 설정일이 『1984년 1월 1일~1987년 11월 30일』 사이라면, 2011년 5월에 임대차계약을 맺는다 해도 임차보증금액이 (   )원 이하여야 최고 (   )원까지를 최우선변제로 보호받을 수 있다.

⑵ 말소기준권리 설정일이 『1987년 12월 1일~1990년 2월 18일』 사이라면, 2011년 5월에 임대차계약을 맺는다 해도 임차보증금액이 (   )원 이하여야 최고 (   )원까지를 최우선변제로 보호받을 수 있다.

⑶ 말소기준권리 설정일이 『1990년 2월 19일~1995년 10월 18일』 사이라면, 임차보증금액이 (   )원 이하여야 최고 (   )원까지를 최우선변제로 보호받을 수 있다.

⑷ 말소기준권리 설정일이 『1995년 10월 19일~2001년 9월 14일』 사이라면 임차보증금액이 (   )원 이하여야 최고 (   )원까지를 최우선변제로 보호받을 수 있다.

⑸ 말소기준권리 설정일이 『2001년 9월 15일~2008년 8월 20일』 사이라면 임차보증금액이 (   )원 이하여야 최고 (   )원까지를 최우선변제로 보호받을 수 있다.

⑹ 말소기준권리 설정일이 『2008년 8월 21일~2010년 7월 25일』 사이라면 임차보증금액이

　　　　(　　)원 이하여야 최고 (　　　)원까지를 최우선변제로 보호받을 수 있다.

　(7) 말소기준권리 설정일이 『2010년 7월 26일~현재까지』는 임차인의 임차보증금액이 (　　　)원 이하여야 최고 (　　　)원까지를 최우선변제로 보호받을 수 있다.

④ 광역시 주거용 부동산

(1) 말소기준권리 설정일이 『1984년 1월 1일~1987년 11월 30일』 사이라면, 2011년 5월에 임대차계약을 맺는다 해도 임차보증금액이 (　　　)원 이하여야 최고 (　　　)원까지를 최우선변제로 보호받을 수 있다.

(2) 말소기준권리 설정일이 『1987년 12월 1일~1990년 2월 18일』 사이라면, 2011년 5월에 임대차계약을 맺는다 해도 임차보증금액이 (　　　)원 이하여야 최고 (　　　)원까지를 최우선변제로 보호받을 수 있다.

(3) 말소기준권리 설정일이 『1990년 2월 19일~1995년 10월 18일』 사이라면, 임차보증금액이 (　　　)원 이하여야 최고 (　　　)원까지를 최우선변제로 보호받을 수 있다.

(4) 말소기준권리 설정일이 『1995년 10월 19일~2001년 9월 14일』 사이라면 임차보증금액이 (　　　)원 이하여야 최고 (　　　)원까지를 최우선변제로 보호받을 수 있다.

(5) 말소기준권리 설정일이 『2001년 9월 15일~2008년 8월 20일』 사이라면 임차보증금액이 (　　　)원 이하여야 최고 (　　　)원까지를 최우선변제로 보호받을 수 있다.

(6) 말소기준권리 설정일이 『2008년 8월 21일~2010년 7월 25일』 사이라면 임차보증금액이 (　　　)원 이하여야 최고 (　　　)원까지를 최우선변제로 보호받을 수 있다.

(7) 말소기준권리 설정일이 『2010년 7월 26일~현재까지』는 임차인의 임차보증금액이 (　　　)원 이하여야 최고 (　　　)원까지를 최우선변제로 보호받을 수 있다.

⑤ 4개 시 주거용 부동산

(1) 말소기준권리 설정일이 『1984년 1월 1일~1987년 11월 30일』 사이라면, 2011년 5월에 임대차계약을 맺는다 해도 임차보증금액이 (　　　)원 이하여야 최고 (　　　)원까지

를 최우선변제로 보호받을 수 있다.

(2) 말소기준권리 설정일이 『1987년 12월 1일~1990년 2월 18일』 사이라면, 2011년 5월에 임대차계약을 맺는다 해도 임차보증금액이 (   )원 이하여야 최고 (   )원까지를 최우선변제로 보호받을 수 있다.

(3) 말소기준권리 설정일이 『1990년 2월 19일~1995년 10월 18일』사이라면, 임차보증금액이 (   )원 이하여야 최고 (   )원까지를 최우선변제로 보호받을 수 있다.

(4) 말소기준권리 설정일이 『1995년 10월 19일~2001년 9월 14일』 사이라면 임차보증금액이 (   )원 이하여야 최고 (   )원까지를 최우선변제로 보호받을 수 있다.

(5) 말소기준권리 설정일이 『2001년 9월 15일~2008년 8월 20일』 사이라면 임차보증금액이 (   )원 이하여야 최고 (   )원까지를 최우선변제로 보호받을 수 있다.

(6) 말소기준권리 설정일이 『2008년 8월 21일~2010년 7월 25일』 사이라면 임차보증금액이 (   )원 이하여야 최고 (   )원까지를 최우선변제로 보호받을 수 있다.

(7) 말소기준권리 설정일이 『2010년 7월 26일~현재까지』는 임차인의 임차보증금액이 (   )원 이하여야 최고 (   )원까지를 최우선변제로 보호받을 수 있다.

⑥ 모든 광역시 군 및 그 밖의 기타 지역 주거용 부동산

(1) 말소기준권리 설정일이 『1984년 1월 1일~1987년 11월 30일』 사이라면, 2011년 5월에 임대차계약을 맺는다 해도 임차보증금액이 (   )원 이하여야 최고 (   )원까지를 최우선변제로 보호받을 수 있다.

(2) 말소기준권리 설정일이 『1987년 12월 1일~1990년 2월 18일』 사이라면, 2011년 5월에 임대차계약을 맺는다 해도 임차보증금액이 (   )원 이하여야 최고 (   )원까지를 최우선변제로 보호받을 수 있다.

(3) 말소기준권리 설정일이 『1990년 2월 19일~1995년 10월 18일』 사이라면, 임차보증금액이 (   )원 이하여야 최고 (   )원까지를 최우선변제로 보호받을 수 있다.

(4) 말소기준권리 설정일이 『1995년 10월 19일~2001년 9월 14일』 사이라면 임차보증금액

이 (　　)원 이하여야 최고 (　　)원까지를 최우선변제로 보호받을 수 있다.

(5) 말소기준권리 설정일이 『2001년 9월 15일~2008년 8월 20일』 사이라면 임차보증금액이 (　　)원 이하여야 최고 (　　)원까지를 최우선변제로 보호받을 수 있다.

(6) 말소기준권리 설정일이 『2008년 8월 21일~2010년 7월 25일』 사이라면 임차보증금액이 (　　)원 이하여야 최고 (　　)원까지를 최우선변제로 보호받을 수 있다.

(7) 말소기준권리 설정일이 『2010년 7월 26일~현재까지』는 임차인의 임차보증금액이 (　　)원 이하여야 최고 (　　)원까지를 최우선변제로 보호받을 수 있다.

부록 2 : 상가 건물 임차인 최우선변제 배당 연습

① 서울특별시 상가 건물 부동산

(1) 말소기준권리 설정일이 『~2002년 10월 30일 이전』이라면, 상가건물임대차보호법의 보호 대상이 (   )다.

(2) 말소기준권리 설정일이 『2002년 11월 1일~2008년 8월 20일』 사이라면, 상가건물임대차보호법의 보호 대상이 되려면 월세까지를 고려한 환산보증금이 (   )원 이하여야 하고, 임대차계약서 상 임차보증금액이 (   )원 이하이면, 최고 임차인당 (   )원까지를 최우선변제로 보호받을 수 있다.

(3) 말소기준권리 설정일이 『2008년 8월 21일~2010년 7월 25일』사이라면, 상가건물임대차보호법의 보호 대상이 되려면 월세까지를 고려한 환산보증금이 (   )원 이하여야 하고, 임대차계약서 상 임차보증금액이 (   )원 이하이면, 최고 임차인당 (   )원까지를 최우선변제로 보호받을 수 있다.

(4) 말소기준권리 설정일이 『2010년 7월 26일~현재까지』라면, 상가건물임대차보호법의 보호 대상이 되려면 월세까지를 고려한 환산보증금이 (   )원 이하여야 하고, 임대차계약서 상 임차보증금액이 (   )원 이하이면, 최고 임차인당 (   )원까지를 최우선변제로 보호받을 수 있다.

② 부산광역시 상가 건물 부동산

(1) 말소기준권리 설정일이 『~2002년 10월 30일 이전』이라면, 상가건물임대차보호법의 보호 대상이 (   )다.

(2) 말소기준권리 설정일이 『2002년 11월 1일~2008년 8월 20일』 사이라면, 상가건물임대차보호법의 보호 대상이 되려면 월세까지를 고려한 환산보증금이 (   )원 이하여야 하고, 임대차계약서 상 임차보증금액이 (   )원 이하이면, 최고 임차인당 (   )원까지를 최우선변제로 보호받을 수 있다.

(3) 말소기준권리 설정일이 『2008년 8월 21일~2010년 7월 25일』 사이라면, 상가건물임대차보호법의 보호 대상이 되려면 월세까지를 고려한 환산보증금이 (   )원 이하여야 하고,

임대차계약서 상 임차보증금액이 (   )원 이하이면, 최고 임차인당 (   )원까지를 최우선변제로 보호받을 수 있다.

(4) 말소기준권리 설정일이 『2010년 7월 26일~현재까지』라면, 상가건물임대차보호법의 보호 대상이 되려면 월세까지를 고려한 환산보증금이 (   )원 이하여야 하고, 임대차계약서 상 임차보증금액이 (   )원 이하이면, 최고 임차인당 (   )원까지를 최우선변제로 보호받을 수 있다.

③ 인천광역시 및 과밀 억제 권역 상가 건물 부동산

(1) 말소기준권리 설정일이 『 ~ 2002년 10월 30일 이전』이라면, 상가건물임대차보호법의 보호 대상이 (   )다.

(2) 말소기준권리 설정일이 『2002년 11월 1일~2008년 8월 20일』 사이라면, 상가건물임대차보호법의 보호 대상이 되려면 월세까지를 고려한 환산보증금이 (   )원 이하여야 하고, 임대차계약서 상 임차보증금액이 (   )원 이하이면, 최고 임차인당 (   )원까지를 최우선변제로 보호받을 수 있다.

(3) 말소기준권리 설정일이 『2008년 8월 21일~2010년 7월 25일』 사이라면, 상가건물임대차보호법의 보호 대상이 되려면 월세까지를 고려한 환산보증금이 (   )원 이하여야 하고, 임대차계약서 상 임차보증금액이 (   )원 이하이면, 최고 임차인당 (   )원까지를 최우선변제로 보호받을 수 있다.

(4) 말소기준권리 설정일이 『2010년 7월 26일~현재까지』라면, 상가건물임대차보호법의 보호 대상이 되려면 월세까지를 고려한 환산보증금이 (   )원 이하여야 하고, 임대차계약서 상 임차보증금액이 (   )원 이하이면, 최고 임차인당 (   )원까지를 최우선변제로 보호받을 수 있다.

④ 6대 광역시 상가 건물 부동산

(1) 말소기준권리 설정일이 『~2002년 10월 30일 이전』이라면, 상가건물임대차보호법의 보

호 대상이 (　　)다.

(2) 말소기준권리 설정일이 『2002년 11월 01일~2008년 8월 20일』 사이라면, 상가건물임대차보호법의 보호 대상이 되려면 월세까지를 고려한 환산보증금이 (　　)원 이하여야 하고, 임대차계약서 상 임차보증금액이 (　　)원 이하이면, 최고 임차인당 (　　)원까지를 최우선변제로 보호받을 수 있다.

(3) 말소기준권리 설정일이 『2008년 8월 21일~2010년 7월 25일』 사이라면, 상가건물임대차보호법의 보호 대상이 되려면 월세까지를 고려한 환산보증금이 (　　)원 이하여야 하고, 임대차계약서 상 임차보증금액이 (　　)원 이하이면, 최고 임차인당 (　　)원까지를 최우선변제로 보호받을 수 있다.

(4) 말소기준권리 설정일이 『2010년 7월 26일~현재까지』라면, 상가건물임대차보호법의 보호 대상이 되려면 월세까지를 고려한 환산보증금이 (　　)원 이하여야 하고, 임대차계약서 상 임차보증금액이 (　　)원 이하이면, 최고 임차인당 (　　)원까지를 최우선변제로 보호받을 수 있다.

⑤ **4개 시 상가 건물 부동산**

(1) 말소기준권리 설정일이 『~2002년 10월 30일 이전』이라면, 상가건물임대차보호법의 보호 대상이 (　　)다.

(2) 말소기준권리 설정일이 『2002년 11월 1일~2008년 8월 20일』 사이라면, 상가건물임대차보호법의 보호 대상이 되려면 월세까지를 고려한 환산보증금이 (　　)원 이하여야 하고, 임대차계약서 상 임차보증금액이 (　　)원 이하이면, 최고 임차인당 (　　)원까지를 최우선변제로 보호받을 수 있다.

(3) 말소기준권리 설정일이 『2008년 8월 21일~2010년 7월 25일』 사이라면, 상가건물임대차보호법의 보호 대상이 되려면 월세까지를 고려한 환산보증금이 (　　)원 이하여야 하고, 임대차계약서 상 임차보증금액이 (　　)원 이하이면, 최고 임차인당 (　　)원까지를 최우선변제로 보호받을 수 있다.

⑷ 말소기준권리 설정일이 『2010년 7월 26일~현재까지』라면, 상가건물임대차보호법의 보호 대상이 되려면 월세까지를 고려한 환산보증금이 (　　　)원 이하여야 하고, 임대차계약서 상 임차보증금액이 (　　　)원 이하이면, 최고 임차인당 (　　　)원까지를 최우선변제로 보호받을 수 있다.

⑥ 6대 광역시 군 및 그 밖의 지역 상가 건물 부동산

⑴ 말소기준권리 설정일이 『~2002년 10월 30일 이전』이라면, 상가건물임대차보호법의 보호 대상이 (　　　)다.

⑵ 말소기준권리 설정일이 『2002년 11월 1일~2008년 8월 20일』 사이라면, 상가건물임대차보호법의 보호 대상이 되려면 월세까지를 고려한 환산보증금이 (　　　)원 이하여야 하고, 임대차계약서 상 임차보증금액이 (　　　)원 이하이면, 최고 임차인당 (　　　)원까지를 최우선변제로 보호받을 수 있다.

⑶ 말소기준권리 설정일이 『2008년 8월 21일~2010년 7월 25일』 사이라면, 상가건물임대차보호법의 보호 대상이 되려면 월세까지를 고려한 환산보증금 (　　　)원 이하여야 하고, 임대차계약서 상 임차보증금액이 (　　　)원 이하이면, 최고 임차인당 (　　　)원까지를 최우선변제로 보호받을 수 있다.

⑷ 말소기준권리 설정일이 『2010년 7월 26일~현재까지』라면, 상가건물임대차보호법의 보호 대상이 되려면 월세까지를 고려한 환산보증금이 (　　　)원 이하여야 하고, 임대차계약서 상 임차보증금액이 (　　　)원 이하이면, 최고 임차인당 (　　　)원까지를 최우선변제로 보호받을 수 있다.

부록 3 : 근린주택 소액임차인 최우선배당

근린주택 경매 물건의 임차인 분석과 권리분석 배당표 작성에는 더 한층 각별한 주의가 요망된다. 주택임대차보호법과 상가건물임대차보호법이 혼합되어 적용되기 때문이다. 적용 기준은 부동산 등기부나 건축물 관리대장 상의 용도가 아닌 이용 현황대로 임차인을 분석하는 것이 대원칙이다. 즉 등기부 상에는 주거용 부동산이라 할지라도 현황상 상가용으로 임대차되어 이용되고 있다면 해당 부동산은 상가건물임대차보호법을 적용시켜 권리분석과 배당표를 작성하여야 한다.

주택임대차보호법과 상가건물임대차보호법의 적용 기준과 보호 범위가 상이하다는 점이다. 두 법은 임차인을 보호한다는 기본적인 취지는 동일하지만 각론에서는 여러 가지 많은 차이가 있다. 따라서 구체적, 개별적 현황에 따른 각각의 법률과 시행령, 그리고 관련 대법원 판례를 정확하게 적용시켜야 한다.

상가건물임대차보호법의 제정·시행은 2002년 11월 1일부터다. 따라서 이 법과 시행령이 제정·시행되기 이전에 임대차계약이 체결되고 그 후로 말소기준 권리가 설정된 경우에는 종전 규정이 적용되어 이 법의 적용 대상이 아니기 때문에, 상가용으로 활용되는 부분의 상가 임차인은 아무런 보호를 받지 못한다[1].

1) 서울특별시 근린주택 소액최우선배당

(말소기준권리 설정일이 『2008년 8월 21일~2010년 7월 25일』)

임차인	보증금/월세	최우선배당금액	비 고
이유동	4,500만 원	2,000만 원	소액임차인에 해당됨
박동하	5,500만 원	2,000만 원	소액임차인에 해당됨
송형국	6,500만 원	소액최우선변제 대상 아님	소액임차인에 해당 안 됨
꼬끼리문구	3천만/100만 원	1,350만 원	소액임차인에 해당됨
한나맛치킨	5천만/50만 원	소액최우선변제 대상 아님	소액임차인에 해당 안 됨
유기농산물	1억/250만 원	상가임대차법보호 대상아님	상가임차보호법에 해당 안 됨

---

[1] 즉 상가건물임대차보호법과 시행령이 제정·시행되기 이전이어서 소급 적용 금지 원칙이 적용되기 때문이다. 이를 바탕으로 지역별 주택 – 상가 임차인의 보호 범위와 상한 규정을 구체적으로 살펴보자.

말소기준권리가 구간 주택은 ⑥, 상가 건물은 ②에 해당하는 2009년이고, 지역은 서울특별시인 근린주택(상가) 건물이라고 가정하자. 임차보증금 6,500만 원인 주택 임차인 송형국은 소액최우선변제 대상이 아니다. 상가 부분 임차인 한나맛치킨은 상가건물임대차법의 보호 대상이지만, 소액최우선변제 보호 대상에는 포함되지 않는다. 따라서 소액최우선변제에 의한 소액최우선배당은 받을 수 없다. 유기농산물은 월세까지 고려한 환산임대차보증금이 이 법 보호 대상 규정의 상한을 초과하고 있어 상가건물임대차보호법의 보호 대상에 포함되지 않는다.

2) 서울특별시 근린주택 소액최우선배당

(말소기준권리 설정일이 『2010년 7월 26일~현재까지』)

임차인	보증금/월세	최우선배당금액	비고
우주천	6,500만 원	2,500만 원	소액임차인에 해당됨
한영진	7,500만 원	2,500만 원	소액임차인에 해당됨
정인우	8,500만 원	소액최우선변제 대상 아님	소액임차인에 해당 안 됨
꼬끼리문구	3천만/100만 원	1,500만 원	소액임차인에 해당됨
한나맛치킨	1억 원/150만 원	소액최우선변제 대상 아님	소액임차인에 해당 안 됨
유기농산물	2억 원/250만 원	상가임대차법보호 대상 아님	상가임차보호법에 해당 안 됨

말소기준권리가 구간 주택은 ⑦, 상가 건물은 ③에 해당하는 2011년이고, 지역은 서울특별시인 근린주택(상가) 건물이라고 가정하자. 임차보증금 8,500만 원인 주택 임차인 정인우는 소액최우선변제 대상이 아니다. 상가 부분 임차인 한나맛치킨은 상가건물임대차법의 보호 대상이지만, 소액최우선변제 보호 대상에는 포함되지 않는다. 따라서 소액최우선변제에 의한 소액최우선배당은 받을 수 없다. 유기농산물은 월세까지 고려한 환산임대차보증금(4억 5,000만 원)이 이 법 보호 대상 상한 규정(3억 원)을 초과하고 있어 보호 대상에 포함되지 않는다.

3) 인천광역시 및 과밀 억제권 근린주택 소액최우선배당

(말소기준권리 설정일이 『2008년 8월 21일~2010년 7월 25일』)

임차인	보증금/월세	최우선배당금액	비 고
유동채	4,500만 원	2,000만 원	소액임차인에 해당됨
김재우	5,500만 원	2,000만 원	소액임차인에 해당됨
정이자	6,500만 원	소액최우선변제 대상 아님	소액임차인에 해당 안 됨
동해물횟집	3천만/100만 원	1,170만 원	소액임차인에 해당됨
강화건어물	5천만/50만 원	소액최우선변제 대상 아님	소액임차인에 해당 안 됨
한라슈퍼마켓	1억 원/250만 원	상가임대차법보호 대상 아님	상가임차보호법에 해당 안 됨

말소기준권리가 구간 주택은 ⑥, 상가 건물은 ②에 해당하는 2009년이고, 지역은 인천광역시 및 과밀 억제권 근린주택(상가) 건물이라고 가정하자. 임차보증금 6,500만 원인 주택임차인 정이자는 소액최우선변제 대상이 아니다. 상가 부분 임차인 강화건어물은 상가건물임대차법의 보호 대상이지만, 소액최우선변제 보호 대상에는 포함되지 않는다. 따라서 소액최우선변제에 의한 소액최우선배당은 받을 수 없다. 한라슈퍼마켓은 월세까지 고려한 환산임대차보증금이 이 법 보호 대상 규정의 상한을 초과하고 있어 상가건물임대차보호법의 보호 대상에 포함되지 않는다.

4) 인천광역시 및 과밀 억제권 근린주택 소액최우선배당

(말소기준권리 설정일이 『2010년 7월 26일~현재까지』)

임차인	보증금/월세	최우선배당금액	비 고
추천기	4,500만 원	2,200만 원	소액임차인에 해당됨
이정국	5,500만 원	2,200만 원	소액임차인에 해당됨
채한주	6,500만 원	소액최우선변제 대상 아님	소액임차인에 해당 안 됨
동해물횟집	3천만/100만 원	1,350만 원	소액임차인에 해당됨
강화건어물	1억 원/150만 원	소액최우선변제 대상 아님	소액임차인에 해당 안 됨
한라슈퍼마켓	2억 원/250만 원	상가임대차법보호 대상 아님	상가임차보호법에 해당 안 됨

말소기준권리가 구간 주택은 ⑦, 상가 건물은 ③에 해당하는 2011년이고, 지역은 인천광역시 및 과밀 억제권 근린주택(상가) 건물이라고 가정하자. 임차보증금 6,500만 원인 주택 임차인 채한주는 소액최우선변제 대상이 아니다. 상가 부분 임차인 강화건어물은 상가건물임대차법의 보호 대상이지만, 소액최우선변제 보호 대상에는 포함되지 않는다. 따라서 소액최우선변제에 의한 소액최우선배당은 받을 수 없다. 한라슈퍼마켓은 월세까지 고려한 환산임대차보증금(4억 5,000만 원)이 이 법 보호 대상 상한 규정(2억 5,000만 원)을 초과하고 있어 보호 대상에 포함되지 않는다.

5) 5대 광역시 근린주택 소액최우선배당

(말소기준권리 설정일이 『2008년 8월 21일~2010년 7월 25일』)

임차인	보증금/월세	최우선배당금액	비 고
민국진	3,500만 원	1,700만 원	소액임차인에 해당됨
장희철	4,500만 원	1,700만 원	소액임차인에 해당됨
이윤자	5,500만 원	소액최우선변제 대상 아님	소액임차인에 해당 안 됨
동지나횟집	3천만/100만 원	900만 원	소액임차인에 해당됨
대유건강원	5천만/50만 원	소액최우선변제 대상 아님	소액임차인에 해당 안 됨
고구려부동산	1억 원/100만 원	상가임대차법보호 대상 아님	상가임차보호법에 해당 안 됨

말소기준권리가 구간 주택은 ⑥, 상가건물은 ②에 해당하는 2009년이고, 지역은 5대 광역시 근린주택(상가) 건물이라고 가정하자. 임차보증금 5,500만 원인 주택 임차인 이윤자는 소액최우선변제 대상이 아니다. 상가 부분 임차인 대유건강원은 상가건물임대차법의 보호 대상이지만, 소액최우선변제 보호 대상에는 포함되지 않는다. 따라서 소액최우선변제에 의한 소액최우선배당은 받을 수 없다. 고구려부동산은 월세까지 고려한 환산임대차보증금이 이 법 보호 대상 규정의 상한을 초과하고 있어 상가건물임대차보호법의 보호 대상에 포함되지 않는다.

6) 5대 광역시 근린주택 소액최우선배당

(말소기준권리 설정일이 『2010년 7월 26일~현재까지』)

임차인	보증금/월세	최우선배당금액	비고
민국진	4,500만 원	1,900만 원	소액임차인에 해당됨
장희철	5,500만 원	1,900만 원	소액임차인에 해당됨
이윤자	6,500만 원	소액최우선변제 대상 아님	소액임차인에 해당 안 됨
동지나횟집	3천만/100만 원	900만 원	소액임차인에 해당됨
대유건강원	1억 원/50만 원	소액최우선변제 대상 아님	소액임차인에 해당 안 됨
고구려부동산	1억 원/100만 원	상가임대차법보호 대상 아님	상가임차보호법에 해당 안 됨

말소기준권리가 구간 주택은 ⑦, 상가건물은 ③에 해당하는 2011년이고, 지역은 5대 광역시 근린주택(상가) 건물이라고 가정하자. 임차보증금 6,500만 원인 주택 임차인 이윤자는 소액최우선변제 대상이 아니다. 상가 부분 임차인 대유건강원은 상가건물임대차법의 보호 대상이지만, 소액최우선변제 보호 대상에는 포함되지 않는다. 따라서 소액최우선변제에 의한 소액최우선배당은 받을 수 없다. 고구려부동산은 월세까지 고려한 환산임대차보증금(2억 원)이 이 법 보호 대상 상한 규정(1억 8,000만 원)을 초과하고 있어 보호 대상에 포함되지 않는다.

7) 4개 시 근린주택 소액최우선배당

(말소기준권리 설정일이 『2008년 8월 21일~2010년 7월 25일』)

임차인	보증금/월세	최우선배당금액	비고
장나라	2,500만 원	1,400만 원	소액임차인에 해당됨
김명철	3,500만 원	1,400만 원	소액임차인에 해당됨
박명진	4,500만 원	소액최우선변제 대상 아님	소액임차인에 해당 안 됨
최신미용원	3천만/100만 원	750만 원	소액임차인에 해당됨
대웅서점	5천만/50만 원	소액최우선변제 대상 아님	소액임차인에 해당 안 됨
김가네마트	1억 원/150만 원	상가임대차법보호 대상 아님	상가임차보호법에 해당 안 됨

말소기준권리가 구간 주택은 ⑥, 상가 건물은 ②에 해당하는 2009년이고, 지역은 4개 시 근린주택(상가) 건물이라고 가정하자. 이때 4개 시는 기타 지역 규정이 적용된다. 임차보증금 4,500만 원인 주택 임차인 박명진은 소액최우선변제 대상이 아니다. 상가 부분 임차인 대웅서점은 상가건물임대차법의 보호 대상이지만, 소액최우선변제 보호 대상에는 포함되지 않는다. 따라서 소액최우선변제에 의한 소액최우선배당은 받을 수 없다. 김가네마트는 월세까지 고려한 환산임대차보증금이 이 법 보호 대상 규정의 상한을 초과하고 있어 상가건물임대차보호법의 보호 대상에 포함되지 않는다.

8) 4개 시 근린주택 소액최우선배당

(말소기준권리 설정일이 『2010년 7월 26일~현재까지』)

임차인	보증금/월세	최우선배당금액	비 고
천만기	4,500만 원	1,900만 원	소액임차인에 해당됨
이정규	5,500만 원	1,900만 원	소액임차인에 해당됨
이한섭	6,500만 원	소액최우선변제 대상 아님	소액임차인에 해당 안 됨
최신미용원	3천만/100만 원	900만 원	소액임차인에 해당됨
대웅서점	1억 원/50만 원	소액최우선변제 대상 아님	소액임차인에 해당 안 됨
김가네마트	1억 원/150만 원	상가임대차법보호 대상 아님	상가임차보호법에 해당 안 됨

말소기준권리가 구간 주택은 ⑦, 상가 건물은 ③에 해당하는 2011년이고, 지역은 4개 시 근린주택(상가) 건물이라고 가정하자. 인천광역시를 제외한 5대 광역시 시 지역과 보호 규정이 동일하다. 임차보증금 6,500만 원인 주택 임차인 이한섭은 소액최우선변제 대상이 아니다. 상가 부분 임차인 대웅서점은 상가건물임대차법의 보호 대상이지만, 소액최우선변제 보호 대상에는 포함되지 않는다. 따라서 소액최우선변제에 의한 소액최우선배당은 받을 수 없다. 김가네마트는 월세까지 고려한 환산임대차보증금(2억 5,000만 원)이 이 법 보호 대상 상한 규정(1억 8,000만 원)을 초과하고 있어 보호 대상에 포함되지 않는다.

9) 모든 광역시 군 및 그 밖의 기타 지역 근린주택 소액최우선배당

(말소기준권리 설정일이 『2008년 8월 21일~2010년 7월 25일』)

임차인	보증금/월세	최우선배당금액	비 고
장나라	2,500만 원	1,400만 원	소액임차인에 해당됨
김명철	3,500만 원	1,400만 원	소액임차인에 해당됨
박명진	4,500만 원	소액최우선변제 대상 아님	소액임차인에 해당 안 됨
해남미용원	3천만/100만 원	750만 원	소액임차인에 해당됨
해남감자탕	5천만/50만 원	소액최우선변제 대상 아님	소액임차인에 해당 안 됨
해남물횟집	1억 원/150만 원	상가임대차법보호 대상 아님	상가임차보호법에 해당 안 됨

말소기준권리가 구간 주택은 ⑥, 상가 건물은 ②에 해당하는 2009년이고, 지역은 모든 광역시 군 및 그 밖의 기타 지역 근린주택(상가) 건물이라고 가정하자. 임차보증금 4,500만 원인 주택 임차인 박명진은 소액최우선변제 대상이 아니다. 상가 부분 임차인 해남감자탕은 상가건물임대차법의 보호 대상이지만, 소액최우선변제 보호 대상에는 포함되지 않는다. 따라서 소액최우선변제에 의한 소액최우선배당은 받을 수 없다. 해남물횟집은 월세까지 고려한 환산임대차보증금이 이 법 보호 대상 규정의 상한을 초과하고 있어 상가건물임대차보호법의 보호 대상에 포함되지 않는다.

10) 모든 광역시 군 및 그 밖의 기타 지역 근린주택 소액최우선배당

(말소기준권리 설정일이 『2010년 7월 26일~현재까지』)

임차인	보증금/월세	최우선배당금액	비 고
오윤기	2,500만 원	1,900만 원	소액임차인에 해당됨
정철규	3,500만 원	1,900만 원	소액임차인에 해당됨
김미영	4,500만 원	소액최우선변제 대상 아님	소액임차인에 해당 안 됨
해남미용원	3천만/100만 원	750만 원	소액임차인에 해당됨
해남감자탕	1억 원/50만 원	소액최우선변제 대상 아님	소액임차인에 해당 안 됨
해남물횟집	1억 원/150만 원	상가임대차법보호 대상 아님	상가임차보호법에 해당 안 됨

말소기준권리가 구간 주택은 ⑦, 상가 건물은 ③에 해당하는 2011년이고, 지역은 모든 광역시 군 및 그 밖의 기타 지역 근린주택(상가) 건물이라고 가정하자. 임차보증금 4,500만 원인 주택 임차인 김미영은 소액최우선변제 대상이 아니다. 상가 부분 임차인 해남감자탕은 상가건물임대차법의 보호 대상이지만, 소액최우선변제 보호 대상에는 포함되지 않는다. 따라서 소액최우선변제에 의한 소액최우선배당은 받을 수 없다. 해남물횟집은 월세까지 고려한 환산임대차보증금(2억 5,000만 원)이 이 법 보호 대상 상한 규정(1억 5,000만 원)을 초과하고 있어 보호 대상에 포함되지 않는다.

부록 4 : 자산유동화에 관한 법률

자산유동화에 관한 법률
법률 제10924호(신탁법) 일부개정 2011. 07. 25.

제1장 총칙

제1조 (목적)
이 법은 금융기관과 일반기업의 자금조달을 원활하게 하여 재무구조의 건전성을 높이고 장기적인 주택자금의 안정적인 공급을 통하여 주택금융기반을 확충하기 위하여 자산유동화에 관한 제도를 확립하며, 자산유동화에 의하여 발행되는 유동화증권에 투자한 투자자를 보호함으로써 국민경제의 건전한 발전에 기여함을 목적으로 한다.

제2조 (정의)
이 법에서 사용하는 용어의 정의는 다음과 같다.1. "자산유동화"라 함은 다음 각목의 1에 해당하는 행위를 말한다.가. 유동화전문회사(자산유동화업무를 전업으로 하는 외국법인을 포함한다)가 자산보유자로부터 유동화자산을 양도받아 이를 기초로 유동화증권을 발행하고, 당해 유동화자산의 관리 · 운용 · 처분에 의한 수익이나 차입금 등으로 유동화증권의 원리금 또는 배당금을 지급하는 일련의 행위나. 「자본시장과 금융투자업에 관한 법률」에 따른 신탁업자(이하 "신탁업자"라 한다)가 자산보유자로부터 유동화자산을 신탁받아 이를 기초로 유동화증권을 발행하고, 당해 유동화자산의 관리 · 운용 · 처분에 의한 수익이나 차입금등으로 유동화증권의 수익금을 지급하는 일련의 행위다. 신탁업자가 유동화증권을 발행하여 신탁받은 금전으로 자산보유자로부터 유동화자산을 양도받아 당해 유동화자산의 관리 · 운용 · 처분에 의한 수익이나 차입금 등으로 유동화증권의 수익금을 지급하는 일련의 행위라. 유동화전문회사 또는 신탁업자가 다른 유동화전문회사 또는 신탁업자로부터 유동화자산 또는 이를 기초로 발행된 유동화증권을 양도 또는 신탁받아 이를 기초로 하여 유동화증권을 발행하고 당초에 양도 또는 신탁받은 유동화자산 또는 유동화증권의 관리 · 운용 · 처분에 의한 수익이나 차입금 등으로 자기가 발행한 유동화증권의 원리금 · 배당금 또는 수익금을 지급하는 일련의 행위2. "자산보유자"라 함은 유동화자산을 보유하고 있는 다음 각목의 1에 해당하는 자를 말한다.가. 한국산업은행법에 의한 한국산업은행나.

한국수출입은행법에 의한 한국수출입은행다. 중소기업은행법에 의한 중소기업은행라. 은행법에 의한 인가를 받아 설립된 은행(동법 제5조 및 제59조의 규정에 의하여 은행으로 보는 자를 포함한다)마. 삭제 [2011.5.19]바. 「자본시장과 금융투자업에 관한 법률」에 따른 투자매매업자·투자중개업자·집합투자업자 또는 종합금융회사사. 보험업법에 의한 보험사업자차. 상호저축은행법에 의한 상호저축은행카. 여신전문금융업법에 의한 여신전문금융회사타. 「금융회사부실자산 등의 효율적 처리 및 한국자산관리공사의 설립에 관한 법률」에 따른 한국자산관리공사(이하 "한국자산관리공사"라 한다)파. 한국토지공사법에 의한 한국토지공사(이하 "한국토지공사"라 한다)하. 대한주택공사법에 의한 대한주택공사거. 주택법에 의한 국민주택기금을 운용·관리하는 자너. 신용도가 우량한 법인(외국법인과 당해 외국법인이 설립하는 국내법인을 포함한다)으로서 금융위원회가 미리 정하는 기준에 따라 당해 법인이 보유하는 자산에 대하여 자산유동화의 필요성이 있다고 금융위원회가 인정하는 법인더. 기업구조조정투자회사법 제2조제3호의 규정에 의한 기업구조조정투자회사러. 「농업협동조합법」에 따른 농협은행머. 가목부터 러목까지의 규정에 준하는 자로서 대통령령으로 정하는 자3. "유동화자산"이라 함은 자산유동화의 대상이 되는 채권·부동산 기타의 재산권을 말한다.4. "유동화증권"이라 함은 유동화자산을 기초로 하여 제3조의 규정에 의한 자산유동화계획에 따라 발행되는 출자증권·사채·수익증권 기타의 증권 또는 증서를 말한다.5. "유동화전문회사"라 함은 제17조 및 제20조의 규정에 의하여 설립되어 자산유동화업무를 영위하는 회사를 말한다.

제2장 자산유동화계획의 등록 및 유동화자산의 양도 등

제3조 (자산유동화계획의 등록)

①유동화전문회사·자산유동화업무를 전업으로 하는 외국법인 및 신탁업자(이하 "유동화전문회사등"이라 한다)는 자산유동화에 관하여 이 법의 적용을 받고자 하는 경우에는 유동화자산의 범위, 유동화증권의 종류, 유동화자산의 관리방법등 자산유동화에 관한 계획(이하 "자산유동화계획"이라 한다)을 금융위원회에 등록하여야 한다. 자산유동화계획을 변경하고자 하는 경우에도 또한 같다. 다만, 대통령령이 정하는 경미한 사항을 변경하는 경우에는 그러하지 아니하다.②유

동화전문회사등(신탁업자를 제외한다)이 제1항의 규정에 의하여 등록할 수 있는 자산유동화계획은 1개에 한한다. ③유동화전문회사등은 제1항의 규정에 의한 등록을 하고자 하는 경우에는 금융위원회가 정하는 서류를 갖추어야 한다.

제4조 (자산유동화계획)

자산유동화계획에는 다음 각호의 사항이 포함되어야 한다.1. 유동화전문회사등의 명칭, 사무소의 소재지등에 관한 사항2. 자산보유자에 관한 사항3. 자산유동화계획기간4. 유동화자산의 종류·총액 및 평가내용 등 당해 유동화자산에 관한 사항5. 유동화증권의 종류·총액·발행조건 등에 관한 사항6. 유동화자산의 관리·운용 및 처분에 관한 사항7. 제10조제1항의 규정에 의한 자산관리자에 관한 사항8. 기타 대통령령이 정하는 사항

제5조 (등록의 거부등)

①금융위원회는 다음 각호의 1에 해당하는 사유가 있는 경우에는 자산유동화계획의 등록을 거부하거나 그 내용의 변경을 요구할 수 있다. 1. 등록신청서류에 허위의 기재가 있거나 필요한 기재를 하지 아니한 경우2. 자산유동화계획의 내용에 법령을 위반한 사항이 포함되어 있는 경우3. 유동화전문회사의 설립에 관하여 법령에 위반한 사항이 있는 경우②금융위원회는 제1항의 규정에 의하여 등록을 거부하거나 자산유동화계획의 변경을 요구하고자 하는 때에는 지체없이 그 사유를 구체적으로 명시한 서면으로 유동화전문회사등에 통보하여야 한다.

제6조 (자산양도 등의 등록)

①자산보유자 또는 유동화전문회사등은 자산유동화계획에 따른 유동화자산(유동화자산을 제삼자가 점유하고 있는 경우 그 제삼자에 대한 반환청구권을 포함한다. 이하 이 조에서 같다)의 양도·신탁 또는 반환이나 유동화자산에 대한 질권 또는 저당권의 설정이 있은 때에는 다음 각호의 구분에 따라 지체없이 그 사실을 금융위원회에 등록하여야 한다. 1. 다음 각목의 1에 해당하는 경우에는 자산보유자가. 자산유동화계획에 따라 유동화전문회사등에 유동화자산을 양도한 경우나. 자산유동화계획에 따라 신탁업자에 유동화자산을 신탁한 경우2. 다음 각목의 1에 해당하는 경우에는 유동화전문회사등(나목의 경우에는 유동화자산을 양도하거나 반환받은 유동화전문회사를 말한다)가. 유동화전문회사등이 자산유동화계획에 따라 유동화자산을 자산보유자에

게 양도하거나 양도의 취소등을 이유로 반환한 경우나. 유동화전문회사가 자산유동화계획에 따라 유동화자산을 다른 유동화전문회사에 양도하거나 그 유동화전문회사로부터 당해 유동화자산을 반환받은 경우다. 유동화전문회사등이 자산유동화계획에 따라 유동화증권의 투자자를 위하여 제삼자에 유동화자산에 대한 질권 또는 저당권을 설정하거나 해지한 경우②자산보유자 또는 유동화전문회사등은 제1항의 규정에 의하여 유동화자산의 양도·신탁 또는 반환이나 유동화자산에 대한 질권 또는 저당권의 설정에 관한 사항의 등록을 하고자 하는 경우에는 등록신청서와 유동화자산의 양도등에 관한 계약서를 금융위원회에 제출하여야 한다. ③제2항의 규정에 의한 등록신청서에는 다음 각호의 사항을 기재하여야 하며, 제1호의 사항은 전자기록 기타 이에 준하는 방법으로 작성하여 제출하여야 한다.1. 유동화자산의 명세2. 유동화자산의 양도·신탁 또는 반환의 방법·일정 및 대금지급방법3. 유동화자산이 채권인 경우 채권양도의 대항요건이 갖추어져 있는지 여부4. 유동화자산의 양도등에 관한 계약의 취소요건5. 양수인이 당해 유동화자산을 처분하는 경우 양도인등이 우선매입권을 가지는지 여부6. 기타 투자자보호를 위하여 필요한 사항으로서 금융위원회가 정하는 사항④유동화전문회사등은 유동화자산의 양도등에 관한 계약서, 등기필증, 등기필정보통지서, 등록증 기타 증빙서류를 대통령령이 정하는 바에 따라 보관·관리하여야 하며, 금융위원회 또는 당해 유동화증권에 투자한 자로부터 열람의 요구가 있는 경우에는 이에 응하여야 한다.⑤제3항의 규정에 의한 등록신청서의 서식·기재방법 및 처리절차등에 관하여 필요한 사항은 금융위원회가 정한다.

제7조 (채권양도의 대항요건에 관한 특례)

①자산유동화계획에 따른 채권의 양도·신탁 또는 반환은 양도인(위탁자를 포함한다. 이하 같다) 또는 양수인(수탁자를 포함한다. 이하 같다)이 채무자에게 통지하거나 채무자가 승낙하지 아니하면 채무자에게 대항하지 못한다. 다만, 양도인 또는 양수인이 당해 채무자에게 다음 각호의 1에 해당하는 주소로 2회이상 내용증명우편으로 채권양도(채권의 신탁 또는 반환을 포함한다. 이하 이 조에서 같다)의 통지를 발송하였으나 소재불명 등으로 반송된 때에는 채무자의 주소지를 주된 보급지역으로 하는 2개이상의 일간신문(전국을 보급지역으로 하는 일간신문이 1개이상 포함되어야 한다)에 채권양도사실을 공고함으로써 그 공고일에 채무자에 대한 채권양도의 통지

를 한 것으로 본다. [개정 2000·1·21]1. 당해 저당권의 등기부 또는 등록부에 기재되어 있는 채무자의 주소(등기부 또는 등록부에 기재되어 있는 주소가 채무자의 최후 주소가 아닌 경우 양도인 또는 양수인이 채무자의 최후 주소를 알고 있는 때에는 그 최후 주소를 말한다) 2. 당해 저당권의 등기부 또는 등록부에 채무자의 주소가 기재되어 있지 아니하거나 등기부 또는 등록부가 없는 경우로서 양도인 또는 양수인이 채무자의 최후 주소를 알고 있는 때에는 그 최후 주소 ②자산유동화계획에 따라 행하는 채권의 양도·신탁 또는 반환에 관하여 제6조제1항의 규정에 의한 등록을 한 때에는 당해 유동화자산인 채권의 채무자(유동화자산에 대한 반환청구권의 양도인 경우 그 유동화자산을 점유하고 있는 제3자를 포함한다. 이하 같다)외의 제3자에 대하여는 당해 채권의 양도에 관하여 제6조제1항의 규정에 의한 등록이 있은 때에 민법 제450조제2항의 규정에 의한 대항요건을 갖춘 것으로 본다.

제7조의2 (근저당권에 의하여 담보된 채권의 확정)

자산유동화계획에 의하여 양도 또는 신탁하고자 하는 유동화자산이 근저당권에 의하여 담보된 채권인 경우에는 자산보유자가 채무자에게 근저당권에 의하여 담보된 채권의 금액을 정하여 추가로 채권을 발생시키지 아니하고 그 채권의 전부를 양도 또는 신탁하겠다는 의사를 기재한 통지서를 내용증명우편으로 발송한 때에는 통지서를 발송한 날의 다음날에 당해채권은 확정된 것으로 본다. 다만, 채무자가 10일이내에 이의를 제기한 때에는 그러하지 아니하다.

제8조 (저당권 등의 취득에 관한 특례)

①자산유동화계획에 따라 양도 또는 신탁한 채권이 질권 또는 저당권에 의하여 담보된 채권인 경우 유동화전문회사등은 제6조제1항의 규정에 의한 등록이 있은 때에 그 질권 또는 저당권을 취득한다. ②한국자산관리공사 또는 한국토지공사가 금융기관의 부실자산정리, 부실징후기업의 자구계획지원 및 기업의 구조조정을 위하여 취득한 부동산을 자산유동화계획에 따라 유동화전문회사등에 양도 또는 신탁한 경우 유동화전문회사등은 제6조제1항의 규정에 의한 등록이 있은 때에 그 부동산에 대한 소유권을 취득한다.

제9조 (등록서류 등의 공시)

①금융위원회는 제3조 및 제6조의 규정에 의한 등록 또는 변경등록에 관한 서류와 제38조의2

제1항에 따른 등록취소에 관한 서류를 일반인의 열람에 제공하여야 한다. ②신탁업자, 제10조제1항의 규정에 의한 자산관리자 및 제23조제1항의 규정에 의하여 업무를 위탁받은 자는 유동화자산의 명세와 그 현황에 관한 서류를 작성·비치하고 당해 유동화전문회사등의 투자자가 이를 열람할 수 있게 하여야 한다.

제10조 (자산관리의 위탁)

①유동화전문회사등(신탁업자를 제외한다)은 자산관리위탁계약에 의하여 다음 각호의 1에 해당하는 자(이하 "자산관리자"라 한다)에게 유동화자산의 관리를 위탁하여야 한다. 1. 자산보유자 2. 「신용정보의 이용 및 보호에 관한 법률」 제4조제1항제1호부터 제3호까지의 업무를 허가받은 신용정보회사 3. 기타 자산관리업무를 전문적으로 수행하는 자로서 대통령령이 정하는 요건을 갖춘 자 ②제1항제1호 및 제3호의 규정에 의한 자산관리자는 「신용정보의 이용 및 보호에 관한 법률」 제4조 및 제5조에도 불구하고 유동화전문회사등이 양도 또는 신탁받은 유동화자산에 대하여 「신용정보의 이용 및 보호에 관한 법률」 제4조제1항제3호에 따른 채권추심업무를 수행할 수 있다. ③유동화전문회사등은 자산관리위탁계약을 해지한 경우 이로 인하여 자산관리자의 변제수령권한이 소멸되었음을 이유로 하여 유동화자산인 채권의 채무자에 대하여 대항할 수 없다. 다만, 채무자가 자산관리자의 변제수령권한이 소멸되었음을 알았거나 알 수 있었을 경우에는 그러하지 아니하다.

제11조 (유동화자산의 관리)

①자산관리자는 제10조제1항의 규정에 의하여 관리를 위탁받은 유동화자산(유동화자산을 관리·운용 및 처분함에 따라 취득한 금전 등의 재산권을 포함한다. 이하 제40조제1호에서 같다)을 그의 고유재산과 구분하여 관리하여야 한다. ②자산관리자는 유동화자산의 관리에 관한 장부를 별도로 작성·비치하여야 한다.

제12조 (자산관리자의 파산 등)

①자산관리자가 파산하는 경우 제10조제1항의 규정에 의하여 위탁관리하는 유동화자산(유동화자산을 관리·운용 및 처분함에 따라 취득한 금전등의 재산권을 포함한다. 이하 이 조에서 같다)은 자산관리자의 파산재단을 구성하지 아니하며, 유동화전문회사등은 그 자산관리자 또는 파산

관재인에 대하여 유동화자산의 인도를 청구할 수 있다. [개정 2000 · 1 · 21] ②제1항의 규정은 「채무자 회생 및 파산에 관한 법률」에 의한 회생절차가 개시된 경우에 관하여 이를 준용한다. ③자산관리자가 제10조제1항의 규정에 의하여 위탁관리하는 유동화자산은 자산관리자의 채권자가 이를 강제집행할 수 없으며, 「채무자 회생 및 파산에 관한 법률」에 의한 보전처분 또는 중지명령의 대상이 되지 아니한다.

제13조 (양도의 방식)

유동화자산의 양도는 자산유동화계획에 따라 다음 각호의 방식에 의하여야 한다. 이 경우 이를 담보권의 설정으로 보지 아니한다. 1. 매매 또는 교환에 의할 것 2. 유동화자산에 대한 수익권 및 처분권은 양수인이 가질 것. 이 경우 양수인이 당해 자산을 처분하는 때에 양도인이 이를 우선적으로 매수할 수 있는 권리를 가지는 경우에도 수익권 및 처분권은 양수인이 가진 것으로 본다. 3. 양도인은 유동화자산에 대한 반환청구권을 가지지 아니하고, 양수인은 유동화자산에 대한 대가의 반환청구권을 가지지 아니할 것 4. 양수인이 양도된 자산에 관한 위험을 인수할 것. 다만, 당해 유동화자산에 대하여 양도인이 일정기간 그 위험을 부담하거나 하자담보책임(채권의 양도인이 채무자의 자력을 담보한 경우에는 이를 포함한다)을 지는 경우에는 그러하지 아니하다.

제14조 (시설대여계약등의 변경 또는 해지)

①자산보유자가 자산유동화계획에 따라 유동화전문회사등에게 시설대여계약 또는 연불판매계약에 의한 채권을 양도 또는 신탁한 경우 당해 자산보유자는 자산유동화계획에 의하지 아니하고는 당해 시설대여계약 또는 연불판매계약을 변경 또는 해지할 수 없다. 「채무자 회생 및 파산에 관한 법률」에 의하여 선임된 자산보유자의 관재인 · 보전관재인 · 관리인 · 보전관리인 기타 이와 유사한 직무를 행하는 자도 또한 같다. ②시설대여계약 또는 연불판매계약에 의한 채권의 채무자가 자산보유자로부터 자산유동화계획에 따라 당해 채권을 유동화전문회사등에게 양도 또는 신탁한 사실을 통지받거나 이를 승낙한 경우 당해 자산보유자가 제1항의 규정에 위반하여 행한 시설대여계약 또는 연불판매계약의 변경 또는 해지는 그 효력이 없다.

제15조 (차입채권)

자산보유자가 파산하거나 자산보유자에 대하여 회생절차가 개시되는 경우 유동화자산중 차입채권에 관하여는 「채무자 회생 및 파산에 관한 법률」 제125조 및 제340조의 규정을 적용하지 아니한다.

제16조 (「자본시장과 금융투자업에 관한 법률」 등 적용의 특례)

①신탁업자는 다음 각호의 1에 해당하는 경우에는 「자본시장과 금융투자업에 관한 법률」 제105조에 따른 신탁자금운용의 제한을 받지 아니한다. 1. 신탁업자가 자산유동화계획에 따라 유동화자산을 양도받은 경우2. 자산유동화계획에 따라 유동화자산을 양도 또는 신탁받은 신탁업자가 자산유동화계획에 따라 여유자금을 운용하는 경우②신탁업자는 자산유동화계획에 따라 유동화자산을 양도 또는 신탁함에 있어서 신탁법 제2조, 민법 제563조 및 제596조의 규정에 불구하고 자기계약을 할 수 있다. ③신탁업자가 유동화자산을 관리·운용함에 있어서는 신탁법 제30조 단서의 규정에 불구하고 그 신탁재산이 금전인 경우에도 고유재산 또는 다른 신탁재산에 속하는 금전과 구별하여 관리하여야 한다.

제16조 (「자본시장과 금융투자업에 관한 법률」 등 적용의 특례)

①신탁업자는 다음 각호의 1에 해당하는 경우에는 「자본시장과 금융투자업에 관한 법률」 제105조에 따른 신탁자금운용의 제한을 받지 아니한다.1. 신탁업자가 자산유동화계획에 따라 유동화자산을 양도받은 경우2. 자산유동화계획에 따라 유동화자산을 양도 또는 신탁받은 신탁업자가 자산유동화계획에 따라 여유자금을 운용하는 경우②신탁업자는 자산유동화계획에 따라 유동화자산을 양도 또는 신탁함에 있어서 「신탁법」 제3조제1항, 민법 제563조 및 제596조의 규정에 불구하고 자기계약을 할 수 있다. ③신탁업자가 유동화자산을 관리·운용함에 있어서는 「신탁법」 제37조제3항에 불구하고 그 신탁재산이 금전인 경우에도 고유재산 또는 다른 신탁재산에 속하는 금전과 구별하여 관리하여야 한다.

제3장 유동화전문회사

제17조 (회사의 형태)

①유동화전문회사는 유한회사로 한다.②유동화전문회사에 관하여는 이 법에 달리 정함이 있는 경우를 제외하고는 상법 제3편제5장의 규정을 적용한다.

제18조 (사원의 수)

유동화전문회사의 사원의 수에 관하여는 상법 제543조제1항 및 동법 제545조의 규정을 적용하지 아니한다.

제19조 (사원총회)

①유동화전문회사의 사원총회의 결의는 상법 제577조제1항 및 제2항의 규정에 불구하고 총사원의 동의가 없는 경우에도 서면으로 할 수 있다.②자산유동화계획에 반하거나 유동화증권을 소지한 자의 권리를 해하는 사원총회의 결의는 효력이 없다.

제20조 (겸업 등의 제한)

①유동화전문회사는 제22조의 규정에 의한 업무외의 업무를 영위할 수 없다.②유동화전문회사는 본점외의 영업소를 설치할 수 없으며, 직원을 고용할 수 없다.

제21조 (유사명칭사용금지)

유동화전문회사가 아닌 자는 그 상호 또는 업무를 표시함에 있어서 유동화전문회사임을 나타내는 문자를 사용하여서는 아니된다.

제22조 (업무)

①유동화전문회사는 자산유동화계획에 따라 다음 각호의 업무를 행한다.1. 유동화자산의 양수·양도 또는 다른 신탁업자에의 위탁2. 유동화자산의 관리·운용 및 처분3. 유동화증권의 발행 및 상환4. 자산유동화계획의 수행에 필요한 계약의 체결5. 유동화증권의 상환 등에 필요한 자금의 일시적인 차입6. 여유자금의 투자7. 기타 제1호 내지 제6호의 업무에 부수하는 업무②유동화전문회사의 회계는 금융위원회가 정하는 회계처리기준에 의하여 처리하여야 한다.

제23조 (업무의 위탁)

①유동화전문회사는 자산유동화계획이 정하는 바에 따라 자산보유자 기타 제3자에게 다음 각호의 1에 해당하는 사항에 관한 업무를 제외한 업무를 위탁하여야 한다.1. 사원총회의 의결을 받아야 하는 사항2. 이사의 회사대표권에 속하는 사항3. 감사의 권한에 속하는 사항4. 유동화자산의 관리에 관한 사항5. 기타 위탁하기에 부적합한 사항으로서 대통령령이 정하는 사항②제1항의 규정에 의하여 업무를 위탁받을 수 있는 제3자의 범위는 대통령령이 정하는 바에 의하여

이를 제한할 수 있다.

제24조 (해산사유)

유동화전문회사는 다음 각호의 1에 해당하는 사유로 해산한다.1. 존속기간의 만료 기타 정관 또는 자산유동화계획에서 정한 사유가 발생한 때2. 유동화증권의 상환을 전부 완료한 때3. 파산한 때4. 법원의 명령 또는 판결이 있는 때

제25조 (합병등의 금지)

유동화전문회사는 다른 회사와 합병하거나 다른 회사로 조직을 변경할 수 없다.

제26조 (청산인등의 선임)

「금융위원회의 설치 등에 관한 법률」에 의한 금융감독원의 원장(이하 "금융감독원장"이라 한다)은 유동화전문회사가 해산 또는 파산한 경우 상법 제613조제1항의 규정에 의하여 준용되는 동법 제531조 및 「채무자 회생 및 파산에 관한 법률」제355조의 규정에 불구하고 청산인 또는 파산관재인을 법원에 추천할 수 있으며, 법원은 특별한 사유가 없는 한 금융감독원장이 추천한 자를 청산인 또는 파산관재인으로 선임하여야 한다.

제4장 유동화증권의 발행

제27조 (상법등의 적용)

자산유동화계획에 따른 유동화증권의 발행에 관하여는 이 법에 달리 정함이 있는 경우를 제외하고는 상법·「자본시장과 금융투자업에 관한 법률」기타 관계법령에 따른다.

제28조 (출자증권의 발행)

①유동화전문회사는 상법 제555조의 규정에 불구하고 자산유동화계획에 따라 사원의 지분에 관한 무기명식의 증권(이하 "출자증권"이라 한다)을 발행할 수 있다.②출자증권에 관하여는 상법 제358조·동법 제359조 및 동법 제 360조의 규정을 준용한다.③유동화전문회사의 사원은 자기의 지분에 관하여 출자증권을 발행하거나 불소지의 의사를 표시하여 그 소각을 청구할 수 있다. 다만, 정관에 다른 정함이 있는 경우에는 그러하지 아니하다.

제29조 (출자증권의 기재사항)

출자증권에는 다음 각호의 사항을 기재하고 이사가 기명날인 또는 서명하여야 한다.1. 회사의 상호2. 회사의 성립년월일3. 회사의 총출자좌수4. 1좌의 금액5. 배당이나 재산분배에 관하여 내용이 다른 수종의 지분권에 관한 정함이 있는 경우에는 그 종류와 내용6. 일련번호

제30조 (지분양도 등의 예외)

①유동화전문회사의 사원의 지분양도에 관하여는 정관에 다른 정함이 있는 경우를 제외하고는 상법 제556조의 규정을 적용하지 아니한다.②출자증권의 양도에 관하여는 상법 제557조의 규정을 적용하지 아니한다.③유동화전문회사는 상법 제583조의 규정에 의하여 준용되는 동법 제462조의 규정에 불구하고 정관이 정하는 바에 따라 이익(대차대조표상의 자산에서 부채·자본금 및 준비금을 공제한 금액을 말한다)을 초과하여 배당을할 수 있다.④유동화전문회사는 상법 제597조의 규정에 의하여 준용되는 동법 제439조제1항 및 동법 제586조의 규정에 불구하고 자본의 감소 및 증가에 관한 사항을 정관으로 정할 수 있다.

제31조 (사채발행)

①유동화전문회사는 자산유동화계획에 따라 사채를 발행할 수 있다.②제1항의 규정에 의한 사채의 발행에 관하여는 상법 제3편제4장제8절(동법 제469조 및 동법 제470조의 규정을 제외한다)의 규정을 준용한다. [개정 2000 · 1 · 21]

제32조 (수익증권의 발행)

①신탁업자는 자산유동화계획에 따라 수익증권을 발행할 수 있다.②제1항의 규정에 의한 수익증권의 발행에 관하여는 「자본시장과 금융투자업에 관한 법률」 제110조제1항부터 제4항까지를 적용하지 아니한다.

제33조 (유동화증권의 발행한도)

유동화증권의 발행총액은 양도 또는 신탁받은 유동화자산의 매입가액 또는 평가가액의 총액을 한도로 한다. 다만, 제22조제5호의 규정에 의한 차입금액은 당해 발행총액에 포함하지 아니한다.

제5장 보칙

제34조 (조사)
금융감독원장은 투자자보호를 위하여 필요하다고 인정하는 경우에는 금융위원회가 정하는 바에 따라 유동화전문회사등과 이로부터 업무의 수행을 위탁받은 자 및 자산관리자의 업무 또는 재산에 관한 자료의 제출을 요청하거나 그 소속직원으로 하여금 동업무 또는 재산에 대하여 조사하게 할 수 있다.

제35조 (업무개선명령)
금융위원회는 유동화전문회사등 또는 자산관리자의 업무운영에 있어서 투자자의 이익을 해할 우려가 있다고 인정되는 때에는 투자자보호를 위한 범위 안에서 당해 유동화전문회사등 또는 자산관리자에 대하여 업무의 종류 및 방법의 변경, 재산의 공탁 기타 업무의 운영 및 개선에 필요한 조치를 명할 수 있다.

제36조 (금융기관 부실자산 등의 정리, 부실징후기업의 자구계획 지원 및 기업구조조정을 위한 특례)
한국자산관리공사 또는 한국토지공사가 금융기관의 부실자산정리, 부실징후기업의 자구계획지원 및 기업의 구조조정을 위하여 취득한 부동산을 자산유동화계획에 따라 유동화전문회사 등에 양도 또는 신탁하는 경우에는 다음 각호의 법률규정을 적용하지 아니한다.

제36조의2 (국민주택채권매입의 면제)
자산유동화계획에 의하여 유동화자산을 양도 또는 신탁하거나 유동화자산에 대하여 저당권을 설정하는 경우에는 주택법 제68조의 규정을 적용하지 아니한다.

제37조 (채무자에 대한 정보의 제공 및 활용)
①자산보유자 또는 유동화전문회사등은 금융실명거래및비밀보호에관한법률 제4조의 규정에 불구하고 자산유동화계획의 수행을 위하여 필요한 범위 안에서 당해 유동화자산인 채권의 채무자의 지급능력에 관한 정보를 투자자, 양수인 기타 이에 준하는 이해관계인에게 제공할 수 있다.② 자산유동화계획에 따라 유동화자산을 양도 또는 신탁받은 자(그 업무를 위탁받은 자를 포함한다)는 유동화자산인 채권의 채무자의 지급능력에 관한 정보를 당해 채권을 변제받기 위한 목적 외의 목적으로 사용하여서는 아니된다.

제38조 (업무의 위탁)

①금융위원회는 다음 각호의 업무의 전부 또는 일부를 금융감독원장에게 위탁할 수 있다. 1. 제3조의 규정에 의한 자산유동화계획의 등록2. 제6조의 규정에 의한 자산양도의 등록3. 제9조의 규정에 의한 등록서류 등의 공시②금융위원회는 제1항의 규정에 의하여 업무의 전부 또는 일부를 금융감독원장에게 위탁하는 경우에는 이를 고시하여야 한다.

제38조의2 (자산유동화계획의 등록취소)

①금융위원회는 유동화전문회사등이 다음 각 호의 어느 하나에 해당하는 경우에는 자산유동화계획의 등록을 취소할 수 있다.1. 제3조제1항에 따른 등록 또는 변경등록을 거짓 또는 부정한 방법으로 한 경우2. 제3조제1항 후단에 따른 변경등록을 하지 아니하고 자산유동화계획을 변경한 경우3. 제6조제1항에 따른 등록을 하지 아니하거나 거짓으로 한 경우4. 유동화전문회사가 제20조제1항을 위반하여 제22조에 따른 업무 외의 업무를 영위한 경우5. 제35조에 따른 업무개선명령을 이행하지 아니한 경우②금융위원회는 제1항에 따라 등록을 취소하려는 경우에는 청문을 실시하여야 한다.

제6장 벌칙

제39조 (벌칙)

다음 각호의 1에 해당하는 자는 3년 이하의 징역 또는 2천만원 이하의 벌금에 처한다. 1. 제6조제2항의 규정에 의한 등록신청서 또는 계약서를 허위로 작성한 자2. 제9조제2항의 규정에 의한 서류를 허위로 작성하거나 동 서류를 열람에 제공하지 아니한 자3. 제37조제2항의 규정에 위반하여 채무자의 지급능력에 관한 정보를 당해 채권을 변제받기 위한 목적외의 목적으로 사용한 자

제40조 (벌칙)

다음 각호의 1에 해당하는 자는 1년 이하의 징역 또는 1천만원 이하의 벌금에 처한다.1. 제11조제1항의 규정에 위반하여 관리위탁을 받은 유동화자산을 고유재산과 구분하여 관리하지 아니한 자2. 제22조의 규정에 위반하여 자산유동화계획에 의하지 아니하고 자금을 차입하거나 여유자금을 투자한 자3. 제35조의 규정에 의한 업무개선명령을 이행하지 아니한 자

제41조 (양벌규정)

법인의 대표자나 법인 또는 개인의 대리인, 사용인, 그 밖의 종업원이 그 법인 또는 개인의 업무에 관하여 제39조 또는 제40조의 위반행위를 하면 그 행위자를 벌하는 외에 그 법인 또는 개인에게도 해당 조문의 벌금형을 과(科)한다. 다만, 법인 또는 개인이 그 위반행위를 방지하기 위하여 해당 업무에 관하여 상당한 주의와 감독을 게을리하지 아니한 경우에는 그러하지 아니하다.

제42조 (과태료)

①다음 각호의 1에 해당하는 자는 500만원 이하의 과태료에 처한다.1. 제11조제2항의 규정에 의한 장부를 작성·비치하지 아니한 자2. 제21조의 규정에 위반하여 유동화전문회사의 표시를 한 자②제1항의 규정에 의한 과태료는 대통령령이 정하는 바에 의하여 금융위원회가 부과·징수한다.③제2항의 규정에 의한 과태료처분에 불복이 있는 자는 그 처분의 고지를 받은 날부터 30일 이내에 금융위원회에 이의를 제기할 수 있다. ④제2항의 규정에 의한 과태료처분을 받은 자가 제3항의 규정에 의하여 이의를 제기한 때에는 금융위원회는 지체없이 관할법원에 그 사실을 통보하여야 하며, 그 통보를 받은 관할법원은 비송사건절차법에 의한 과태료의 재판을 한다. ⑤제3항의 규정에 의한 기간내에 이의를 제기하지 아니하고 과태료를 납부하지 아니한 때에는 국세체납처분의 예에 의하여 이를 징수한다.

 부칙 [1998.9.16 제5555호] ①(시행일) 이 법은 공포한 날부터 시행한다.

 부칙 [2000.1.21 제6181호] 이 법은 공포한 날부터 시행한다.

부록 5 : 주택 소액임차인 최우선변제 배당 연습 해답

① 서울특별시 주거용 부동산

  (1) 임차보증금액이 (300만)원 이하여야 최고 (300만)원까지

  (2) 임차보증금액이 (500만)원 이하여야 최고 (500만)원까지

  (3) 임차보증금액이 (2,000만)원 이하여야 최고 (700만)원까지

  (4) 임차보증금액이 (3,000만)원 이하여야 최고 (1,200만)원까지

  (5) 임차보증금액이 (4,000만)원 이하여야 최고 (1,600만)원까지

  (6) 임차보증금액이 (6,000만)원 이하여야 최고 (2,000만)원까지

  (7) 임차보증금액이 (7,500만)원 이하여야 최고 (2,500만)원까지

② 부산광역시(직할시) 시 주거용 부동산

  (1) 임차보증금액이 (300만)원 이하여야 최고 (300만)원까지

  (2) 임차보증금액이 (500만)원 이하여야 최고 (500만)원까지

  (3) 임차보증금액이 (2,000만)원 이하여야 최고 (700만)원까지

  (4) 임차보증금액이 (3,000만)원 이하여야 최고 (1,200만)원까지

  (5) 임차보증금액이 (3,500만)원 이하여야 최고 (1,400만)원까지

  (6) 임차보증금액이 (5,000만)원 이하여야 최고 (1,700만)원까지

  (7) 임차보증금액이 (5,500만)원 이하여야 최고 (1,900만)원까지

③ 인천광역시 시 및 과밀억제권역 주거용 부동산

  (1) 임차보증금액이 (200만)원 이하여야 최고 (200만)원까지

  (2) 임차보증금액이 (400만)원 이하여야 최고 (400만)원까지

  (3) 임차보증금액이 (2,000만)원 이하여야 최고 (700만)원까지

  (4) 임차보증금액이 (3,000만)원 이하여야 최고 (1,200만)원까지

  (5) 임차보증금액이 (4,000만)원 이하여야 최고 (1,600만)원까지

  (6) 임차보증금액이 (5,000만)원 이하여야 최고 (1,700만)원까지

(7) 임차보증금액이 (5,500만)원 이하여야 최고 (1900만)원까지

④ 광역시 시 주거용 부동산

 (1) 임차보증금액이 (200만)원 이하여야 최고 (200만)원까지

 (2) 임차보증금액이 (400만)원 이하여야 최고 (400만)원까지

 (3) 임차보증금액이 (1,500만)원 이하여야 최고 (500만)원까지

 (4) 임차보증금액이 (2,000만)원 이하여야 최고 (800만)원까지

 (5) 임차보증금액이 (3,000만)원 이하여야 최고 (1,400만)원까지

 (6) 임차보증금액이 (5,000만)원 이하여야 최고 (1,700만)원까지

 (7) 임차보증금액이 (5,500만)원 이하여야 최고 (1,900만)원까지

⑤ 4개 시 시 주거용 부동산

 (1) 임차보증금액이 (200만)원 이하여야 최고 (200만)원까지

 (2) 임차보증금액이 (400만)원 이하여야 최고 (400만)원까지

 (3) 임차보증금액이 (1,500만)원 이하여야 최고 (500만)원까지

 (4) 임차보증금액이 (2,000만)원 이하여야 최고 (800만)원까지

 (5) 임차보증금액이 (3,000만)원 이하여야 최고 (1,200만)원까지

 (6) 임차보증금액이 (4,000만)원 이하여야 최고 (1,400만)원까지

 (7) 임차보증금액이 (5,500만)원 이하여야 최고 (1,900만)원까지

⑥ 모든 광역시 군 및 그 밖의 기타지역 주거용 부동산

 (1) 임차보증금액이 (200만)원 이하여야 최고 (200만)원까지

 (2) 임차보증금액이 (400만)원 이하여야 최고 (400만)원까지

 (3) 임차보증금액이 (1,500만)원 이하여야 최고 (500만)원까지

 (4) 임차보증금액이 (2,000만)원 이하여야 최고 (800만)원까지

(5) 임차보증금액이 (3,000만)원 이하여야 최고 (1,200만)원까지

(6) 임차보증금액이 (4,000만)원 이하여야 최고 (1,400만)원까지

(7) 임차보증금액이 (4,000만)원 이하여야 최고 (1,400만)원까지

부록 6 : 상가 건물 임차인 최우선변제 배당 연습 해답

① 서울특별시 상가 건물 부동산

(1) 보호 대상이 아니다.

(2) (2억 4,000만)원 이하, 임차보증금액이 (4,500만)원 이하이면, 최고 임차인당 (1,350만)원까지를 최우선변제로 보호받을 수 있다.

(3) (2억 6,000만)원 이하, 임차보증금액이 (4,500만)원 이하이면, 최고 임차인당 (1,350 만)원까지를 최우선변제로 보호받을 수 있다.

(4) (3억)원 이하, 임차보증금액이 (5,000만)원 이하이면, 최고 임차인당 (1,500만)원까지를 최우선변제로 보호받을 수 있다.

② 부산광역시 상가 건물 부동산

(1) 보호 대상이 아니다.

(2) (1억 5,000만)원 이하, 임차보증금액이 (3,000만)원 이하이면, 최고 임차인당 (900만)원까지를 최우선변제로 보호받을 수 있다.

(3) (1억 6,000만)원 이하, 임차보증금액이 (3,000만)원 이하이면, 최고 임차인당 (900만)원까지를 최우선변제로 보호받을 수 있다.

(4) (1억 8,000만)원 이하, 임차보증금액이 (3,000만)원 이하이면, 최고 임차인당 (900만)원까지를 최우선변제로 보호받을 수 있다.

③ 인천광역시 및 과밀 억제권역 상가 건물 부동산

(1) 보호 대상이 아니다.

(2) (1억 9,000만)원 이하, 임차보증금액이 (3,900만)원 이하이면, 최고 임차인당 (1,170만)원까지를 최우선변제로 보호받을 수 있다.

(3) (2억 1,000만)원 이하, 임차보증금액이 (3,900만)원 이하이면, 최고 임차인당 (1,170만)원까지를 최우선변제로 보호받을 수 있다.

(4) (2억 5,000만)원 이하, 임차보증금액이 (4,500만)원 이하이면, 최고 임차인당 (1,350만)원까지를 최우선변제로 보호받을 수 있다.

④ 6대 광역시 상가 건물 부동산

(1) 보호 대상이 아니다.

(2) (1억 5,000만)원 이하, 임차보증금액이 (3,000만)원 이하이면, 최고 임차인당 (900만)원까지를 최우선변제로 보호받을 수 있다.

(3) (1억 6,000만)원 이하, 임차보증금액이 (3,000만)원 이하이면, 최고 임차인당 (900만)원까지를 최우선변제로 보호받을 수 있다.

(4) (1억 8,000만)원 이하, 임차보증금액이 (3,000만)원 이하이면, 최고 임차인당 (900만)원까지를 최우선변제로 보호받을 수 있다.

⑤ 4개 시 상가 건물 부동산

(1) 보호 대상이 아니다.

(2) (1억 4,000만)원 이하, 임차보증금액이 (2,500만)원 이하이면, 최고 임차인당 (750만)원까지를 최우선변제로 보호받을 수 있다.

(3) (1억 5,000만)원 이하, 임차보증금액이 (2,500만)원 이하이면, 최고 임차인당 (750만)원까지를 최우선변제로 보호받을 수 있다.

(4) (1억 8,000만)원 이하, 임차보증금액이 (3,000만)원 이하이면, 최고 임차인당 (900만)원까지를 최우선변제로 보호받을 수 있다.

⑥ 6대 광역시 군 및 그 밖의 지역 상가 건물 부동산

(1) 보호 대상이 아니다.

(2) (1억 4,000만)원 이하, 임차보증금액이 (2,500만)원 이하이면, 최고 임차인당 (750만)원까지를 최우선변제로 보호받을 수 있다.

(3) (1억 5,000만)원 이하, 임차보증금액이 (2,500만)원 이하이면, 최고 임차인당 (750만)원까지를 최우선변제로 보호받을 수 있다.

(4) (1억 5,000만)원 이하, 임차보증금액이 (2,500만)원 이하이면, 최고 임차인당 (750만)원까지를 최우선변제로 보호받을 수 있다.

부록 7 : 국세와 지방세의 법정기일

국세와 지방세의 법정기일이란 세금의 존재를 확인할 수 있는 시점, 즉 세금이 공시된 것으로 볼 수 있는 시점을 말하며, 압류 재산의 법정기일은 담보권 설정일자와 배분에서 우선순위를 정하는 기준이 된다. 국세와 지방세의 법정기일은 아래와 같다.

1. 국세의 법정기일

① 과세표준과 세액의 신고에 의하여 납세의무가 확정되는 국세(중간 예납하는 법인세와 예정신고 납부하는 부가가치세를 포함한다)에 있어서 신고한 당해 세액에 대해서는 그 신고일

② 과세표준과 세액을 정부가 결정, 경정 또는 수시 부과 결정하는 경우에 고지한 당해 세액에 관해서는 그 납세 고지서의 발송일

③ 원천징수의무자 또는 납세조합으로부터 징수하는 국세와 인지세에 있어서는 가목 및 나목의 규정에 불구하고 그 납세의무의 확정일

④ 제2차 납세의무자(보증인을 포함한다)의 재산에서 국세를 징수하는 경우에는 국세징수법 제12조의 규정에 의한 납부통지서의 발송일

⑤ 양도담보재산에서 국세를 징수하는 경우에는 국세징수법 제13조의 규정에 의한 납세통지서의 발송일이다.

⑥ 국세징수법 제24조 제2항의 규정에 의하여 납세자의 재산을 압류하는 경우에 그 압류와 관련하여 확정된 세액에 대해서는 가목 내지 마목의 규정에 불구하고 그 압류등기일 또는 등록일이다.

2. 지방세의 법정기일

① 과세표준과 세액의 신고에 의해 납세의무가 확정되는 지방세(중간 예납하는 농지세를 포함한다)에 있어서 신고한 당해 세액에 대해서는 그 신고일(취득세, 등록세, 사업소득세)

② 과세표준과 세액을 지방자치단체가 결정, 경정 또는 수시 부과 결정하는 경우에, 고지서상 당해세액에 대해서는 납세고지서의 발송일(주민세, 자동차세, 면허세, 재산세, 종합토지세, 도시계획세, 공동시설세, 지역개발세)

③ 특별징수의무자로부터 징수하는 지방세는 가목 및 나목의 규정에 불구하고 그 납세의무의 확정일
④ 지방세법 제36조 제1항의 규정에 의한 양도담보재산 또는 제2차 납세의무자(보증인을 포함한다)의 재산에서 지방세를 징수하는 경우에 납부통지서의 발송일
⑤ 지방세법 제28조 제2항 후단의 규정에 의해 납세자의 재산을 압류한 경우에, 그 압류와 관련하여 확정된 세액에 대해서는 가목 내지 라목의 규정에 불구하고 그 압류등기일 또는 등록일
〈국세기본법 제35조 제1항 제3호, 지방세법 제31조 제2항 제3호〉

부록 8 : 금융위원회

금융위원회[Financial Services Commission, 金融委員會]
(http://www.fsc.go.kr)

금융위원회는 국내 금융정책을 총괄하는 국내 금융 분야 최고 의사 결정 기구이다. 2008년 3월 '금융위원회와 그 소속기관 직제'에 대한 시행규칙이 발표되면서 정식으로 출범했다. 금융위원회가 세워지기 이전 국내 금융시장에 대한 감독과 정책 결정은 재정경제부, 금융감독위원회, 금융감독원 등 3개 기구에서 이뤄졌다. 정부 부처인 재정경제부 금융정책국이 금융정책을 결정하고 법률을 제정(혹은 개정)하는 역할을 담당했다. 또 정부 기구인 금융감독위원회는 금융기관을 감독하는 권한을 가지고 있었고 금융감독과 관련한 주요 사안을 심의하고 의결하는 역할을 했다. 민간 기구인 금융감독원은 금융감독위원회의 지시를 받아 금융회사를 실제로 감독하는 역할을 맡았다. 당시까지 금융감독위원회 위원장은 금융감독원장을 겸직하는 게 보통이었다. 2007년 대통령 선거에서 당선된 이명박 당선자와 인수위원회는 이처럼 3원화된 조직 구조가 비효율적이라고 판단하고 조직 개편에 착수했다. 재정경제부와 금융감독위원회가 나눠 맡고 있던 정책 및 감독의 총괄 기능을 신설 금융위원회로 모두 이관하고 금융위원회에 전권을 맡긴다는 내용이었다. 이 같은 방침에 따라 2008년 3월 금융위원회가 정식으로 출범했다. 금융위원회는 금융정책 결정을 비롯해 관련한 모든 법률 제정 및 개정의 권한을 가졌고 금융기관 인허가, 검사 및 제재 권한도 행사할 수 있는 금융 분야 최고 의사 결정 기구가 됐다. 민간 기구인 금융감독원은 금융위원회가 위임하는 감시 업무를 수행하게 됐다. 금융위원장과 금융감독원장의 겸직도 금지됐다. 금융위원장은 국무회의 심의를 거쳐 대통령이 임명한다. 초대 금융위원장(2008년 3월~2009년 1월)은 전광우 딜로이트코리아 회장이, 2대 금융위원장(2009년 1월~2011년 1월)은 진동수 수출입은행장이 맡았다. 2011년부터 김석동 전 재경부 차관이 3대 금융위원장으로 일하고 있다. 금융위원회는 위원장과 부위원장, 기획재정부 차관, 한국은행 부총재, 예금보험공사 사장, 금융감독원 원장, 금융위원장 추천 2인, 대한상공회의소 회장 추천 1인 등 모두 9명으로 구성된다. 재적위원 과반수 출석과 출석위원 과반수의 찬성으로 중요 안건을 의결한다. 금융위원회 안에는 금융정책국, 금융서비스국, 자본시장국, 기획조정관 등 4개의 주요 부서가 있다. 또 위원회 산하에는 자본시장의 불공정 거래를 조사하고 기업의 회계 감리를 전담하는 증권선물위원회를 따로 두고 있다. 5명으로 구성된 증권선물위원회의 위원장은 금융위원회 부위원장이 맡는다.

부록 9 : 용어 찾아보기

* 부실채권(NPL · Non Performing Loan) 20페이지
* 자산관리공사 61페이지
* 국제결제은행(Bank for International Settlements/BIS) 22페이지
* AMC(Asset Management Company) 51페이지
* 자산유동화법 295페이지
* 유동화전문회사 [special purpose company, 流動化專門會社] 47페이지
* 자산유동화증권(ABS) [asset backed securities] 13페이지
* 주택저당담보부증권(MBS)[mortgage backed securities] 46페이지
* PF[Project Financing] 대출 12페이지

부록 10 : 채권채무 [債權債務]

요약
채권은 특정인(권리자)이 다른 특정인(의무자)에 대하여 특정한 행위(급부)를 청구할 수 있는 권리, 채무는 그 급부를 하여야 할 의무.

본문
그 권리자인 특정인을 채권자라 하고, 의무자인 특정인을 채무자라 한다. 또 채권·채무로 결합되는 당사자의 관계를 채권 관계라 하며, 통지 의무·담보 책임·항변권 등 채권·채무에 따르는 많은 권능과 의무를 포함하는 긴밀한 유기적 관계가 성립한다.

(1) 채권과 물권과의 차이
채권과 물권은 재산권의 2대 지주(二大支柱)를 이루고 있다. 양자의 근본적인 차이는 물권이 물건에 대한 지배권으로서 배타성(排他性)을 가지는 데 대하여, 채권은 사람에 대한 청구권으로서 배타성이 없는 점에 있다. 이 차이로 물권은 현존하는 특정한 독립의 물건 위에만 성립하는 데 대하여, 채권은 특정되지 않은 것, 장래에 생기는 것, 독립되지 않은 것 위에도 성립한다. 물권은 배타성이 있으므로 같은 물건에 물권과 채권이 성립하면 물권이 우선한다.

(2) 채권의 발생 원인과 종류
① 채권 발생의 원인으로는 계약과 불법 행위가 가장 중요하나, 사무 관리와 부당 이득도 그 원인이 된다(민법 제527~766조). 또 유언과 같은 단독 행위도 그 원인이 되는 경우가 있다.

② 채권의 종류로 민법은 특정물채권·종류채권(불특정채권)·금전채권·외화채권·이자채권·선택채권 등을 규정하고 있다(374~380조).

③ 채권의 목적 : 채무자의 급부를 채권의 목적이라 한다. 채권의 목적은 당사자가 자유로이 정할 수 있고, 물권처럼 법률상 한정되는(물권법정주의) 것은 아니다.

그러나 적법하고 사회적 타당성이 있어야 하며, 가능하고, 확정될 수 있는 것이어야 한다. 채권의 대표적인 것은 금전채권이나, 금전으로 평가할 수 없는 것도 목적으로 할 수 있다

(373조). 예컨대 남녀의 약혼은 그것을 금전으로 평가할 수 없으나, 서로 혼인하여야 할 채권·채무가 발생한다.

④ 채권의 실현 : 채무자가 채무를 이행하지 않으면 채권자는 원칙적으로 강제 집행을 청구하거나 손해 배상을 청구할 수 있다. 또 일정한 요건하에 채권자대위권(債權者代位權)·채권자취소권(債權者取消權) 등을 행사할 수 있다(404·406조).

⑤ 채권의 청구권성(請求權性) : 채권은 특정인에게 급부를 청구하는 청구권으로 이해되고 있으나, 청구권은 채권에 한정된 것이 아니라 물권적 청구권이나 신분법상의 청구권(부양청구권 등)도 있다. 한편 채권의 내용은 청구권에 그치는 것이 아니라, 급부를 유지하는 힘이나 불가침성 등도 인정된다. 그리고 채권은 소권(訴權) 또는 강제 집행 청구권과도 다르다. 소권은 국가에 판결을 청구(권리 보호 요구)하는 공권(公權)인 데 대하여, 채권은 사법상(私法上)의 권리, 즉 청구권이다.

⑥ 채무와 책임 : 채무는 채무자가 채권자에게 급부를 하여야 할 의무이지만, 책임은 채무를 이행하지 않는 때에 채권자가 채무자의 재산이나 그 밖의 목적물에서 강제적으로 채권의 만족을 얻을 수 있는 법률 관계이다.【네이버 백과사전 인용】

부록 11 : 전문자산관리회사(AMC)의 설립 자격 요건

AMC는 '자산유동화에 관한 법률 제10조 제1항 제3호'에 따라 자산 관리 업무를 전문적으로 수행하는 자로서 등록 또는 인허가 등의 절차가 필요하지 않으며, 대통령령이 정하는 요건을 갖춘 자에 해당되면 자산 관리 업무를 수행할 수 있다.

대통령령으로 정하는 요건
- 자본금이 10억 원 이상일 것
- 전문 인력이 5인 이상 포함된 20인 이상의 관리 인력을 갖출 것
 (변호사, 공인회계사 또는 감정평가사 2인 이상 : 채권 관리, 유가증권 발행 등 금융감독위원회가 정하는 업무 분야에서 3년 이상 종사한 경력이 있는 자 1인 이상)
- 임직원이 '신용정보의 이용 및 보호에 관한 법률 제9조 제1항각호'의 사유에 해당하지 아니할 것(미성년자, 금치산자 또는 한정치산자 등)
- 최대 출자자가 외국인인 경우 그 외국인이 자산 관리 업무를 전문적으로 영위하거나 겸영하는 자일 것

★ 1,000명 100억 부자 만들기 부실채권 실전 투자반 ★
"경매 특수물건 + 담보부 부실채권" 주말 실전반

강좌명	부실채권(NPL) + 경매 특수물건 투자자반	
강좌특징	부동산 경매 특수물건+담보부 부실채권 (부실채권 투자, 소유권 취득)	
모집인원	선착순 **명	회비 : **만 원
모집일정	○ 교육 기간 : 201*. **. **(토) ~ 201*. **. **(토)까지 ○ 강의 시간 : 매주 토 14:00~19:00(주말 집중 5시간) ○ 강의 기간 : 총 5주	
강 사	우형달, 성**, 이**	
등록처	다음 카페 : 1,000명 100억 부자 만들기 카페 (http://cafe.daum.net/goodexpressproject?)	
세부시간표	○ 1주차 : 개강식, 부실채권 시장 현황과 기본 개요 ○ 2주차 : 부동산 경매와 부실채권과의 관계, 특별법, 배당표 개요 ○ 3주차 : 돈 되는 부실채권 물건 찾기, 매입하기 실무 연습 ○ 4주차 : 경매 특수물건과 부실채권 ① – 법정지상권 ○ 5주차 : 경매 특수물건과 부실채권 ② – 유치권, 종강일	
비 고	○ 부동산 담보부 부실채권만 집중 강의 ○ 토요 집중 강좌를 통해 투자 가능까지 실력 향상이 목표	

★ 1,000명 100억 부자 만들기 프로젝트 ★
경매 공부 단기간에 완성하는 「병아리 경매반」 집중 강좌
"경매 세상을 처음 보려는 사람들"을 위한 집중 강의

정원 : **명까지
오후 7시~10시까지(하루 3시간 집중 강좌 –화 목 반)
총 8회(총 수업 시간 24시간)
회비 : **만 원(교재비 포함)
강사 : 우형달 박사(책임지도)

〈시 간 표〉

회 차	강의내용	강사
1회차	개강식, 부동산 경매 시장 현황, 경매 기본 구조 이해하기	우형달
2회차	주택임대차보호법, 상가건물임대차보호법 핵심 해설	
3회차	대항력, 최우선변제, 우선변제, 확정일자 해설	
4회차	투자 사례로 본 배당(1) 최우선배당, 순위배당	
5회차	특수물건 이해하기(1) 토지별도등기, 법정지상권	
6회차	특수물건 이해하기(2) 유치권, 당해세, 일반세	
7회차	투자 사례로 본 배당(2) 안분배당, 흡수배당	
8회차	우수 물건 찾는 방법, 부실채권 특강, 종강식	

http://cafe.daum.net/goodexpressproject?(동호회 다음 카페)
문의처 : w630563@hanmail.net.

한 권으로 끝내는
부실채권투자 교과서

초판 1쇄 | 2012년 9월 13일

지 은 이 | 우형달·김진
펴 낸 이 | 이용배
펴 낸 곳 | (주)고려원북스
편집주간 | 설응도

판매처 | (주)북스컴, Bookscom, Inc.

출판등록 | 2004년 5월 6일(제16-3336호)
주소 | 서울시 광진구 중곡동 639-9 동명빌딩 7층
전화번호 | 02-466-1207
팩스번호 | 02-466-1301

Copyright©Koreaonebooks, Inc.
이 책의 저작권은 저자와 출판사에 있습니다. 서면에 의한 저자와 출판사의
허락 없이 책의 전부 또는 일부 내용을 사용할 수 없습니다.

ISBN 978-89-94543-50-5 13320

잘못 만들어진 책은 구입처나 본사에서 교환해 드립니다.

랭킹 1위 경매정보 사이트 - 굿옥션
순위정보 랭킹사이트 '경매분야' 접속률 1위

www.goodauction.co.kr

법원경매! 초보자도 누구나 안심하고 사용할 수 있습니다.

정직하고 알찬기업 - 굿옥션, 빠르고 정확한 정보를 제공하겠습니다.

- 법원경매정보
- 동영상/교육
- 경매/동산정보
- 부동산매물정보

인터넷 법원경매정보 대표사이트 - 굿옥션

굿옥션만의 차별화 된 서비스

- 법정지상권 관련자료 제공 - 국내최초
- 차량정보간단조회 자료 제공 (중고차 사고이력 정보 보고서)
- 법원경매 정보 중 건축물대장 열람용 자료 제공
- 법원경매 입찰표 작성 제공
- 농지취득자격증명신청서 작성 서비스 제공
- 경매결과 리포트 서비스 제공 - 국내 최초

- 전자지적도 + 전자지도 + 위성지도
- 소유권이전 인도명령 무료작성
- 권리분석 온라인/오프라인 무료상담
- 경매에 관련된 판례 정보 제공
- 경매물건에 관련된 최신 부동산 개발정보 제공
- 입찰표 / 농지취득자격 증명원 자동 작성

- **가장빠른 업데이트** - 변경/취하 연기등 법원정보 실시간 업데이트
- **가장빠른 경매결과** - 경매결과를 독자적으로 취재, 국내에서 가장 빠른 경매결과 제공
- **생동감 있는 사진** - 법원사진외 직원이 직접 촬영하여 현재의 경매물건을 한눈에 확인
- **전국적인 현장취재** - 국내 유일의 14개 지사망으로 전국 곳곳을 취재, 생동감 있는 현장조사 서비스
- **물건정보 자체제작** - 경매사이트 중 굿옥션만이 결과, 등기부등본, 세대열람등의 자료를 타사이트와 공유하거나 구입하지 않고 자체 제작합니다.

랭킹 1위 경매정보 사이트 - 굿옥션

접속률1위, 인지도1위, 돈되는 사이트1위 '굿옥션'

www.goodauction.co.kr

굿옥션 무료이용권 100% 활용하기

굿옥션 무료이용권 사용법

● 접속 요령 및 사용방법
- 인터넷 주소창에 '굿옥션'을 입력하거나 포털 검색창에 굿옥션을 검색하여 메인 홈페이지에 접속합니다.
- 굿옥션 메인 페이지에서 왼쪽 상단의 로그인 부분에 있는 아이디란에 한글로 '굿옥션'을 입력하고 비밀번호란에 제공받은 이용권의 비밀번호를 입력하여 로그인 버튼을 클릭하여 접속합니다.
- 경매검색에서 종류, 가격, 사건 등 세분화 된 조건을 활용하여 자신에게 맞는 적합한 물건을 검색할 수 있습니다.
- 현장사진 등 기타의 항목을 클릭하여 추가적으로 다양한 정보를 이용할 수 있습니다.

등록된 '이용권 아이디'로 굿옥션 모바일 서비스도 이용 가능합니다.

모바일qr코드

m.goodauction.co.kr

● 주의사항
- 본 무료 이용권의 이용기간은 최초 접속일로부터 15일입니다.
- 일부 특수 서비스는 제외됩니다.

무료이용권

● 아 이 디 : 굿옥션

● 비밀번호 : 7b9cac40

● 이용기간 : 전국 15일 이용권
● 유효기간 : 2013년 12월 31일까지
● 홈페이지 : www.goodaution.co.kr

※ 쿠폰 사용에 관한 문의사항은 (주)고려원북스로 연락바랍니다.

전국 15일 무료이용권에 대한 서비스 내용

[경매 서비스]

● **경매상세정보 내용**
- 경매의 물건 현황, 경매입찰 진행 내용, 건물/토지 현황
- 입차인 현황, 등기부 현황, 관리비 등 경매에 관한 필요한 모든 내용을 정리하여 고객님께 제공

● **역세권 검색 서비스, 차량 별도 검색 서비스 제공**

● **등기부등본 제공**
- 토지등기부 등본, 건물등기부 등본, 집합등기부 등본 제공

● **적정입찰가 분석표**
- 지역별, 물건별, 낙찰사례를 굿옥션에서 개발한 특수한 프로그램으로 분석하여 낙찰예상가를 제공

● **실시간경매결과 서비스**
- 입찰공고 즉시 상세한 정보와 권리분석 제공할 뿐만 아니라, 경매 입찰결과를 실시간으로 고객님께 전달

● **현장사진 및 전자지도 서비스**
- 굿옥션 현장직원이 직접 촬영하여 제공하는 물건의 사진과 지적도, 기타 사진은 현장답사전이라도 앉아서 현장상황을 분석

● **기타 참고 자료 제공**
- 매각 물건명세서, 임대차/점유관계 조사서 제공

● **다양한 경매서비스**
- 소유권 이전등기 촉탁신청서, 자동차 이전등록 신청서 인도명령 신청서 등 각종서류를 제공

[공매/동산 서비스]

- 공매물건 상세정보 서비스제공
- 공매물건의 다각도 현장사진 제공 및 등기부등본 서비스제공
- 인근공매 물건 및 인근경매 물건 정보 제공
- 경/공매 관심물건 통합서비스 제공 및 상담실 운영
- 전국 동산경매정보를 종류별 구분하여 무료서비스 제공

[부동산 서비스]   (매물등록 서비스)

- 회원이 보유하고 있는 경매 낙찰물건, 개인직거래 매물 및 중개업소 매물 무료등록 서비스제공

[기타 서비스]

- 모바일 서비스 제공 (m.goodauction.co.kr)

- 공부방
  - 기초 동영상 서비스 (경매의 기초에 대한 애니메이션 강좌)
  - 경매서식 / 부동산 서식 제공
  - 경매 관련 판례 서비스 제공

위 서비스 내용을 굿옥션에 접속하여 체험하시기 바랍니다.
www.goodauction.co.kr